Gordon MacDonald
Sich verändern heißt Leben

Edition
AUF:ATMEN

Gordon MacDonald

Sich verändern heißt Leben

Von der schöpferischen Kraft des Neubeginns

R. BROCKHAUS VERLAG WUPPERTAL

Die Edition A U F:A T M E N
erscheint in Zusammenarbeit
zwischen dem R. Brockhaus Verlag Wuppertal
und dem Bundes-Verlag Witten
Herausgeber: Ulrich Eggers

Die amerikanische Originalausgabe erschien unter dem Titel
MID-COURSE CORRECTION. REORDERING YOUR PRIVATE
WORLD FOR THE NEXT PART OF YOUR JOURNEY
bei Thomas Nelson, Inc., Nashville, Tennessee/USA
© 2000 by Gordon MacDonald

Deutsch von Antje Balters

Die Bibelzitate sind – soweit nicht anders angegeben – der Einheits-
übersetzung (Katholisches Bibelwerk, Stuttgart 1980) entnommen.

© der deutschen Ausgabe:
R. Brockhaus Verlag Wuppertal 2001
Umschlag: Dietmar Reichert, Dormagen
Gesamtherstellung: Breklumer Druckerei Manfred Siegel KG
ISBN 3-417-24445-5
Bestell-Nr. 224 445

INHALT

Meinem Bruder, den ich liebe, David W. MacDonald.

Ich wäre als Kind sehr viel netter zu dir gewesen, wenn ich gewusst hätte, ein wie guter Freund und Mutmacher du mir als Erwachsener werden würdest.

Jedes Buch, das ich schreibe, ist in Zusammenarbeit mit meiner Frau Gail entstanden, die jedes einzelne Wort viele Male liest und mir neue Einsichten und Perspektiven vermittelt. Es kommt vor, dass unsere gemeinsame Glaubensreise einen neuen Schub erhält, wenn wir uns buchstäblich stundenlang über den Inhalt einer Seite unterhalten. Unsere Partnerschaft – wir sind nun fast vierzig Jahre zusammen – ist mir unglaublich wertvoll.

EINLEITUNG:

Lebensbejahender Optimismus

In seinem neuen Buch *Der Erste Weltkrieg* schreibt der Militärhistoriker John Keegan über die fürchterlichste Schlacht der Geschichte: Die Schlacht an der Somme (zusammen mit der Schlacht bei Ypres im Juli 1917, in der 70 000 britische Soldaten fielen und 170 000 verwundet wurden) markiere das Ende eines Zeitalters in Großbritannien, das vom lebensbejahenden Optimismus geprägt gewesen sei und den das Land seitdem nicht mehr zurückgewonnen habe.

Der letzte Teil dieses Satzes beschäftigte mich. Da war eine Gesellschaft mehr als hundert Jahre von diesem lebensbejahenden Optimismus getragen worden und hatte ihn, so Keegan, über Nacht verloren. Schlimmer noch: *Sie gewann ihn niemals zurück.*

Eine einzige Schlacht mit katastrophalen Verlusten – und die kulturelle Kraft einer großen Nation, gewachsen in vielen Jahrhunderten, erlahmt.

Keegans Ausdruck »lebensbejahender Optimismus« zieht mich an. Er beschreibt die Überzeugung einer Gemeinschaft oder Einzelperson, dass das Beste noch auf uns wartet. Wie auch immer die Vergangenheit aussah – die Zukunft wird besser sein.

Im viktorianischen England des 19. Jahrhunderts hat man das tatsächlich geglaubt. Diesem Geist verdankt man die wachsende Erwartungshaltung, Initiative und Liebe zu großen Zielen.

Wer diesen lebensbejahenden Optimismus verliert, gleitet ins Gegenteil ab: Melancholie, Antriebslosigkeit und überhaupt eine resignierte Stimmung.

Was Keegan *lebensbejahenden Optimismus* nennt, nenne ich *Hoffnung:* die Zuversicht, dass die Geschichte ein Ziel hat und dass Gott, unser Schöpfer und Erlöser, die Fäden in der Hand hält. Ohne diese Hoffnung ist das Leben, gelinde gesagt, ziemlich problematisch.

Ich habe viele Menschen kennen gelernt, die nach persönlichen Schwierigkeiten *ihren* lebensbejahenden Optimismus verloren haben.

Ich erinnere mich an einen Mann, der plötzlich seine gut bezahlte und verantwortliche Stellung verlor. Niemand, er selbst nicht ausgenommen, hatte diese Möglichkeit vorhergesehen. Er war am Boden zerstört und konnte sich von diesem Schock nie wieder erholen. Jetzt, über zwölf Jahre danach, halten ihn Zynismus und Bitterkeit immer noch am Boden, und soweit ich sehen kann, hat sein Leben weder Richtung noch Ziel.

Wenn man nicht gerade in ein Leben hineingeboren wird, das unvorstellbar traurig und düster ist, dann gehört dieser lebensbejahende Optimismus zu Kindheit und Jugend einfach dazu. Schon wenn wir noch klein sind, hören wir, dass wir so viel erreichen können, wenn wir nur bereit sind, dafür zu arbeiten. Und dieser wunderbare und einigermaßen plausible Mythos hält uns eine Weile in Bewegung.

Aber die Realität kann an unseren Träumen kratzen, und wenn wir Ende dreißig sind, kämpfen wir vielleicht um die letzten Reste dieses lebensbejahenden Optimismus. Wir hatten unser Leben auf großen Erwartungen aufgebaut, und nun merken wir, dass wir uns damit abstrampeln, einfach nur unsere Verpflichtungen zu erfüllen. Ich muss oft über die Bemerkung eines Freundes lächeln, der einmal sagte: »Am Anfang glaubte ich, ich würde jedes Mal ein Tor schießen, wenn ich mir den Ball erkämpft hatte. Jetzt will ich das Spiel nur noch durchstehen, ohne dass mir jemand den Ball an den Kopf schießt und mich außer Gefecht setzt.« Wer sein Leben auf der

Bibel aufbaut und Jesus zum Mittelpunkt seines Lebens macht, gilt – zumindest bei Christen – als Mensch mit einem ganz einzigartigen, lebensbejahenden Optimismus. Die Christen reden darüber, dass es eine ganze Welt zu verändern gilt, dass Millionen Menschen darauf warten, was sie ihnen zu sagen haben (wenn sie es nur sagen würden!), dass es eine geistliche Kraft gibt, die jede auch nur vorstellbare menschliche Begrenztheit überwinden kann.

Solche Menschen erinnern sich gerne gegenseitig daran: Die Welt wartet darauf zu sehen, was Gott durch einen Menschen tun kann, der sich ihm vollkommen zur Verfügung stellt. Als ich noch ein junger und leicht beeinflussbarer Christ war, weckte diese Bemerkung in mir eine große Vorfreude, die mich lange begleitete.

Aber es ging um mehr, als nur die Welt zu verbessern. Nach und nach glaubten wir: Wenn *wir* uns nur hart genug anstrengen, könnten wir einen gewissen Grad der Heiligkeit und geistlichen Reife erreichen (Selbstbeherrschung, Demut, Zufriedenheit und Weisheit, die sich mit der unserer geistlichen »Helden« messen könnte). Wir würden damit eine Energiequelle anzapfen, die Kraft des Heiligen Geistes, und ungewöhnlich viel Frucht bringen. Und wir freuten uns wirklich darauf, Gott eines Tages vollkommen zu lieben und ununterbrochen mit ihm in Verbindung zu stehen.

Das war damals ein großes Ziel, und das ist es auch heute noch. Aber es lag eine gewisse Täuschung darin. Gerade in dem Moment, wo ich glaubte, ich hätte auf einem Gebiet einen entscheidenden Durchbruch erzielt, geschah irgendetwas und machte mir deutlich, dass ich noch einen weiten Weg vor mir hatte. Als es fast zu spät war, lernte ich, dass man in diesen Fragen niemals »ankommt«. Man bekommt »geistliche Reife« nicht wie einen Doktortitel verliehen. Oder um es anders auszudrücken: Wenn man dir eine Medaille für außergewöhnliche Demut verleiht, darfst du sie nicht an die Wand hängen, weil man sie dir sonst wieder wegnimmt.

Ich hoffe, dass ich in den Jahren, in denen ich Jesus Christus nachgefolgt bin, zumindest etwas gewachsen bin. Christen reden gerne von ihrer Begeisterung für den Glauben, wenn sie sich treffen. Einige von ihnen schreiben sogar Bücher oder Artikel oder sprechen darüber auf Konferenzen, damit andere ihrem Beispiel folgen können. Ich habe viele dieser Bücher gelesen und auch an einigen Konferenzen teilgenommen. Als ich noch jünger war, bin ich danach mit einer Begeisterung nach Hause gefahren, die wie ein »Traubenzucker-Hoch« war. Es hielt nicht lange an, und das darauf folgende Tief enttäuschte mich immer wieder. Deshalb habe ich einige Vorbehalte gegenüber manchen dieser Versprechungen und guten Vorsätze; es sieht so aus, als ob wir vieles lediglich *herbeireden,* statt es wirklich zu erfahren.

Wie bereits angedeutet, erlebte ich in den ersten Jahren meiner geistlichen Reise diesen lebensbejahenden Optimismus sehr intensiv. Wenn ich ihn eine Zeit lang verloren habe, dann war das vermutlich um 1987 herum. In diesem Jahr musste ich öffentlich bekennen, dass ich im Privatleben versagt hatte. Es tat mir weh, wie manche Einzelheiten in den Medien und innerhalb der christlichen Gemeinschaft breitgetreten wurden, und ich erfuhr am eigenen Leib, dass man in den Augen mancher Menschen nur so gut ist wie seine letzte Schlacht. Und wie die Briten 1917 hatte ich diese Schlacht haushoch verloren.

Das Weiseste, was ich tun konnte, war, mich zurückzuziehen, und das war auch genau das, was meine Frau Gail und ich taten. Zwei Jahre lang lebten wir in einer aufbauenden Ruhe, bis uns einige Menschen baten, wieder zurückzukehren.

In den ersten Monaten dieser zweijährigen Auszeit musste ich mich der Tatsache stellen, dass ich unglaublich viel Hoffnung verloren hatte. Vorher hatte man mich als

Visionär gekannt – jetzt hatte ich keine einzige Vision mehr. Einige dachten von mir, ich könnte junge Menschen ermutigen – und jetzt konnte ich niemandem mehr Mut zusprechen. Ich fühlte mich vollkommen leer und entmutigt durch das, was ich getan hatte und was die Leute von mir dachten.

Der amerikanische Schriftsteller Leonard Michaels veröffentlichte kürzlich seine Tagebücher unter dem Titel *Time Out of Mind* (Eine Zeit lang unzurechnungsfähig). Er hatte kein schönes Leben, und das wusste er auch. Als er an einer Stelle seines Buches über drei gescheiterte Ehen und seine Kinder nachdenkt, die sich ihm entfremdet haben, sagt er von sich: »Ich sehe mich fast wie einen Fremden. Er (damit meint er sich selbst) tat und sagte Dinge, die ich niemals tun, niemals sagen würde. Am liebsten würde ich behaupten, dass dieser Mensch nicht ich bin.« Und dennoch bemerkt er ironisch, dass das Tagebuch seinen Stil und seine Handschrift widerspiegelt und er deshalb »keine andere Wahl hat, als daraus zu schließen, dass ich in einem ganz persönlichen Sinn dieser Mann bin«.

Ich verstehe, was er damit sagen will, denn in meinen dunkelsten Tagen wollte ich mich der Menschenmenge anschließen, die mit dem Finger auf mich zeigte, den Kopf schüttelte und sagte: »Ihr habt absolut Recht, ich mag ihn auch nicht.« So klingt es, wenn man die Begeisterung für das Leben verliert.

> »Männer über vierzig
> stehen in der Nacht auf,
> schauen die Lichter auf der Straße an
> und wundern sich, warum das Leben so lang ist
> und wo sie falsch abgebogen sind.«
>
> Ed Sissman

Dieses Gefühl kenne ich!

Es ist schrecklich, die Hoffnung zu verlieren. Aber es passiert, und zwar nicht nur einigen Menschen, sondern den meisten. Wenn das geschieht, fragen wir uns: *Wie kann ich diesen Geist der Hoffnung wieder einfangen?* Als ich 1987 meinen düsteren Gedanken nachhing, hatte ich keine Ahnung, wie ich das anstellen sollte.

Menschen, die ihren lebensbejahenden Optimismus verloren haben, erleben häufig das Folgende:

- Sie sind von sich selbst und von der Richtung, die ihr Leben nimmt, enttäuscht.
- Sie haben sich (in gutem Glauben) in den Trubel des organisierten christlichen Lebens gestürzt, aber irgendwie sehen sie nicht mehr, was wirklich zählt und was Gott von ihnen erwartet.
- Sie wissen sehr wohl, dass sich die Welt ständig verändert, dass das Leben immer schneller wird, dass ihnen immer mehr Möglichkeiten zur Verfügung stehen, aber ihr Glaube kann damit nicht Schritt halten und verliert seine Bedeutung.
- Sie merken, dass sie stillstehen. Sie wissen, dass sie Veränderung nötig haben, aber sie glauben, dass sie sich jetzt nicht verändern können.
- Sie spüren, dass das Leben tiefer und befriedigender sein könnte, als sie es jetzt erleben.

Ich stelle mir vor, wie diese Menschen in ihrem Zimmer sitzen, während ich diese Gedanken formuliere. Mit ihnen möchte ich Kontakt aufnehmen.

In diesem Buch (dem schwierigsten, das ich je geschrieben habe) möchte ich verschiedene Aspekte zusammenfließen lassen, um zum Nachdenken anzuregen. Ich hoffe, dass ich einige neue Ideen bringen werde. Außerdem werden hier einige bekannte Geschichten aus der Bibel zu lesen sein; ich will sie so erzählen, dass sie Sie herausfordern, Ihr geistliches Leben auf neue Art zu sehen. Verstreut über das ganze Buch finden sich außerdem meine Erfahrungen mit anderen Menschen. Sie werden sehen, ich liebe Geschichten und Erlebnisse mit Menschen. Diese haben mir erlaubt, von ihnen zu erzählen, oder ich verfremde ihre Erfahrungen so weit, dass ihre Privatsphäre gewahrt ist.

Wenn ich glaube, dass es hilft, werde ich nicht zögern, aus meinem Leben zu erzählen und Ihnen auch noch nicht ganz ausgereifte Gedanken mitzuteilen. Ich bin jetzt alt genug, um Ihnen Gutes *und* Schlechtes aus meinem Leben und von meiner geistlichen Reise zu berichten, ohne mir Sorgen machen zu müssen, was die Leute wohl von mir denken werden. Und ich habe genug mitgemacht, um keine Angst davor zu haben, mich ganz an den Rand zu wagen und ungewöhnliche Gedanken zu denken, von denen ich mich eines Tages distanzieren könnte: »Hey, das habe ich geschrieben, als ich noch viel jünger war.« Ich nehme von Ihnen einfach an, dass Sie hier zu unterscheiden wissen.

Von diesem Buch erhoffe ich mir, dass Christen neu darüber nachdenken, wie dieser lebensbejahende Optimismus in der Bibel beschrieben wird und was er eigentlich bedeutet. Und dass wir neu die Gewissheit erfahren: Wenn es notwendig ist, lässt sich das Leben in seiner geistlichen Tiefe und Effektivität radikal ändern.

So, wie ich es sehe, bilden drei große Themen die Grundlage jeder Lebensänderung, drei Dinge, über die man sich im Alltagstrott nicht genügend Gedanken macht:

1. *Die verborgenen Ziele Gottes*, die Gehorsam, Vertrauen und eine Haltung des Dienens erfordern. Die Schlüsselfrage: Was glaube ich wirklich? Das entscheidende Wort: *loslassen.*

2. *Das verborgene Leben eines Christen,* das unter dem Einfluss Jesu Christi eine neue Gestalt erhält. Die Schlüsselfrage: Wer bin ich? Das entscheidende Wort: *nachfolgen.*
3. *Der verborgene Himmel,* der sich denen öffnet, die sich rückhaltlos dem Aufbau des Reiches Gottes widmen. Die Schlüsselfrage: Was kann ich erreichen? Das entscheidende Wort: *hinausgehen.*

Wenn ich das Wesen des geistlichen Lebens in drei Worten zusammenfassen müsste, dann wären es diese drei: *loslassen, nachfolgen* und *hinausgehen.* Für mich lässt sich alles unter einen dieser drei Begriffe fassen. Unsere moderne Kultur allerdings (die christliche und die nicht-christliche) scheint diese drei Themen weder zu verstehen noch sich zu ihnen hingezogen zu fühlen.

Loslassen, nachfolgen, hinausgehen – das baut immer wieder auf einem zentralen Gedanken auf, den ich mit *Kurskorrektur* zusammenfasse. Gleichbedeutend damit sind die Begriffe *Lebenswende, Bekehrung, Umgestaltung, Erneuerung* und *Neuorganisation.* Die beste und einfachste Definition von *Kurskorrektur* in unserem Zusammenhang lautet: »Der Prozess, der bei einem Menschen eine biblisch fundierte Lebensänderung einleitet.«

Gerade habe ich mit einem Mann Mitte vierzig ein Gespräch geführt. Seine zweite Ehe ist gescheitert, und die Chancen stehen nicht gut, dass die Wunden heilen werden. Er hat einige Jahre für eine bekannte Finanzierungsgesellschaft gearbeitet und war im Großen und Ganzen erfolgreich. Wenn Gott will, hat er noch dreißig oder vierzig Jahre zu leben. Aber seinem Blick sieht man die Verzweiflung an. Er ist geistig beweglich und hat eine angenehme Persönlichkeit. Er ist ein guter Mensch, aber er hat seinen lebensbejahenden Optimismus verloren. Ergibt diese scheinbar widersprüchliche Beschreibung einen Sinn?

Ich schildere hier einen wirklichen Menschen. Er weiß, dass er mit seinen Problemen nicht allein steht, dass viele andere eine Möglichkeit suchen, in ihrem Leben etwas radikal zu ändern.

Als ich ihn fragte, welche Schwerpunkte er in seinem Leben bisher gesetzt habe, gab er zu, dass die Jagd nach dem Erfolg alles andere überdeckte. »Ich glaube, ich könnte es so zusammenfassen«, sagte er. »Jeden Morgen gehe ich in den Frühstücksraum und sitze mit einem halben Dutzend Topmanagern unserer Firma am Tisch. Das fühlt sich gut an. Mit diesen Männern werde ich gerne gesehen. Diese Augenblicke am Frühstückstisch geben mir das Gefühl, ich hätte es geschafft.

Aber wenn das Frühstück zu Ende ist, dann gehen diese sechs Männer zusammen zum Fahrstuhl, und ich gehe allein hinterher. Sie steigen zusammen in einen Fahrstuhl ein, und ich nehme den nächsten. In diesem Augenblick begreife ich: Ich gehöre nicht zu ihnen. Das war nur eine kurze Täuschung.« Ich machte ihm einen Vorschlag: »Warum nimmst du dir nicht eineinhalb Monate Zeit, um die Architektur deines ganzen Lebens zu überdenken und dann deinen Kurs ganz neu zu bestimmen?« »Das könnte ich machen«, antwortete er. »Wie soll ich anfangen?«

»Drei Worte«, entgegnete ich. Er schrieb sie tatsächlich nieder, als ich sie ihm erklärte: *loslassen, nachfolgen* und *hinausgehen*. Darüber werde ich in diesem Buch berichten.

Kurskorrektur

Den Film *Apollo 13* habe ich schon ein paar Mal gesehen. Eine Szene inspiriert mich jedes Mal aufs Neue. Astronaut Jim Lovell (gespielt von Tom Hanks) und seine Crew fliegen mit der *Apollo 13* zum Mond, als plötzlich eine Explosion das Raumfahrzeug erschüttert. Die Worte »Houston ... wir haben ein Problem« sind in den letzten Jahren in Amerika zu einem feststehenden Ausdruck geworden, der so viel bedeutet wie: »Irgendetwas läuft hier schief.«

Als die Crew und die Bodenstation den durch die Explosion entstandenen Schaden abschätzen, stellt sich heraus, dass eine Mondlandung nicht mehr möglich ist. Die Mission muss abgeblasen werden. Jetzt geht es nur noch darum, die Astronauten sicher zur Erde zurückzubringen, und die Chancen dafür stehen nicht gut.

Das Problem besteht vor allem darin, dass die *Apollo 13* vom Kurs abkam, als sie den Mond umkreiste und sich dann wieder auf den Weg zur Erde machte. Nur eine äußerst genau berechnete und exakt ausgeführte Kurskorrektur kann die Astronauten noch retten, denn wenn die *Apollo 13* im falschen Winkel in die Erdatmosphäre eintaucht, werden sie mit ihrer Raumfähre verbrennen. Doch solch eine Kurskorrektur ist keine einfache Sache. Außerdem steht nur noch wenig Strom zur Verfügung, und man kann sich nicht auf die Computer verlassen.

Nach hektischen, aber präzisen Überlegungen zündet man eines der Triebwerke 39 Sekunden lang, und die schwierige Aufgaben, die *Apollo 13* wieder auf den richtigen Kurs zu bringen, wird perfekt gelöst.

In der Welt der Raumfahrt bedeutet eine Kurskorrektur, die Richtung eines Raumfahrzeugs so zu ändern, dass es den geplanten Zielort erreicht. In diesem Buch bedeutet sich zu verändern Kurskorrektur, Neubelebung, Neubeginn und Intensivierung des geistlichen Lebens eines Menschen: meiner Meinung nach ein gewaltiges Vorhaben.

Diese Neuausrichtung nimmt ihren Anfang im Innersten des Menschen, in dem, was wir Herz oder Seele nennen, und setzt sich dann nach außen fort. Christen nennen den Beginn dieses Prozesses *Bekehrung*, den Anfangspunkt einer lebenslangen Veränderung. Dahinter steht die Überzeugung, dass seit Beginn der Menschheit die geistliche Mitte jedes einzelnen Menschen aus dem Gleichgewicht geraten ist. Wir brauchen so etwas wie eine Wiedergeburt und nur Gott kann das bewirken. Wenn er unser Leben nicht korrigiert, werden wir in allem, was wir tun und erfahren, herumschlingern wie ein vom Kurs abgekommenes Raumschiff.

Bekehrung hat etwas mit dem Problem der Sünde zu tun, einer »Krankheit«, die unsere Wahrnehmung der Realität verzerrt und dazu führt, dass wir Gottes Willen und Gebote für unser Leben ablehnen.

Christen glauben, dass *Bekehrung* ihren Anfang immer in einer Begegnung zwischen einem Menschen und Gott nimmt. Oft streiten sie sich darüber, wer hier die Initiative ergreift, aber sie sind sich darüber einig, dass bei der Bekehrung etwas von Gott her geschieht. Der Apostel Paulus hat es so ausgedrückt, dass wir eine *neue Kreatur* werden. Jesus sprach von *Wiedergeburt. Das Leben kann und soll sich verändern; wir können es noch einmal ganz von vorn anfangen.*

Schon immer hat mich die Frage fasziniert, *wie* sich Menschen verändern. Schon als Kind bewegte mich dieses Thema, und die ersten Geschichten aus der Bibel, die ich hörte, waren mit der Einladung verbunden, »Jesus in mein Herz aufzunehmen«. Ich nahm diese Einladung an, hob die Hand, ging nach vorne und schrieb meinen Namen auf eine Karte. Das tat ich auch in den folgenden Jahren immer wieder, obwohl ich gehört hatte, dass einmal genug sei. Aber diese Einladungen waren so unwiderstehlich, ich hatte das Bedürfnis zu gefallen und war von meiner Schuld so überwältigt, dass es mir das Klügste schien, Jesus mehr als einmal in mein Herz aufzunehmen. Zweifellos war meine Reaktion auf diese Einladung anfangs mehr dadurch motiviert, dass ich eher Menschen gefallen wollte als Gott, aber ich zweifle nicht daran, dass sich etwas tief in meinem Innern nach Gott ausstreckte.

Als ich ein Teenager war, begann ich die Dinge etwas differenzierter zu sehen. Auf einer ganz tiefen Ebene bat ich Jesus immer noch, in mein Herz zu kommen (wenn auch seltener als vorher), wenn ich unter Druck stand. Aber ich war auch auf der Suche nach anderen Veränderungen. Ich wollte »cool« aussehen, wie man heute sagen würde, die richtigen Wörter benutzen, an den richtigen Orten mit den richtigen Leuten gesehen werden – das waren alles persönliche Veränderungen, wenn auch nur oberflächlich.

Keine Veränderung war mir zu groß, wenn ich dadurch nur in Kontakt mit den richtigen Leuten kam oder einem Mädchen gefiel, das ich attraktiv fand. Ich war bereit, mich in jeder Hinsicht zu ändern, nur um akzeptiert oder sogar bewundert zu werden.

Anfang zwanzig nahm mein Glaube eine entscheidende Wendung. Im Sommer 1959 betete ich zu Jesus und sagte ihm, dass ich ihm mein Leben geben und alles auf ihn ausrichten wollte. Ich würde ihm folgen, versprach ich ihm, so gut ich es irgend konnte. Von da an verspürte ich nie wieder das Bedürfnis, diese Erklärung zu wiederholen. Ich habe sie zwar immer wieder bekräftigt, aber anders als in meiner Kinderzeit war ich zuversichtlich, dass Jesus mich gehört hatte. Die Frage, wie ich mein Leben ausrichten sollte, war geregelt, was mich betraf, und von jetzt an nahm ich an, dass Jesus sich schon »melden« würde, wenn etwas schief lief.

Eine andere Art von Veränderung wurde notwendig, als ich meiner Frau Gail begegnete. Und auch, als ich Pastor wurde, als ich Vater wurde und als ich für eine Gruppe von Mitarbeitern die Verantwortung übernahm. Das bedeutete für mich jeweils, mein Leben effektiver zu organisieren und mehr Ordnung hineinzubringen. Wenn ich dumme Entscheidungen traf, wenn ich entdeckte, dass ich weder so dachte noch so handelte, wie es angebracht war, wenn Freunde oder Gemeindemitglieder mich kritisierten, dann versuchte ich, mein Leben zu verbessern. Manchmal klappte das, manchmal musste ich wieder ganz von vorne anfangen.

Nun bin ich sechzig Jahre alt, und immer noch sehe ich in meinem Wesen, meinen Gewohnheiten und meiner Lebensführung Bereiche, in denen ich mein Leben ändern muss. Und das ist in Ordnung so. Ich bin davon überzeugt, dass Veränderung der Schlüssel zu einem langen und erfüllten Leben ist. Das ist es, was Wachstum eigentlich bedeutet. Nicht, immer neue Dinge zu erwerben, immer mehr zu machen oder zu wissen, sondern eine wirkliche Persönlichkeit zu werden, ein guter Gefährte und Freund, mit größerer Demut und Frucht zu dienen und Gott immer mehr zu lieben.

Auf den ersten Seiten habe ich von einer katastrophalen Niederlage der Briten im Ersten Weltkrieg erzählt, durch die sie ihren lebensbejahenden Optimismus verloren. Ich denke an die vielen Menschen, die ebenso ihre Hoffnung und ihre Freude am Glauben verloren haben, weil sie in ihrem Leben Niederlagen erlitten und Narben aus ihren Schlachten davontrugen. Mit ihnen möchte ich darüber nachdenken, wie das Leben neu werden kann.

Die Menschen, die sich am meisten für dieses Thema interessieren, sind wahrscheinlich die, die versagt haben oder denen das Leben übel mitgespielt hat. Wenn sie »Kurskorrektur« hören, fragen sie sich, ob es auch für sie eine Möglichkeit zur Umkehr gibt. Können sie aus den festen Strukturen und Gewohnheiten ausbrechen, die sie in Schwierigkeiten gebracht haben? *Kann sich überhaupt irgendjemand wirklich verändern?*

Ich mag den Symbolgehalt, der in dem Wort »Kurskorrektur« steckt. In diesem Buch meine ich damit die verschiedenen Möglichkeiten, in jedem Lebensalter und in allen Lebenssituationen Veränderungen anzustoßen.

1. Auf der Suche nach dem geraden Weg

Dante war fünfunddreißig Jahre alt, als er der Welt *Die Göttliche Komödie* schenkte. Sie zählt zu den großen Werken der Weltliteratur. Er schrieb sie in einer entscheidenden Phase seines Lebens.

Dante gehörte zu den Verlierern einer gescheiterten Revolution, weshalb man ihn aus seinem geliebten Florenz verbannt hatte. Er wusste, dass man ihn hinrichten würde, sollte er es wagen zurückzukommen. Plötzlich waren über ihn Unsicherheit, Zweifel und Furcht hereingebrochen. Für diesen Mann in seiner Enttäuschung war es an der Zeit, seinen Kurs zu korrigieren.

Die ersten Zeilen der *Göttlichen Komödie* geben Aufschluss darüber, wie es in ihm aussah:

> Auf halbem Wege unsres Erdenlebens
> erwachte ich in einem dunklen Wald,
> nachdem der grade Pfad verloren war.

Mit diesen Worten begann Dante eine imaginäre literarische Reise, auf der er Fegefeuer, Hölle und Himmel erforschte und das Leben verschiedener Menschen aus Vergangenheit und Gegenwart darstellte, Freunde wie Feinde.

Er ordnete das gesamte Wissen seiner Zeit in eine großartige geistliche Vision ein, die auch ihm half, für sein Leben eine neue Perspektive zu finden. Als er aus seiner Vaterstadt verbannt und von seinem bisherigen Leben abgeschnitten wurde, fühlte er sich, als erwachte er »in einem dunklen Wald«: Diese Worte schildern sein persönliches Erwachen. Dem Dichter werden die Augen geöffnet, und er kann Dinge sehen, die er entweder vergessen oder auf die er nie geachtet hatte.

Dantes dunkler Wald ist nicht wörtlich, sondern sinnbildlich zu verstehen. Sein Wald existierte in seinem Inneren. Ich will dieses kraftvolle Bild einmal ausborgen und behaupte, dass jeder von uns sich von Zeit zu Zeit in einem solchen Wald wieder findet – einem Wald, den wir uns selbst gepflanzt haben oder der auf Faktoren zurückzuführen ist, auf die wir keinen Einfluss haben.

Ich war auch einmal buchstäblich in einem sehr dunklen Wald. Damals verbrachte ich zwei Wochen in einem primitiven Indianerdorf im Urwald. Eines Morgens lud mich der Häuptling ein, ein Wildschwein zu jagen, das er bei Sonnenaufgang gesehen hatte. Zwei andere Weiße – ebenfalls Besucher im Dorf – schlossen sich mir an. Wir joggten den Indianern drei Kilometer in den Wald hinterher. Im feuchtheißen, halbdunklen Dschungel sahen wir nirgends einen Pfad. Plötzlich fiel einer der beiden Weißen ins Diabeteskoma.

Um diesen medizinischen Notfall zu versorgen, musste ich zum Dorf zurückkehren und Hilfe holen. Aber wie sollte ich den Weg zurück finden? Die Jäger waren uns schon weit voraus, um ihre Beute zu verfolgen. Nur ein kleiner indianischer Junge, nicht älter als elf, kannte den Weg zurück.

In seiner eigenen Sprache gab man ihm die Anweisung, mich zu den anderen englischsprachigen Leuten zurückzubringen. Offenbar war die Botschaft bei ihm angekommen, denn er begann zu rennen. »Du musst ihm einfach folgen«, sagte man mir.

Glauben Sie mir, an diesem Tag brachen wir den Weltrekord in der Drei-Kilometer-Jagd. Für ihn war es nur ein kleiner Dauerlauf, ich aber rannte um mein Leben. Während ich versuchte, mit ihm Schritt zu halten, fragte ich mich fieberhaft, was »Langsamer!«, »Ich sterbe!« oder »Ich bin hingefallen und kann nicht aufstehen« in seiner Sprache heißen mochte.

Wie ich bereits sagte, sah ich im Dschungel nirgendwo

einen Pfad und natürlich auch keinen Wegweiser, und durch das dichte Laub fiel nur wenig Licht. Das war tatsächlich so ein dunkler Wald, wie er Dantes Vorstellung entsprungen war, und wenn ich von meinem jungen Führer getrennt worden wäre, hätte ich nichts tun können, um mich zu retten. Denn es gab nirgends einen Weg.

Glücklicherweise hatte der Junge den Weg zu seinem Dorf im Kopf. Wir erreichten die Siedlung und konnten unsere Mission erfüllen. Seit dieser Zeit drücke ich mich vor Dauerläufen (besonders mit Kindern).

In meiner Erinnerung ist diese Erfahrung für immer mit dem Gefühl von Hilflosigkeit und Erschöpfung verknüpft. Ich weiß jetzt, was man in großer Gefahr empfindet und wie wichtig es ist, sich an jemanden zu halten, der den Weg kennt. Als ich viele Jahre später in geistlicher Hinsicht durch einen dunklen Wald irrte, erinnerte ich mich an diese Augenblicke im Amazonasdschungel und entdeckte verschiedene Parallelen.

Ich habe oft mit Männern und Frauen geredet und Briefe gewechselt, die diesen geraden Weg in ihrem Leben verlassen haben. Ich vermute, einige dieser Menschen haben mit mir Kontakt aufgenommen, weil sie wissen, dass ich diese Momente in einem dunklen Wald gut kenne. Einige haben mein Buch *Rebuilding Your Broken World* (»Deine zerbrochene Welt wieder aufbauen«) gelesen, rufen mich an und beginnen so: »Ich muss Ihnen sagen, dass meine Welt zerbrochen ist.«

An anderer Stelle habe ich von einem Gespräch mit einem Mann berichtet, der seiner eigenen Einschätzung nach im dunkelsten Wald lebte, den man sich vorstellen kann.

Er rief mich an und fragte, ob er auf ein Gespräch vorbeikommen könne. Als er ankam, war er sehr erregt, weil eine Stelle, auf die er gehofft hatte, an jemand anders vergeben worden war. Ich gewann den Eindruck, dass er sich eingeredet hatte, der Job gehöre ihm. Und jetzt waren alle seine Hoffnungen zerschmettert.

Er erzählte mir, wie er die Neuigkeit erfahren hatte, und im Verlauf des Gesprächs kamen noch tiefere Probleme zum Vorschein, die ihn schon länger beschäftigten. Die Sache mit der Stellung war nur der sprichwörtliche Tropfen, der das Fass zum Überlaufen gebracht hatte. Ihm war aller lebensbejahende Optimismus verloren gegangen. Er trug große Sorgen mit sich herum, und nach kurzer Zeit fing er an zu weinen.

Als wir eine Weile still dagesessen hatten, bat ich ihn: »Sag mir, wo deine Tränen herkommen.«

Als er sich wieder unter Kontrolle hatte, entgegnete er: »Ich bin einfach so enttäuscht. So enttäuscht.«

»Enttäuscht wovon?«, fragte ich leise, aber eigentlich wusste ich die Antwort bereits.

»Von allem. Ich habe Träume gehabt, große Hoffnungen, mein ganzes Leben lang. Aber nichts hat so geklappt, wie ich es erwartet hatte. Ich bekomme nicht die Jobs, die ich haben will, meine Freundschaften halten nicht, und ich fühle mich, als hätte ich auch als Ehemann und Vater versagt. Mein christliches Leben stinkt. Nichts ... nichts klappt.«

Ich berichte von dieser für mich unvergesslichen Unterhaltung, weil sie bei mir nachhaltige Spuren hinterlassen hat. Einige Tage nach diesem Gespräch starb dieser Mann ganz plötzlich. Man sprach von einer natürlichen Todesursache, aber ich glaube, dass er an einem gebrochenen Herzen gestorben ist. Ich mochte ihn wirklich gerne und wünschte, ich hätte ihm ein besserer Pastor und Freund sein können. Hätte ich ihm helfen können, seinen lebensbejahenden Optimismus wieder zu finden, so dass diese lähmende Verzweiflung ihn verlassen hätte?

Wenn ich auf dieses Gespräch zurückblicke, fällt mir auf, dass er nichts erwähnte, was mit der Hoffnung auf Veränderung zu tun hatte; offenbar sah er diese Möglichkeit überhaupt nicht. Und wenn man diese Möglichkeit nicht mehr sieht, bleibt nur noch Verzweiflung und vielleicht ein gebrochenes Herz.

Wenn ich dieses Gespräch noch einmal führen könnte, würde ich meinem Freund gerne mehr Hoffnung anbieten. Ich würde ihn auffordern, sich sein Leben einmal genau anzuschauen, und ihn fragen, ob es nicht an der Zeit sei, dort einmal gründlich aufzuräumen. Hätte er solch eine Veränderung versucht? Ich weiß es nicht.

Ich weiß aber, dass ich ein paar Jahre später an ihn denken musste, als ich mit einem Mann, der mit ähnlichen Problemen zu kämpfen hatte, in den Bergen von New Hampshire eine eintägige Klettertour unternahm. Auch er war über fast alles in seinem Leben enttäuscht: seinen Charakter und seine fehlende moralische Standfestigkeit, den Beruf, seine kränkelnde Ehe.

Im Blick auf seine Zukunft war er vollkommen apathisch. Eine Stunde hörte ich ihm zu, wie er über alles berichtete. Dann unterbrach ich ihn und sah ihn an: »Ich weiß nicht, was ich dir sagen soll. Nur eins: Du brauchst eine gewaltige Bekehrung!« In Wahrheit wünschte ich mir, dass ein Blitz sein Inneres treffen, seine Vergangenheit auslöschen und seiner Zukunft eine neue Richtung geben würde.

Vielleicht machte ich damit nur meiner Frustration Luft. Aber ich glaube so sehr daran, dass Gottes Kraft Menschen verändern kann, die sich in ihrem dunklen Wald verirrt haben. Deshalb sprudelte es einfach aus mir heraus, und ich kann nur hoffen, dass die Botschaft bei ihm ankam.

Johannes, der Verfasser des vierten Evangeliums, berichtet von einem Gespräch zwischen Jesus und einer namenlosen Frau. Diese Begegnung fand am so genannten Jakobsbrunnen in Sychar, einer Stadt in Samarien, statt. Jesus war müde von der Reise und ruhte sich aus. Die Frau war gekommen, um Wasser zu holen. Ihr

Gespräch wandte sich von oberflächlichen Themen bald tieferen Fragen zu. Jesus benutzte das Wasser als Bild und stellte ihr die Möglichkeit einer geistlichen Veränderung vor Augen: »Das Wasser, das ich ihm gebe, wird in ihm zur sprudelnden Quelle werden, deren Wasser ewiges Leben schenkt.«

Sofort wird deutlich, dass sie unterschiedliche Blickwinkel hatten. Die Frau nahm an, dass er von einer Art magischem Wasser sprach, das körperlichen Durst für immer löschen konnte. Er meinte aber eine Veränderung, die er allein in ihr bewirken konnte und die sie bitter nötig hatte.

Ihr Leben war von sexueller Untreue geprägt (vielleicht konnte sie sich nur so finanziell über Wasser halten). Sehr wahrscheinlich galt sie in ihrem Dorf als gesellschaftlich (und religiös) Ausgestoßene. Wenn jemand den geraden Weg aus den Augen verloren hatte, dann diese Frau.

»Kommt her, seht, da ist ein Mann, der mir alles gesagt hat, was ich getan habe: Ist er vielleicht der Messias?«, ruft sie den Leuten von Sychar zu, als sie in ihr Dorf zurückkehrt. Die Worte Jesu waren mit ihrem Licht in ihren »dunklen Wald« gedrungen. Die Frau merkte, dass sich ihr durch die Worte des Messias die Möglichkeit bot, sich zu verändern.

Diese Veränderung muss so deutlich gewesen sein, dass die Leute von Sychar zu der Überzeugung kamen: Es lohne sich, mit ihr zum Brunnen zurückzugehen, wo Jesus noch immer saß. Sehr bald saßen sie um ihn herum, um mehr über diese Veränderung, diesen lebensbejahenden Optimismus des Glaubens zu hören.

»Noch viel mehr Leute kamen zum Glauben an ihn aufgrund seiner eigenen Worte«, schreibt Johannes, und Jesus blieb schließlich noch zwei Tage bei ihnen.

»Wir haben ihn selbst gehört und wissen nun: Er ist wirklich der Retter der Welt«, sagten sie (vgl. Johannes 4,1-42).

Ich habe diese Begegnung angeführt, weil sie wie eine ganze Reihe anderer Passagen in der Bibel von der Umgestaltung des Lebens spricht. In ihr kommen Menschen vor, die genau wissen, dass sie sich im dunklen Wald verirrt haben und vom geraden Weg abgekommen sind, und die lernen, dass der einzige Weg, der hinausführt, in den Worten und der Kraft Jesu liegt.

Ich kannte einen Mann mit einem einzigartigen Sinn für Humor und ich mochte ihn sehr, unter anderem, weil er uns oft zum Lachen brachte. Aber wir waren schon viele Jahre Freunde, bis ich merkte, dass bei ihm entscheidende Dinge nicht in Ordnung waren. Weil er seinen Humor mit Geschick einzusetzen verstand, konnte er seine Probleme damit verdecken. Wenn er einen Witz machte und alle lachten, vermutete keiner bei ihm irgendwelche Schwierigkeiten.

Vielleicht setzte er diese wunderbare Gabe auch ein, um sich selbst darüber hinwegzutäuschen, was alles in seinem Leben falsch lief, wenn man unter die Oberfläche schaute.

Als für ihn der Moment kam, im dunklen Wald aufzuwachen, waren wir alle sehr überrascht. Wir entdeckten, dass sein Humor in Wirklichkeit nur ein Deckmantel gewesen war, mit dem er die tragische Realität seines Lebens zudeckte, vor ihm selbst und vor uns, und wir hätten sensibel genug sein müssen, um zu merken, was da vor sich ging.

Was mein Freund mit Humor zudeckte, verbergen andere mit ihrer Arbeit. In den Tagen, bevor ich mich im dunkelsten aller dunklen Wälder wieder fand, halste ich mir immer mehr Arbeit auf, die ich unmöglich bewältigen konnte. Oberflächlich gesehen hatte ich die Absicht, Gutes zu tun. Ich reiste durch das ganze Land, hielt Vorträge, beriet Menschen und genoss überall Anerkennung, wohin ich auch kam. Viele interpretierten meinen Eifer als Zeichen meiner Hingabe an Gott und den Dienst für ihn. Das spielte auch tatsächlich eine Rolle. Aber eigentlich war ich, wie ich es heute im Rückblick sehe, auf der Flucht. Auf der Flucht vor der Notwendigkeit, mir selbst ins Gesicht zu sehen, auf der Flucht vor der Wahrheit, vor dem Unvermeidlichen, dass nämlich eines Tages Tatsachen aus meinem Leben ans Licht kommen würden, die ich lieber versteckt gehalten hätte.

Was mein Freund mit Humor und ich mit Arbeit zudeckte, erreichen manche Menschen, indem sie sich dauernd neue Sachen anschaffen, pausenlos spielen, sich immer neue Liebhaber suchen oder sich in selbstgerechtem Hass zurückziehen. Im Lauf meiner Arbeit, in der ich immer wieder Menschen sehr persönlich kennen lerne, habe ich all das gesehen.

Eines erschreckt mich vielleicht am meisten. Ich bin über achtzig Jahre alten Männern begegnet, die verbittert und zurückgezogen lebten. Sie hatten nur wenige Freunde und verloren selbst diese wenigen mit den Jahren – allein deswegen, weil sie es nicht für nötig hielten, zur Besinnung zu kommen oder sich zu finden.

Wenn alles zusammenbricht

Ich habe erlebt, dass ein Mensch plötzlich in einem dunklen Wald zur Besinnung kommt. Dafür gibt es drei Bedingungen. Die erste nenne ich den *persönlichen Zusammenbruch*. Das Leben bricht unter dem Gewicht der vielen Fehlentscheidungen und ihrer Konsequenzen zusammen, mit kreischenden Bremsen kommt alles zum Stillstand. Verlust durch Tod, schwere Krankheit, finanzielle Probleme. Denken Sie irgendetwas, das das ganze Leben zusammenbrechen lässt. Der lebensbejahende Optimismus ist verschwunden.

Nicht weit von unserem Wohnort gibt es eine Rennstrecke, die Spitzengeschwindigkeiten von über 260 km/h erlaubt. Ich konnte mir für meinen Enkel Lucas kein besseres Geschenk vorstellen, als ihn einen Nachmittag dorthin mitzunehmen und die verschiedenen Fahrer beim Training und der anschließenden Qualifikation für die Rennen am Wochenende zu beobachten.

Plötzlich sahen wir, wie ein Fahrer gegen die Leitplanke prallte. Der Rennwagen zerbarst und die Teile flogen überall herum. Weil das Cockpit gut konstruiert war und der Fahrer Schutzkleidung anhatte, trug er keine ernsthaften Verletzungen davon. Aber das Auto war kein Auto mehr.

Als ich diesen Unfall sah, musste ich an viele Menschen denken, mich eingeschlossen, die gegen die »Leitplanke« geprallt waren und so einen Zusammenbruch erlebten. Ruf, Karriere, Beziehungen, Wohlstand – alles war ruiniert.

An dem Tag, als ich dieses Kapitel schrieb, rief mich ein Pastor aus einem anderen Teil Nordamerikas an. Einige Monate zuvor hatte er intensive Gespräche mit einer Frau geführt, die ihn in seinem Büro um Rat gebeten hatte. Im Verlauf der Gespräche wuchs zwischen den beiden ein emotionales Band. Am Anfang hatten sie sich noch förmlich die Hand gegeben, dann umarmten sie sich voller Zuneigung. Im Verlauf der nächsten Wochen zeigten sie sich ihre körperliche Zuneigung auch noch auf andere Weise, bis sie schließlich miteinander schliefen. Er brauchte nur ein paar Minuten, um mir das zu erzählen.

Der Versuch, diese Beziehung zu beenden, war nicht von Erfolg gekrönt, und die betroffene Frau informierte den Gemeindevorstand über das Vorgefallene. Heute, sagte er mir, müsse er vor den Vorstand treten und seine Schuld eingestehen, seiner Frau mitteilen, was passiert war, und der Tatsache ins Gesicht sehen, dass sein Leben als Pastor fast mit Sicherheit vorüber war. Für ihn war es gelinde gesagt ein schrecklicher Tag. Als er schilderte, was jetzt gleich geschehen werde, fing seine Stimme an zu zittern und er musste weinen. Er verfluchte sich selbst wegen seiner Dummheit und fragte sich, was die Zukunft bringen werde. Was konnte er tun?

So sieht es aus, wenn das Leben eines Menschen zusammenbricht, wenn er merkt, dass das Leben nach diesem Augenblick in einem dunklen Wald nie mehr so sein wird wie früher. Ich weiß vielleicht besser als er, dass es Hoffnung für morgen gibt, dass er diese Situation durchstehen und wieder ins Licht treten kann, als besserer, tiefer gegründeter und brauchbarerer Mensch als vorher. Aber wenn man sich im dunklen Wald verirrt hat, wenn man seinen lebensbejahenden Optimismus verloren hat, den Glauben, dass Gott die Zukunft in seiner Hand hält, dann ist das schwer zu glauben.

Enttäuschung

Ein zweiter Faktor, der diese Momente im dunklen Wald auslösen kann, ist das, was ich *persönliche Enttäuschung* nenne.

Viele von uns erleben diese Momente im dunklen Wald, wenn wir unser Leben angucken und merken: Was wir erreicht haben, entspricht nicht dem, was wir uns am Anfang vorgenommen haben. Eine Ehe mag vielleicht noch bestehen, aber sie leidet unter Ermüdungserscheinungen. Zwei Menschen freuen sich nicht mehr an ihrer Gegenwart, keiner hat mehr Lust, den anderen noch besser kennen zu lernen oder mit Begeisterung für ihn da zu sein.

Ein Beruf, der einen Menschen vorher herausforderte und begeisterte, ist jetzt einfach nur noch ein Job. Jeden Tag geht man zur Arbeit und zählt die Jahre bis zur Rente.

Ein früher brennender Glaube, bereit zum Dienen, gleicht nun einem platten Reifen. Die Seele wird davon nicht mehr satt, es bleibt eine Leere zurück, die sich nie wirklich ausfüllen lässt.

»Worum geht es in deinem Buch?«, fragte mich ein Bekannter.

Ich fürchte solche Fragen, weil ich beim Schreiben versuche, meine ganze Seele in dieses Buch zu legen, und mir dabei ziemlich verletzlich vorkomme.

»Ich versuche, über Menschen zu schreiben, die ihrem Leben eine andere Richtung geben wollen, wenn sie gegen eine Wand gerannt sind.«

»Eine Wand?«

»Ja«, sagte ich. Ich erzählte ihm von einem Beispiel und sagte dann: »Viele Menschen stehen vor so einem entscheidenden Punkt in ihrem Leben, wenn sie enttäuscht darüber sind, dass sie Jahr um Jahr für etwas gearbeitet haben und das Ergebnis ihren Erwartungen nicht entspricht. Oft leben sie lange Zeit in stiller Enttäuschung vor sich hin. Auf einmal veranlasst sie irgendetwas, sich zu ändern, zum Guten oder zum Schlechten. Vielleicht ändern sie sich auch überhaupt nicht, sondern kapitulieren einfach vor der Langeweile ihres Daseins.«

»Komisch, dass du das gerade so formulierst«, entgegnete er. »Mein bester Freund kam am Sonntagnachmittag bei mir vorbei. Seit zwanzig Jahren hat er Verantwortung in der Gemeinde, er gehört zu denen, die immer geben, und hat einen hervorragenden Ruf als Christ. Und weißt du, was er getan hat? Er hat sich hingesetzt und nur noch gesagt: ›Ich bin gerade in meinem letzten Gottesdienst gewesen.‹ Ich traute meinen Ohren nicht und bat ihn, das noch einmal zu sagen.

Und er sagte es noch einmal: ›Ich bin gerade in meinem letzten Gottesdienst gewesen‹, und dann erklärte er es mir: ›Ich habe dagesessen und gemerkt, dass ich Jahr für Jahr dasselbe gehört habe. Ich habe immer dasselbe gemacht. Ich habe die ganze Zeit an denselben Problemen gearbeitet und sie nicht gelöst. Dann habe ich mir gesagt, dass da irgendetwas für mich nicht funktioniert. Vielleicht funktioniert es für die anderen, aber nicht für mich. Es macht einfach keinen Unterschied mehr, ob ich in der Gemeinde bin oder nicht. Deshalb will ich da nicht mehr hingehen.«»

Ich glaube, dass es in unseren Gemeinden viele enttäuschte Menschen gibt. Sie sind enttäuscht, weil sie es nicht schaffen, Christus besser nachzufolgen. Ob sie es zugeben oder nicht, sie sind enttäuscht von den Erfahrungen, die sie in der Gemeinde machen. Aber mit wem soll man über so ein vages Gefühl wie Enttäuschung schon reden? Also halten sie durch und hoffen, dass es irgendwo und irgendwann zu einem entscheidenden Durchbruch kommt.

Positive Unzufriedenheit

Ein dritter Faktor, der diese Momente im dunklen Wald auslösen kann, ist *positive Unzufriedenheit*, die ich gerne der Enttäuschung gegenüberstellen möchte. Wir reden hier von einem Menschen, der auf einmal merkt, dass er es besser machen kann. Er kann seine Oberflächlichkeit ablegen; er kann seinen Verstand disziplinieren; er kann Menschen auf einer anderen Ebene begegnen. Er kann seine Beziehung zu Gott intensivieren. Anders als der Enttäuschte weist er niemandem die Schuld zu. Er wird sich langsam bewusst, dass es Raum zum Wachsen in die Tiefe und die Breite gibt.

Eine Kollegin von mir hatte jahrelang vierzig Pfund Übergewicht und machte sich niemals große Sorgen deswegen. Plötzlich bemüht sie sich ernsthaft darum, vernünftig zu essen und Sport zu treiben. Die achtundvierzig Jahre alte Frau eines engen Freundes entschließt sich zu einem Lehramtsstudium, weil sie sich Sorgen um die Qualität unserer Bildung macht. Ein Bekannter von mir geht in den Vorruhestand und nimmt eine unbezahlte 40-Stunden-Stelle bei einem finanzschwachen gemeinnützigen Verein an. »Ich dachte, dass es Zeit sei, etwas zurückzugeben«, sagt er dazu.

Dies sind alles Beispiele für Kurskorrekturen, die einer positiven Unzufriedenheit entspringen.

Große Sportler sind nie zufrieden. Wer sich für Streichinstrumente interessiert, weiß, dass der alte Pablo Casals jeden Tag vier Stunden Cello übte, bis zu dem Tag, an dem er mit Mitte neunzig starb. Wladimir Horowitz gab noch im hohen Alter Konzerte als Pianist und riss seine Zuhörer zu Begeisterungsstürmen hin.

Der Apostel Paulus schrieb als reifer Mann: »Um Christus allein geht es mir. Ihn will ich immer besser kennen lernen und die Kraft seiner Auferstehung erfahren ...« (Philipper 3,10; Hoffnung für alle).

Jeder dieser Menschen sagt uns, dass er mit dem Erreichten noch nicht zufrieden ist und weiter vorwärts kommen möchte. Auch Wachstum ist eine Form der Kurskorrektur.

Diese positive Unzufriedenheit sprengt natürlich das Bild vom dunklen Wald, in dem man unglücklich zur Besinnung kommt. Dieser dunkle Wald ist für mich einfach ein hilfreiches Bild für einen bestimmten Augenblick, wenn wir uns bewusst werden, dass eine Veränderung oder Korrektur nötig ist. Ob wir zu dieser Erkenntnis gezwungen werden, weil unser Leben vor unseren Augen auseinander fällt, ob wir enttäuscht sind, weil sich die Dinge nicht zu unserer Zufriedenheit entwickeln, oder ob wir den Wunsch haben, mehr Qualität in unser Leben zu bringen – wir sind wie Dante zur Besinnung gekommen. Wir erkennen es einfach als notwendig, unser Leben zu verändern.

Um diese Kurskorrektur geht es in diesem Buch – Umgestaltung, Veränderung, Bekehrung. Es soll Menschen ansprechen, die gerade genug gelebt haben, um zu verstehen, dass das Leben hart ist und es keine einfachen Antworten gibt.

Mit diesem Buch will ich die Hoffnung vermitteln, dass wir uns in jedem Lebensalter verändern können. Lassen Sie sich von niemandem einreden, dass Veränderung unmöglich ist. Wir können uns verändern. Ich weiß das. Ich habe mich schon einige Male in einem dunklen Wald wieder gefunden. In einem Fall ist das wörtlich zu verstehen, andere Male in Dantes Sinn. Aber ich habe den Weg hinaus ins Helle gefunden.

2. Worte, die verwandeln

Vor ein paar Wochen sprang mich ein Satz aus einer Buchkritik förmlich an. Der Verfasser wollte seine Begeisterung über den gerade veröffentlichten Gedichtband eines jungen Schriftstellers ausdrücken. Über ein bestimmtes Gedicht schrieb er: »Die Worte treffen direkt ins Herz und gedeihen dort.«

Dieser Satz hat mich angeregt, darüber nachzudenken, wo in meinem Leben Worte direkt mein Herz trafen und dort gediehen. Gedeihen bedeutet hier, dass die Worte im Herzen hängen blieben und nicht vergessen wurden. Es bedeutet, dass sie im Herzen aufbewahrt blieben und zu Aufmerksamkeit und Taten führten. Gedeihen bedeutet, dass diese Worte zu einem Teil meiner Botschaft wurden, die ich anderen Menschen mitteilen wollte.

Denken Sie einmal an Worte und Ausdrücke, die wir dauernd hören und schon lange nicht mehr glauben. Die es darum nie bis zum Herzen schaffen: »Wir kümmern uns um Ihren Auftrag, sobald er eingeht«, »Mit diesem Punkt möchte ich meine Predigt schließen«, »Ich erledige das am Samstag«, »Für 199 DM bekommen Sie Hin- und Rückflug nach Mallorca und eine Woche Hotelaufenthalt«. Keine dieser Behauptungen bewegt uns wirklich. Wir haben sie schon tausendmal gehört und glauben sie einfach nicht mehr.

Manche Worte und Botschaften bewegen uns aber. Sie verändern sogar unser Leben. Aus Gründen, die wir nicht immer verstehen, treffen sie uns mitten ins Herz, bewegen uns in unserem Innersten und gedeihen dort.

Worte von Gail (damals meiner Verlobten) trafen mich mitten ins Herz, nachdem ich einen Versuch unternommen hatte zu predigen. Wir waren ein- oder zweimal miteinander ausgegangen und waren schon dabei uns zu verlieben. Ein Pastor hatte mich freundlicherweise eingeladen, in einem Gottesdienst mitten in der Woche zu predigen. Ich war erst dreiundzwanzig, aber ich bereitete mich gut vor, um mein Bestes zu geben. Als ich mit meiner Predigt fertig war und die Gemeindemitglieder ihre ermutigenden Bemerkungen losgeworden waren, zogen Gail und ich uns in einen etwas abgelegenen Raum zurück. Sie umarmte mich, gab mir einen Kuss und teilte mir ihre Meinung mit, dass Gott mich zu einem Prediger machen würde. Diese Umarmung, diesen Kuss und diese Worte habe ich nie vergessen. Sie halfen mir, ein Prediger zu werden.

Auf der anderen Seite erinnere ich mich an die Worte eines guten Freundes, vor vielen Jahren auf dem Bürgersteig in einer japanischen Stadt. Ich hatte gerade eine sehr unfreundliche Bemerkung über einen gemeinsamen Bekannten gemacht. Er blieb plötzlich stehen und sah mich an. »Gordon«, sagte er, »ein Mann, der Gott liebt, würde niemals so etwas über einen Bruder sagen.«

Diese Worte trafen mich mitten ins Herz und gediehen dort auf eine ganz andere Weise. Solche harten Worte müssen uns manchmal ins Herz treffen und dort gediehen. In diesem Fall gediehen diese Worte, und ich höre sie bis heute. Immer wenn ich die Versuchung spüre, über jemanden eine ähnlich unfreundliche Bemerkung zu machen, höre ich, wie mein Freund mich wieder wie vor vielen Jahren zurechtweist: »Ein Mann, der Gott liebt, würde niemals so etwas über einen Bruder sagen.« Dieser eine scharfe Tadel hat mich unzählige Male davor bewahrt, über jemanden herzuziehen.

»Du musst ein Evangelium der zweiten Chance verkündigen«, riet mir ein lieber Freund, der mich vor zwölf Jahren aufforderte, wieder in den Predigtdienst zurückzukehren, nachdem ich zwei Jahre lang geschwiegen hatte. Mit diesem Satz setzte er bei mir viel in Bewegung. Konnte ich vielleicht gerade die Menschen ansprechen, die von sich glauben, sie hätten keine Chance mehr auf eine Kurskorrektur in ihrem Leben? Solche Worte nennen wir herausfordernd. Wie die Bestätigung und der Tadel trafen sie mich mitten ins Herz und gediehen dort.

Denken Sie einmal an vergleichbare Situationen in Ihrem Leben zurück, als die richtigen Menschen, Umstände und ein offenes Herz zusammenkamen. Die Worte, die dort fielen, beschäftigten nicht nur Ihren Verstand, sie elektrisierten nicht nur Ihre Gefühle, sondern trafen Sie mitten ins Herz und gediehen dort.

Woran kann man merken, dass so etwas wirklich geschehen ist? Wir verändern uns.

Vor einigen Jahren durfte ich auf einer Konferenz sprechen, auf der auch Kenneth Cooper, der Begründer der Aerobic-Bewegung, auftrat. Als dieser Mann, einige Jahre älter als ich, zum Sprechen aufstand, erwachte meine Aufmerksamkeit sofort. Sein Thema war, wie man seinen Körper durch Sport und gesunde Ernährung gesund erhält. Er selbst war, wie wir Prediger sagen, die beste Illustration für seine Predigt. Er hielt sich ganz gerade, und man sah sofort, dass er nicht ein Gramm überflüssiges Fett auf den Rippen hatte. Als er den Mund aufmachte, floss es förmlich aus ihm heraus: Fakten, Statistiken, Geschichten, mit denen er den springenden Punkt deutlich machte. Niemandem entging seine Leidenschaft für dieses Thema. Seine Schlussfolgerungen waren so eindeutig, dass ich mir dumm vorgekommen wäre, wenn ich nicht das getan hätte, was er vorgeschlagen hatte. Seine Botschaft traf mich mitten ins Herz und gedieh dort.

Als Gail und ich den Saal verließen, sagte ich zu ihr: »Ich habe mich bekehrt.«

»Was meinst du damit?«, fragte sie zurück.

»Er hatte absolut Recht. Wenn ich nach Hause komme, tue ich, was er sagt.«

Und ich tat es tatsächlich. In den nächsten Monaten stellte ich meine Ernährungsgewohnheiten fast völlig um und achtete darauf, dass ich genug Vitamine bekam. Was den Sport angeht – daran arbeite ich noch. Aber der springende Punkt ist, dass ich mich veränderte. Ich korrigierte meinen Kurs.

Es gibt da auch eine Geschichte, die John Sculley von seiner Unterhaltung mit dem Chef von Apple Computer erzählte. Der Apple-Chef, Steve Jobs, hatte immer wieder versucht, Sculley von Pepsi Cola abzuwerben, damit er die Geschäftsführung bei Apple übernahm. Keine Geldsumme schien groß genug, um Sculley zu überzeugen.

In seiner Verzweiflung fragte Jobs Sculley schließlich: »Wollen Sie Ihr Leben damit verbringen, Zuckerwasser herzustellen, oder wollen Sie uns helfen, die Welt zu verändern?«

Das war wie ein Schlag in die Magengrube. Eine impulsive Frage von weit reichender Bedeutung fand den Weg zu Sculleys Herzen. Bald darauf machte er sich auf den Weg nach Westen, um bei Apple zu arbeiten.

Aber keines dieser Worte, weder die Bestätigung oder der Tadel noch die Herausforderung durch Kenneth Cooper oder die bohrende Frage, die Steve Jobs stellte, kann sich mit den Worten Jesu messen, die direkt ins Herz treffen, wenn er Menschen begegnet. Was er sagt und wie er es sagt, hat eine unglaubliche Wirkung auf die verschiedensten Menschen. Keiner, der ihn gehört hat, kann danach noch lange geistlich bewegungslos bleiben. Entweder bewegt man sich auf Jesus zu oder von ihm weg. In welche Richtung man auch immer geht, es ist Bewegung im Spiel. Unser Herr war kein Entertainer. Er sprach die Menschen in ihrem Innersten an und forderte sie dazu heraus, den Kurs ihres Lebens zu ändern.

Wenn Sie sich einmal die Begegnungen vor Augen halten, die Jesus mit den Menschen seiner Zeit hatte, dann fällt

Ihnen vielleicht auf: In ihrer Haltung zu Jesus gab es vier verschiedene Gruppen von Menschen. Alle möglichen Leute kamen mit verschiedenen Fragen auf ihn zu, und er half ihnen, die nächsten Schritte zu tun. Einige von ihnen gingen auch einen Schritt rückwärts, das ist wahr. Aber achten Sie auf die, die vorwärts gingen. Ich weise die Menschen in meinen Predigten oft darauf hin, dass jeder von uns sich in einer dieser vier Gruppen befindet, die ich im Folgenden beschreibe, und sich immer fragen sollte, was nötig ist, damit er einen Schritt weiter gehen kann. Die Bewegung gehört zu dem, was ich *Umkehr des Lebens* nenne.

Zuschauer

Die erste dieser vier Gruppen ist gleichzeitig die größte und verbreitetste. Ich nenne sie die Gruppe der *Zuschauer*. Diese Männer und Frauen suchen die Nähe des Herrn im Wesentlichen aus selbstsüchtigen Gründen. Eine ganze Reihe von Zuschauern ließen sich blicken, wo immer er auftauchte, denn sie hatten gehört, dass er Menschen heilte und so bei ihm etwas zu erleben war.

Einige sahen ihre Chance im politischen und gesellschaftlichen Bereich gekommen, andere waren neugierig, welche neuen Ideen Jesus vorbringen würde; wieder andere waren glücklich darüber, dass in seiner Umgebung offenbar niemand Hunger leiden musste.

Viele andere Zuschauer kamen allerdings auch, weil sie geistlich leer waren und das auch wussten. Sie hatten allen lebensbejahenden Optimismus verloren, fühlten sich von der organisierten Religion im Stich gelassen und waren sich nicht im Klaren darüber, was denn nun richtig war. Für sie waren die Worte Jesu – um es mit einem Lied zu sagen – »Wort der Liebe, Wort des Lebens«.

Im Gegensatz zu denen, die mit einer gewissen Erwartungshaltung kamen, gab es auch eine Gruppe von Zuschauern, die sich abseits hielten und beobachteten. Sie warteten darauf, dass Jesus irgendeine Schwäche zeigte, die man ihm vorwerfen konnte. Aber wenn sie ihm Fangfragen stellten und hofften, dass sie ihn in flagranti ertappen konnten, ging das immer fürchterlich schief, und sie verließen zornig den Ort des Geschehens.

Zuschauer neigen dazu, anonym zu bleiben. Sie bewegen sich in der Masse, kommen zu vorschnellen Schlussfolgerungen und sind leicht aufzuhetzen. Zuschauer hören eine gewisse Zeit zu und gehen dann weg. Nur einige bleiben zurück. Wenn es irgend möglich ist, sträuben sie sich dagegen, in eine Sache hineingezogen zu werden, die ihnen etwas abverlangen könnte. Für Zuschauer ist Nehmen seliger als Geben.

Wenn Zuschauer in der Gruppe Begeisterung an den Tag legen, ist sie im Allgemeinen kurzlebig. Heute wollen sie dich vielleicht zum König krönen, aber genauso gut könnten sie dich morgen kreuzigen. Ihre ersten Erwartungen sind einfach: Gib ihnen zu essen, schmeichle ihnen, mach es möglich, dass sie sich gut fühlen, und sie werden dich dafür lieben. Wenn du sie aber enttäuschst, dann werden sie sehr schnell unangenehm.

Kein Wunder, dass es von Jesus heißt, als er über eine große Menge von Zuschauern blickte: »Jesus aber vertraute sich ihnen nicht an, denn er kannte sie alle und brauchte von keinem ein Zeugnis über den Menschen; denn er wusste, was im Menschen ist« (Johannes 2,24-25).

Jesus behandelte die Zuschauer nicht unbedingt streng. »Er hatte Mitleid mit ihnen«, heißt es oft. Aber unser Herr geriet in Zorn, wenn er sah, dass die kleinen Leute ungerecht und unbarmherzig behandelt wurden.

Jesus hinderte die Zuschauer teilweise daran, sich in einer großen Gruppe zu verstecken. Oft sprach er Einzelne direkt an und forderte sie dadurch heraus, dass er ihnen erklärte, was es bedeutet, dem Reich Gottes zu dienen. Die »Leichtgewichte« machten sich dann schnell aus dem Staub.

Ich glaube, erst als junger Pastor habe ich gemerkt, dass es solche Zuschauer gibt. Ich hatte damit begonnen, ein monatliches Männerfrühstück zu veranstalten, zu dem bald schätzungsweise zweihundert Männer erschienen. Ein entlassener Armeekoch sorgte für das Essen, und ich hielt eine Andacht über Themen, die Männer bewegen. Unser Bürgermeister nahm an diesen Treffen teil, und mit ihm kamen auch andere Mitglieder der Stadtverwaltung und Geschäftsleute. Für mich deutete alles darauf hin, dass eine Erweckung kurz bevorstand.

Aber es kam anders. Der Bürgermeister und seine Gefolgschaft, so nett sie waren, waren lediglich auf Stimmenfang für die nächste Kommunalwahl aus. Nachdem man ihn wiedergewählt hatte, nahm nur noch die Hälfte an unseren Frühstückstreffen teil.

Der Herr hätte das verstanden. Er wusste sehr genau, dass Worte, wie wunderbar sie auch sein mögen, nicht jeden ins Herz treffen und dort gedeihen. Wenn aber Zuschauer das Wort hören und es in ihrem Herzen gedeiht, dann ist es möglich, dass Männer und Frauen einen Schritt vorwärts gehen und aus ihnen *Suchende* werden.

Suchende

Zuschauer bestimmten die Szene in einer Geschichte, die in Johannes 6 erzählt wird. Eine große Menschenmenge hatte sich um Jesus versammelt, »weil sie die Zeichen sahen, die er an den Kranken tat«. Mehr noch, sie wollten nicht wieder weggehen. Zwei oder drei Tage lang folgten sie Jesus überallhin. Und dann gab Jesus ihnen zu essen, Brote und Fische aus dem Mittagessen eines kleinen Jungen. »Ihr sucht mich«, sagte Jesus später, »weil ihr von den

Broten gegessen habt und satt geworden seid. Müht euch nicht ab für die Speise, die verdirbt, sondern für die Speise, die für das ewige Leben bleibt und die der Menschensohn euch geben wird.«

Er sprach zu ihnen darüber, was es für sie bedeuten würde, ihr Leben zu verändern. An diesem Punkt verließen ihn die bloßen Zuschauer: »Viele seiner Jünger, die ihm zuhörten, sagten: Was er sagt, ist unerträglich. Wer kann das anhören? ... Daraufhin zogen sich viele seiner Jünger zurück und wanderten nicht mehr mit ihm umher.« Einfach gesagt, er mutete ihnen im Glauben mehr zu, und die Zuschauer versuchten sich aus der Affäre zu ziehen.

Einige aber blieben. Sie waren *Suchende*. Man kann Suchende als neugierige Menschen bezeichnen. Sie stellen Fragen, beobachten alles ganz genau, machen ein paar vorsichtige Schritte, um näher an Jesus heranzukommen. Von den Zuschauern unterscheidet sie, dass sie mit der Möglichkeit rechnen, eines Tages vielleicht ihr Leben zu verändern. Sie wissen, dass die Möglichkeit zum Kurswechsel besteht, und sie sagen sich: *Ich muss so viel dazulernen wie möglich; das könnte mein Leben verändern.*

Ein junger, wohlhabender und einflussreicher Mann kam zu Jesus, um ihm eine Frage über das ewige Leben zu stellen (Markus 10,17-22). Die Fragen, die er stellte, waren typisch für einen Suchenden, und man kann ohne weiteres annehmen, dass ihn die Worte Jesu zwar mitten ins Herz trafen, aber dort nicht gediehen. Als Jesus ihm erklärte, was ihn die Jüngerschaft möglicherweise kosten würde (»verkaufe, was du hast, gib das Geld den Armen«), war ihm das zu viel. Wir werden nie erfahren, was passiert wäre, wenn er den Worten Jesu gefolgt wäre.

Auf der anderen Seite war da Maria, Martas Schwester, die zu seinen Füßen saß, um nichts von dem zu verpassen, was Jesus erzählte. Nach den kulturellen Normen jener Zeit wäre ihr Platz in der Küche an der Seite ihrer Schwester gewesen, aber ihr war ihre geistliche Suche wichtiger als die so genannte Frauenarbeit.

Die Fragen und Vorbehalte eines Suchenden sollten in jedem Fall ernst genommen werden. Man sollte ihn nicht schneller zu geistlichen Schritten schieben, als er es sich selbst zutraut. Jesus selbst hat sich keinem Menschen aufgedrängt.

Andreas, der später ein Jünger des Herrn werden sollte, war ein Suchender, als wir im Evangelium zum ersten Mal von ihm hören. Die Neugier trieb ihn und einen Freund dazu, sich an die Fersen Jesu zu heften. Als Jesus sich umdrehte und sie fragte, was sie denn eigentlich von ihm wollten, fragten sie ihn: »Wo wohnst du?« Jesus entgegnete ihnen: »Kommt und seht!«

So sieht ein Suchender aus: Er bleibt ständig in Bewegung und Jesus auf den Fersen, um so viel zu lernen wie nur irgend möglich. Daraus können wirklicher Glaube und lebensbejahender Optimismus entstehen. Eine aufgeheizte Atmosphäre, in der debattiert und überredet wird, hilft nicht weiter, sondern die stille, nachdenkliche Begegnung mit dem Herrn.

Andreas' Erfahrung spricht für sich. Bevor der Tag zu Ende ging, machte er sich auf die Suche nach seinem Bruder Simon, um ihm zu sagen, dass er den Messias gefunden habe. »Er führte ihn zu Jesus« (vgl. Johannes 1,35-42).

Man soll einen Suchenden nie beim Nachdenken stören. Manch einer von ihnen bleibt eine lange Zeit in dieser Kategorie. Er wird beobachten, er wird zuhören, er wird Fragen stellen, er wird einfach da sein. Was genau bewirkt, dass der Suchende die Grenzlinie zum Glauben überschreitet, bleibt den Vermutungen jedes Einzelnen überlassen. Eins aber ist sicher: Eine geheimnisvolle himmlische Stimme spricht Worte zum Suchenden, die sein Herz treffen und dort gedeihen.

Ein Mann kam mit seiner Familie in den Gottesdienst unserer Gemeinde. Als ich mich ihm vorstellte und ihn zum Essen einlud, sagte er mir: »Gerne, aber eins muss ich Ihnen gleich sagen: Ich bin hier, weil meine Frau die Kirche braucht. Ich persönlich brauche das absolut nicht. Ich glaube eigentlich überhaupt nicht an Gott.«

Als wir uns ein paar Tage später trafen, machte er mir seine Vorbehalte noch einmal deutlich. Ich akzeptierte das und fragte ihn: »Wenn Sie das Gefühl haben, Sie müssten am Sonntag da sein, warum sagen Sie dann zu Beginn des Gottesdienstes nicht einfach: ›Gott, ich glaube nicht, dass du da bist, aber wenn doch, dann lass mich deine Stimme hören‹?«

»Das könnte ich machen«, entgegnete er.

Einige Monate später sah ich ihn bei einer Gemeindeveranstaltung, bei der ein Raumfahrtingenieur über seinen Glauben sprach. Nach Schluss der Veranstaltung sah ich, wie die beiden zusammen weggingen. Ein oder zwei Tage später traf ich den Ingenieur auf der Straße.

»Ich habe gesehen, dass du dich mit John unterhalten hast. Wie ging es ihm?«

»Er war sehr ärgerlich, weil ich mich mit meiner Ansprache in sein Leben eingemischt hätte. Aber er sagte auch, ich hätte so über Christus geredet, dass es für ihn einen Sinn ergab. Da sind wir in die Sakristei gegangen, und er hat Jesus gebeten, in sein Leben zu kommen.«

Worte, wundervolle Worte des Lebens, hatten ihn mitten ins Herz getroffen und gediehen dort.

Als ich John am nächsten Sonntag sah, strahlte er übers ganze Gesicht. Es hatte Monate gedauert, und er machte keine große Sache daraus. Aber er hatte die Linie zum Glauben überschritten und gehörte nun zu den *Nachfolgern*.

Nachfolger

Aus der Gruppe, in der Zuschauer zu Suchenden geworden sind, entwickeln sich einige zu *Nachfolgern*. Dieser Übergang ist die größte aller Kurskorrekturen. Über diese Veränderung, so heißt es, jubeln die Engel im Himmel.

Christen glauben, dass etwas ganz Besonderes geschieht, wenn jemand diese Linie überschreitet. Man kann es mit dem Begriff *den rettenden Glauben finden* zusammenfassen. Ein Mann oder eine Frau hat sich im dunklen Wald verirrt, und auf einmal bricht Licht durch die Dunkelheit. Jetzt kann man sich wieder orientieren, das Herz bekommt neue Kraft.

Dieser Kurswechsel steht im Mittelpunkt der biblischen Botschaft. Von den ersten Seiten der Bibel an lesen wir von einem Volk, das seinen Gott zurückwies und schlechte Denk- und Verhaltensmuster entwickelte. Seitdem hat jede Generation diese Wahl nachgeahmt, jede einzelne auf ihre »kreative« Art. Und doch redet die Bibel auch von einem Gott, der in diese moralische und geistliche Dunkelheit hineinspricht und mit liebevollen Worten die Menschen mitten ins Herz trifft. Diese Stimme hat nie aufgehört zu reden und die Menschen einzuladen, ihr zu folgen.

Die ersten Jünger, über die ich nachher noch viel mehr sagen werde, sind unsere besten Vorbilder für den Weg vom Suchenden zum Nachfolger. Allein und zu zweit lösten sie sich aus der Gruppe der Suchenden und nahmen die Einladung Jesu an, eine Reise anzutreten. Ihr Leben bekam eine ganz neue Richtung. Sie lernten, anders zu denken und ihre Berufung aus einer neuen Perspektive zu sehen.

Nachfolge ist nicht einfach. Als die Jünger Jesus nachzufolgen begannen, entdeckten sie, dass sie sich nicht alle gegenseitig mochten. Als sie lernten, sich um Menschen zu kümmern, fanden sie heraus, dass sie diese nicht immer mochten. Die ganze Dunkelheit im Menschen zeigte sich in diesen Jüngern. Jemand mit weniger Glauben und Stärke als Jesus hätte sie alle gefeuert und noch einmal von vorn angefangen. Aber er blieb bei ihnen, und wie es weiterging, wissen Sie.

Ich sagte, dass es vier Gruppen von Menschen gibt, die sich zu Jesus hingezogen fühlen. Das bedeutet, dass *Nachfolge* für mich noch nicht das Ende der Fahnenstange ist. Dem Herrn nachzufolgen bedeutet, sich mit ihm so zu identifizieren, dass Ähnlichkeiten entstehen. Der Apostel Paulus drückte es mit diesen Worten aus: »Ich lebe, doch nun nicht ich, sondern Christus lebt in mir« (Galater 2,20; Lutherübersetzung). Das beschreibt man mit dem Ausdruck: »Eins sein mit Christus«: eine Beziehung, die so eng ist, dass man nicht zwischen dem Wirken Gottes und dem Tun des Menschen unterscheiden kann.

Ich glaube aber, dass es noch einen weiteren Schritt gibt. Einen Schritt, der sich auf die Sendung Jesu einlässt. »Das Christentum soll uns nicht helfen, unser Leben in den Griff zu bekommen«, sagte Henri Nouwen einmal einem Journalisten. Dieser Kommentar beruhte auf seinem Unbehagen gegenüber den Menschen, die aus Jesus, unserem Herrn und Erlöser, einen Therapeuten machen wollen, der dafür sorgt, dass wir uns gut fühlen.

Wer Jesus nachfolgt und auf ihn hört, wird irgendwann entdecken: Jesus wird unseren Kurs dahin gehend verändern, dass wir in seinem Namen Menschen dienen (nicht über sie herrschen). Wenn wir das tun, dann werden wir *Mitarbeiter im Reich Gottes.*

Mitarbeiter im Reich Gottes

Mitarbeiter im Reich Gottes sind *Nachfolger*, bei denen die Botschaft nicht nur im Kopf angekommen ist. Seine Botschaft bewirkt bei ihnen Demut und lebensbejahenden Optimismus, die Hoffnung des Glaubens. Das Wesen Jesu wird an ihnen sichtbar. Sie verpflichten sich einer geistlichen Gemeinschaft wie einer Familie und engagieren sich dienend für diese Welt.

Ich gebe zu, es reißt mich vom Stuhl, wenn ich höre, wie evangelikale Christen, zu denen auch ich gehöre, sich manchmal in einer Weise als Christen bezeichnen, als ob wir die Einzigen wären, die diesen Titel tragen dürften.

Denken Sie einmal darüber nach: Wir nehmen uns die unglaubliche Freiheit, andere in Schubladen zu stecken, »Christen« oder »Nichtchristen«, einzig und allein auf der Grundlage einer bestimmten Bekehrungsformel.

Wäre es nicht viel weiser, nicht allein auf Worte zu hören, sondern nach sichtbaren Zeichen dafür Ausschau zu halten, dass jemand sein ganzes Leben von der Mitarbeit am Reich Gottes bestimmen lässt? Ich denke, das ist authentisches Christentum, das macht den wahren Christen aus, wenn sich in ihm der ganze Reichtum und die Einzigartigkeit der Sendung Jesu widerspiegeln. Alle Worte der Welt sind nicht genug.

Ich nenne solche Menschen Mitarbeiter im (König-) Reich Gottes, weil sie mich an die Knechte eines Königs in einer Geschichte erinnern, die Jesus einmal erzählt hat. Er ging auf eine Reise, drückte jedem von ihnen eine bestimmte Summe in die Hand und befahl ihnen: »Handelt damit, bis ich wiederkomme!« (Lutherübers.) Wie einer der Knechte später herausfand, reichte es nicht aus, nur das aufzubewahren, was er bekommen hatte. Er hätte selbst aktiv werden sollen. Er sollte im Reich seines Herrn mitarbeiten, indem er das Geld investierte, das ihm sein Herr anvertraut hatte (Lukas 19,12-26).

Im Lauf der Jahre habe ich viele Möchte-gern-Mitarbeiter kennen gelernt. Viele brachen mit großartigen Visionen und ansteckender Begeisterung zu dieser geistlichen Reise auf, die einen nur beeindrucken konnten. Aber irgendwo auf dem Weg verloren sie alles.

Viele andere dagegen kamen stetig voran. Vor fast dreißig Jahren lernte ich Duncan Miller kennen, einen äußerst fähigen jungen Manager in der Computerindustrie, die damals noch in den Kinderschuhen steckte. Eines Tages erzählte er mir, dass er Bibelstunden für Häftlinge durchführen wollte. Das war damals etwas ganz Neues.

Jeden Montagabend begab sich Duncan hinter die Mauern eines Gefängnisses in Massachusetts und las mit den Häftlingen die Bibel. Seit diesen unscheinbaren Anfängen hat er kaum ein Treffen ausgelassen. Im Lauf der Jahre schlossen sich ihm weitere Mitarbeiter an, wurden von ihm ausgebildet und brachten sein Angebot in alle Abteilungen dieses Gefängnisses.

Kürzlich zeigte er mir einen kompletten Bibelstudienplan für Männer und Frauen im Gefängnis; er spielte eine entscheidende Rolle dabei, Dutzende von Häftlingen zum Glauben an Jesus zu führen.

Duncan Miller bekam dann eine hohe Stellung im Verteidigungsministerium, wo er Computersimulationsprogramme für die Ausbildung der amerikanischen Soldaten koordinierte. Er genießt großen Respekt unter seinen Fachkollegen. Seine eigentliche Berufung aber ist die Gefängnisarbeit.

Ich fühle mich zu Mitarbeitern im Reich Gottes hingezogen, die still und konsequent ihrem Herrn dienen und der Versuchung widerstehen, Anerkennung einzuheimsen, weil sie finden, dass das Lob dem Herrn zukommt, dem sie dienen.

Wenn ich zum ersten Mal vor einer Gemeinde spreche, weise ich oft darauf hin, dass es Zuschauer, Suchende, Nachfolger und Mitarbeiter im Reich Gottes gibt, die um Jesus herumstanden. Ich versuche deutlich zu machen, dass diejenigen von uns (jedenfalls die meisten), die sich nach einer Veränderung in ihrem Leben sehnen, nichts Besseres tun können, als sich in eine dieser vier Kategorien einzuordnen und dann zu entscheiden, wohin der nächste Schritt führen soll.

Ich höre mich sagen: »Gehören Sie zu den Zuschauern, die dies und das versuchen und nichts gegen Veränderung haben, *wenn* es ihnen passt? Oder halten Sie sich für einen Suchenden, der an die Möglichkeit eines Kurswechsels glaubt, aber ängstlich darauf achtet, dass dabei alles mit rechten Dingen zugeht und man nichts überstürzt? Vielleicht sind Sie auch ein Nachfolger, der sich auf die Seite Jesu gestellt hat, und Sie arbeiten daran, dass Sie Jesus Christus ähnlicher werden. Und wo sind die Mitarbeiter am Reich Gottes, die über ihre Berufung nachdenken und seinem Ruf gehorchen, das Leben eines Dieners zu führen?«

Was ist nötig, damit Sie in Ihrem Glaubensleben noch einen Schritt vorwärts gehen? Das wird nur dann geschehen, wenn Sie die Stimme hören, deren Worte Sie mitten ins Herz treffen und dort gedeihen.

3. Echte Veränderung

Ich stamme aus einer Gemeinde, in der »Zeugnisse« von einer geistlichen Umgestaltung einen hohen Stellenwert genossen.

Ein Zeugnis ist ein Bericht, wie man in seinem Leben einen Kurswechsel vollzogen und zum persönlichen Glauben gefunden hat. Wenn man es sorgfältig vorbereitet, hat es im Allgemeinen drei Punkte: die Schilderung des Lebens in einem dunklen Wald, bevor man glaubte, eine Schilderung, wie man zum geraden Pfad des Glaubens fand (wann, wie und warum), und schließlich, welche Veränderungen diese Entscheidung zur Folge hatte.

Die besten Zeugnisse waren die, die auf einer möglichst anschaulichen Beschreibung des vorchristlichen Lebens aufbauten. Bevor es Fernsehen gab, waren diese Zeugnisse eine Art Gemeindeunterhaltung, und man konnte manchmal sehr freimütige Berichte darüber hören, wie sich das Leben außerhalb der Gemeinde wirklich abspielte.

Meistens musste man seine Phantasie etwas spielen lassen, um sich bestimmte Passagen noch deutlicher auszumalen, denn wer ein Zeugnis gab, musste eine gewisse Diskretion wahren.

Ein Universitätsprofessor erzählte mir einmal vom Zeugnis einer Frau, die nie zur Gemeinde gehört hatte und offensichtlich nicht wusste, dass es sich hier gehört, diskret zu sein. Sie sprach von einem nicht lange zurückliegenden Augenblick ihres Lebens, der, wie sie glaubte, sichtbar machte, dass in ihr ein geistlicher Prozess begonnen hatte: Ihr Freund wollte sie überreden, einen Tante-Emma-Laden zu überfallen. Sie hatten so etwas schon einmal zusammen gemacht, aber jetzt war Schluss. Von nun an sollte alles anders werden:

»Irgendetwas in mir sagte: ›Nein, ich habe eine Tankstelle mit dir überfallen, aber ich werde mit dir keinen Tante-Emma-Laden ausrauben.‹ Er schlug mich grün und blau, aber ich sagte immer noch nein. Ich fühlte mich großartig, als ich nein sagte, weil es das einzige Mal in meinem Leben war, dass ich zu irgendetwas nein sagte. Hab mich gefühlt, als wär ich jemand.«

Das ist der Kern eines Zeugnisses, das auf große Möglichkeiten hoffen lässt!

Glaubensberichte

Ich lasse die vielen Zeugnisse Revue passieren, die ich als Kind hörte. Die aufregendsten kamen von Menschen, die im Gefängnis gesessen, unmäßig getrunken oder im Krieg dramatische Erfahrungen gemacht hatten.

Danach kamen die Geschichten von Leuten, die fast unanständig reich gewesen waren, alles erlebt hatten und überall gewesen waren – und dann alles verloren hatten. Jetzt aber, da sie »Jesus hatten«, waren sie glücklicher, als sie es sich jemals hätten vorstellen können. Wenn ich mir während des ersten Teils ihres Zeugnisses ihre Sportwagen vorstellte, ihre Villen, Weltreisen und Saisonkarten für ihr Basketballteam, dann strapazierte es meine Vorstellungskraft, wenn sie behaupteten, eine ganz neue Art von Glück gefunden zu haben.

Ich hörte Zeugnisse von erfolgreichen Geschäftsleuten, von Sportlern und Menschen, die nach schrecklichen Unfällen oder Krankheiten den Weg zurück gefunden hatten. Auch sie erzählten von ihren Augenblicken im dunklen Wald, die in der Regel in eine plötzliche und dramatische Kursänderung mündeten, so dass sie ihren lebensbejahenden Optimismus neu entdeckten.

Der zweite Teil des »Standardzeugnisses« befasste sich

meistens mit der Kursänderung selbst – wie, wo und wann sie geschah. Je dramatischer, umso besser war das Zeugnis. Passierte es während einer Evangelisation mit Billy Graham, bei einer Notlandung oder als man erfuhr, dass Sohn oder Tochter drogenabhängig war? Was hatte man Gott in diesen Augenblicken gesagt? Wie fühlte man sich in diesem Augenblick? Das wollten wir Zuhörer wissen.

Charles Colson erzählt auch von Momenten im »dunklen Wald«. Er hatte mit Freunden einen Abend verbracht und sich auf den Heimweg gemacht. Die Watergate-Affäre war auf dem Höhepunkt. Colsons Leben war zusammengebrochen, und sein Freund hatte mit ihm über eine Kursänderung im Glauben gesprochen. Colson hatte höflich zugehört, sich dann verabschiedet und war zu seinem Wagen gegangen.

»Draußen in der Dunkelheit begann sich der eiserne Griff zu lockern, mit dem ich meine Gefühle unter Kontrolle hielt. Meine Augen füllten sich mit Tränen, als ich in der Dunkelheit nach meinem Autoschlüssel suchte. Ich wischte sie ärgerlich weg und ließ den Motor an. ›Warum zeige ich so eine Schwäche?‹, fragte ich ins Leere ... Warum hatte ich nicht gebetet, als er mir die Chance gab? Ich sehnte mich so danach. Jetzt war ich allein, wirklich allein.«

Auf der Heimfahrt spürte er plötzlich den Drang, anzuhalten und weiter darüber nachzudenken.

»Ich vergrub den Kopf in den Händen und lehnte ihn gegen das Lenkrad. Ich vergaß alles über Männlichkeit, meine vorgeschobenen Entschuldigungen und meine Furcht, schwach zu erscheinen. Und sogleich erlebte ich, was es heißt, sich zu öffnen ... Dann sprach ich mein erstes wirkliches Gebet. ›Gott, ich weiß nicht, wie ich dich finden kann, aber ich werde es versuchen! Ich bin nur noch ein Häufchen Elend, aber irgendwie möchte ich mich dir geben.‹ Ich hatte keine Ahnung, was ich noch sagen sollte, und deshalb wiederholte ich immer wieder die Worte: ›*Nimm mich.*‹«

Nach jedem Maßstab, den ich kenne, ist dies der Beginn eines kraftvollen Zeugnisses.

Das Standardzeugnis enthält noch einen dritten Teil, den ich oft gehört habe, was nämlich nachher alles *anders* geworden ist. Ehrlich gesagt war dieser Teil in der Regel vorhersagbar, wenn die Menschen von einer Zufriedenheit sprachen, die sie vorher nicht gekannt hatten, von einer Liebe und Wertschätzung der Gemeinde, die ich als Kind nie so richtig teilen konnte.

Auch heute noch werden lebendige Zeugnisse gegeben, man hört sie oft in Gemeinden, in christlichen Fernsehsendungen oder liest sie in Büchern. Manchmal sind sie leider hochglanzpoliert oder sensationell aufgemacht. Viel zu oft ermutigt man etwa Siebenundzwanzigjährige, ihre »Autobiographie« zu veröffentlichen und uns viel mehr mitzuteilen, als wir erfahren müssten oder sollten.

Als ich noch jünger war, hatte ich an vielen Zeugnissen etwas auszusetzen, weil mir die Geschichten oft entweder zu alt oder zu neu waren.

Es war gefährlich, seine Geschichte zu früh zu erzählen, wenn sich noch nicht klar herausgestellt hatte, wohin der Kurswechsel führen würde, ob er den Weg zum Herzen geschafft hatte und ob auf dem Weg noch einige Unfälle passieren würden.

Manchmal war ein Zeugnis auch zu alt: Die Geschichte war vor vielen Jahren geschehen, und es gab keine Anzeichen dafür, dass sich im Leben des Erzählers seitdem irgendetwas geändert hatte – das Zeugnis hatte keine geistliche Substanz.

Ein Freund von mir erzählt oft von seiner Studentenzeit. Er war vollkommen ausgebrannt, nahm Drogen und hatte Sex mit wechselnden Partnerinnen. Schließlich fand er sich in einer christlichen Gemeinschaft wieder und versuchte, die Scherben seines Lebens zusammenzusetzen. Er entdeckte die Notwendigkeit eines Kurswechsels, einer

Hinwendung zum Glauben an Jesus. Er war weise genug, nach jemandem zu suchen, der ihm in geistlichen Fragen zur Seite stehen konnte, und fand eine katholische Schwester, die bereit war, ihm zu helfen, es aber zur Bedingung machte, dass er bei jeder Entscheidung, die er in Bezug auf seinen neuen Glauben traf, ihre Zustimmung einholte.

Einige Monate später wurde mein Freund eingeladen, in einem großen Stadion vor jungen Leuten ein Zeugnis abzulegen. Er hätte zweifellos eine bewegende Geschichte erzählen können. Als er seine geistliche Beraterin um Zustimmung bat, fragte sie ihn: »Und was willst du erzählen?«

»Meine Geschichte natürlich«, antwortete er.

In sehr bestimmtem Ton entgegnete sie: »Du hast keine Geschichte ... noch nicht.«

Meine Freund bemerkte viele Jahre später: »Es stimmte. Ich hatte noch keine Geschichte, die es wert war, erzählt zu werden. Ich weiß nicht, wo ich heute stünde, wenn ich ihren Rat in den Wind geschlagen hätte.«

Dabei hörte ich heraus: Wenn im dritten Teil eines Zeugnisses nicht viel darüber zu hören ist, was sich seit der Bekehrung geändert hat, dann ist es vielleicht gar kein richtiges Zeugnis, und vielleicht schadet es dem Menschen, der es erzählt, eher, als dass es ihm hilft.

Manchmal werden diese Zeugnisse phantasievoll ausgeschmückt, aber dennoch sind die meisten wahre Geschichten und erzählen von der großen Leere und dem Leid, die keinem Menschen erspart bleiben. Ohne Zweifel werden viele Menschen durch ihren Glauben an Jesus umgestaltet, und ihre Zeugnisse geben uns die Möglichkeit, davon zu erfahren.

Als ich noch studierte, habe ich zum ersten Mal so ein Zeugnis aufgeschrieben. Ich fand das sehr schwierig, denn was ich zu sagen hatte, kam mir furchtbar banal vor. Was ich erlebt hatte, bevor ich zum Glauben kam, war nicht besonders bemerkenswert, jedenfalls, wenn man auf Sensationen aus war.

Der Augenblick, in dem ich meinen Kurswechsel vollzog, war nicht von großen Gefühlen begleitet und ganz bestimmt nicht vergleichbar mit Paulus' Bekehrung vor Damaskus. Was sich danach in meinem Leben veränderte, konnte auch keinen Menschen wirklich beeindrucken. Das Zeugnis meines Mitbewohners fand ich viel eindrucksvoller, und als wir unser Zimmer verließen, um auf einem Studententreffen zu sprechen, überlegten wir kurz, unsere Geschichten einfach auszutauschen. Er könnte meine Geschichte erzählen und ich seine. Aber dann sagten wir doch: »Ach nee ...«

Es war ein Sonntagabend in einer Baptistengemeinde, und ich war der Gastprediger. Wie in den meisten Baptistengemeinden bei uns wurde mindestens eine halbe Stunde gesungen, und weil ich baptistische Wurzeln habe, kannte ich alle Lieder und sang aus voller Kehle mit.

Danach sangen vier junge Männer, aus einer Bibelschule am Ort. Sie waren tadellos gekleidet, in sehr ähnlichen Anzügen, und hatten offenbar gelernt, mit bewunderndem Blick auf jeden zu blicken, der gerade sprach oder ein Solo sang. Sie wussten genau, wie sie Begeisterung über ihren Glauben und ihre Schule äußern konnten.

Der Tenor des Quartetts war ihr Sprecher, und nachdem er sich und die anderen vorgestellt hatte, begann er Zeugnis zu geben, wie es unter Baptisten heißt.

Vielleicht können Sie verstehen, warum es mich fast von der Kirchenbank riss, als der junge Tenor (sagen wir, zwanzig Jahre alt) seine Geschichte so begann:

»Ich versank tief, tief in der Sünde (damit plagiierte er streng genommen einen alten baptistischen Choral). Immer weiter entfernte ich mich von Gott. Es gab keine Versuchung, der ich mich nicht ausgesetzt sah, keine schlechte Tat, zu der ich mich nicht hingezogen fühlte (!).

Ich war rebellisch, aufsässig und destruktiv. Und dann, preist den Herrn, fand ich *mit vier Jahren* zu Jesus, und er veränderte mein Leben.« (Hervorhebung G.M.)

Von allen Zeugnissen, die ich jemals gehört habe, war dies das bemerkenswerteste. Ich konnte mich kaum auf die Predigt konzentrieren, die ich gleich halten sollte. Denn ich versuchte, mir bildlich alle Sünden vorzustellen, die dieser junge Mann im zarten Alter von vier Jahren begangen hatte. Wie sehen die Augenblicke im dunklen Wald aus, die ein Vierjähriger erlebt? Ich musste an seine Eltern denken, wie erleichtert sie gewesen sein mussten, als er sein Leben so vollkommen umkrempelte!

Wenn Formeln nicht passen

In der Tradition, aus der ich komme, kennen wir evangelistische Arbeit so, dass die Prediger quer durch das ganze Land reisen, das Evangelium von Jesus verkündigen und die Menschen aufrufen, eine Kursänderung vorzunehmen und zum Glauben an Jesus zu kommen. Man erwartet von den Zuhörern, dass sie alles aufnehmen, eine Entscheidung für Christus treffen und, wenn möglich, »nach vorne« gehen, wo man für sie betet und sie seelsorgerlich berät, was als Nächstes zu tun sei. Die vielen Jahre, in denen man nach diesem Muster vorging, haben uns sehr geprägt, so dass wir uns kaum vorstellen können, dass Gott einem Menschen vielleicht auch anders begegnet und dass diese Kursänderung auch anders vor sich gehen könnte.

Und wir waren zutiefst verstört, wenn sich einer dieser Lebensläufe ins Gegenteil verkehrte. Manchmal geschah das. Natürlich erzählte man uns das nicht in Form eines, sagen wir, umgedrehten Zeugnisses. In der Regel hörten wir in persönlichen Gesprächen oder in Gebetsgruppen davon, wo man die Einzelheiten vor uns in Form eines

Gebetsanliegens ausbreitete. Aber umgedrehte Zeugnisse hörten wir nie bei großen Festessen, lasen sie nicht in Büchern und sahen sie niemals in Fernsehgottesdiensten.

Ich wünschte, das wäre anders. Wir glauben leidenschaftlich an die Möglichkeit, dass sich ein Mensch verändern kann, und wir machen es uns nicht leichter, wenn wir nicht offen und ehrlich mit der Tatsache umgehen, dass viele Menschen sich überhaupt nicht verändern, selbst wenn sie alles Nötige und Angemessene getan haben, um die Linie zum Glauben zu überschreiten. Warum behaupten so viele Männer und Frauen, dass sie eine machtvolle Bekehrung erfahren haben, um dann zu ihrem alten Lebensstil zurückzukehren? Das geschieht viel öfter, als wir zugeben möchten.

Ich denke an die Geschichten von zwei jungen Männern. Der eine von ihnen gehörte zu den liebenswertesten und aufrichtigsten Männern, denen ich jemals begegnet bin. Dieser Mann hörte sehr aufmerksam zu. Er war sehr begabt, kletterte die Karriereleiter hoch und hatte die besten Aussichten auf eine glanzvolle Zukunft.

In seinem Leben gab es einige wunde Punkte, darunter seine Kokainsucht. Als wir in unserer Gemeinschaft für ihn beteten, schien es so, als würde er mit dieser Gewohnheit brechen, und darüber freuten wir uns. In dieser Zeit verliebte er sich in eine sehr beeindruckende Frau. Ich traute sie. Wer ihn früher gekannt hatte und bei der Trauung dabei war, überschüttete ihn mit Lob wegen der Veränderung in seinem Leben.

Aber irgendetwas ging schrecklich schief. Die Probleme mit Kokain und anderen Drogen kamen wieder zum Vorschein. Die Ehe, jetzt mit Kind, begann zu bröckeln. Eines Tages verschwand er. Ein paar Tage später hörten wir, dass er tot war. Wer von uns ihn geliebt und Zeit und Kraft für ihn gegeben hatte, war am Boden zerstört.

Wir reden im Brustton der Überzeugung davon, dass

Veränderung möglich ist, aber wir wissen sehr wenig darüber, was in Menschen vor sich geht, die so etwas durchmachen. Als Gemeinde, die lauter Erfolgsstorys hören möchte, beunruhigt es uns, wenn wir uns der Frage stellen müssen, warum solche Kursänderungen nicht immer Bestand haben. Katastrophen wie diese passen nicht in unsere optimistische Theologie, und deshalb reden wir nicht gerne darüber.

Ich denke an einen anderen jungen Mann in den Dreißigern, den alle für einen außergewöhnlichen Nachfolger Christi hielten. Man liebte und schätzte ihn; er war sensibel und engagierte sich in der Gemeinde. Wenn man jemanden von starker geistlicher Statur für eine Leitungsaufgabe suchte, dann fiel sein Name immer zuerst.

Dieser Mann war als Jugendlicher mit einer Rockband im ganzen Land auf Tournee gewesen. Eines Sonntagabends, den man seinen Augenblick im dunklen Wald nennen könnte, lief er ziellos durch einen Ort und blieb in einer Kirche hängen. Was er dort hörte, berührte ihn, und am Ende des Abends hatte er sein Leben Jesus übergeben.

Er verließ die Band, ließ sich in dieser Stadt nieder, wo er Jesus gefunden hatte, und lernte immer mehr über die Bibel und das christliche Leben. Die Gemeinde freute sich mit ihm über seinen Kurswechsel. Nach einigen Monaten verliebte er sich in eine junge Frau in dieser Gemeinde, und sie erwiderte seine Zuneigung. Man kann sich vorstellen, dass die Hochzeit ein aufregendes Ereignis war; die Gemeindemitglieder sahen förmlich, wie ihre Gemeinschaft gute Früchte hervorbrachte. Ein Mensch hatte sich von Grund auf verändert und behielt diesen Kurs bei.

Einige Jahre später zog dieser Mann mit Frau und Kindern an die Ostküste, weil ihm dort eine gute Stelle angeboten worden war. Sie kamen in unsere Gemeinde, wurden uns gute Freunde und arbeiteten bei uns mit.

Eines Tages (etwa zwölf Jahre nach seiner Bekehrung) geschah das Unvorstellbare. Plötzlich und ohne Vorwarnung verließ dieser inzwischen nicht mehr ganz so junge Mann Frau und Kinder. Offenbar kehrte er zu seinem Lebensstil wie vor jenem Sonntag zurück. Es war keine andere Frau im Spiel. Sein Glaube war zusammengebrochen.

Ich habe Menschen erlebt, deren Engagement für Gott nach und nach abkühlte, aber die Geschichte dieses Mannes, der seine Bekehrung rückgängig gemacht hatte, ging mir näher als alles, was ich vorher gesehen hatte. Ich habe ihn nie wieder gesehen; er verschwand einfach aus unserer Welt. Und wir blieben hilflos zurück und fragten uns, was das denn bedeuten sollte.

War etwas Ähnliches in den Tagen des Neuen Testaments vorgefallen, als Paulus von einem seiner Mitarbeiter schrieb: »Denn Demas hat mich aus Liebe zur Welt verlassen und ist nach Thessalonich gegangen« (2. Timotheus 4,10)? Hatte Demas das Leben mit Jesus satt gehabt? Hielt ihn eine Frau, eine lukrative Stellung oder die Christenverfolgung vom Glauben ab? Wäre es denkbar, dass Demas' ursprüngliche Bekehrung zu Jesus in Wirklichkeit nur eine oberflächliche Angelegenheit gewesen war und sich bei ihm eigentlich nichts verändert hatte? Könnte das einem von uns auch passieren? Wenn Demas Paulus verließ, bedeutete das vielleicht, dass er niemals vorgehabt hatte zu bleiben? Dass dieser Familienvater aus unserer Gemeinde verschwand, hat mich dazu gebracht, über diese Lebensveränderung noch einmal ganz neu nachzudenken.

Einige Schreiber der biblischen Bücher gebrauchen den Ausdruck *abtrünnig* oder *untreu*, wenn sie schildern, dass Leute ihren Glauben über Bord werfen oder einen dermaßen verwerflichen Lebensstil an den Tag legen, dass sie aus der Gemeinde ausgeschlossen werden. Die erste Generation von Christen fragte sich, ob es denn möglich ist, dass sich ein Mensch wirklich bekehrt, nur um alles zu verlieren, was er gewonnen hat, wenn er zu seinem alten

Leben zurückkehrt. Die Kirchenväter brüteten über dieser Frage und wurden sich doch nicht einig.

Einige sagten nein. Es ist unmöglich, dass jemand aus Gottes Familie herausfällt, wenn er einmal dazugehört. Andere sagten ja. Man kann das wegwerfen, was einem geschenkt worden ist. Und sie versuchten, die genauen Bedingungen darzulegen, unter denen so etwas geschehen könne. Einige meinten: Wenn jemand abtrünnig wurde, dann konnte er sich vorher gar nicht wirklich bekehrt haben. Akte geschlossen. Die christliche Gemeinde hat fast zweitausend Jahre lang über diese Frage nachgedacht, ohne zu einem abschließenden Urteil zu kommen. Heute höre ich nur selten, dass jemand über diese Frage debattiert, wahrscheinlich weil die meisten Leute diese Diskussion für ziemlich spitzfindig und wenig hilfreich halten.

Einer der amerikanischen Kandidaten für die Präsidentschaft im Jahr 2000 erzählte, dass er sich in seinen Studententagen zu einem fundamentalistischen Christentum bekehrte. Damals hatte ein Traktat die Runde gemacht, das ihn mit der Bemerkung zitierte, er habe sein »Leben Christus übergeben«. Als Sechzigjähriger bin ich mir keineswegs sicher, ob jemand mit zwanzig irgendetwas von vollkommener Hingabe versteht, aber das ist lediglich meine Meinung.

Heute sagt dieser Mann, er habe diese Bekehrung lange hinter sich gelassen. Heute, sagt er, glaubt er vielen verschiedenen Religionen und Philosophien. Also – das klingt doch hübsch, gefällt den Massen und ist außerdem postmodern.

Wenn er erzählt, dass er den christlichen Glauben zunächst angenommen und dann wieder abgelegt hat, dann zwingt mich das, meine Meinung über die tief greifende Veränderung durch den Glauben zu überdenken. Was ist mit diesem Mann geschehen? War seine ursprüngliche Bekehrung unecht? Ich glaube nicht.

Lebt er andererseits heute wie ein Abtrünniger, wie manche sagen würden? Hat er seinen Glauben sozusagen suspendiert? Ich will seine Erfahrung nicht analysieren und auch nicht über ihn zu Gericht sitzen. Viel lieber will ich still und demütig darüber nachdenken, dass wir dem Geheimnis der Bekehrung großen Schaden zufügen, wenn wir es auf eine einfache Formel reduzieren.

Vielleicht haben wir unabsichtlich nicht auf alles gehört, was die Bibel zu diesem Thema zu sagen hat. Vielleicht sollten wir auch andere Abschnitte der Bibel lesen, um besser zu verstehen, was diese Kurskorrekturen in den Augen Gottes bedeuten.

Die heutigen Christen, seine Nachfolger und Mitarbeiter im Reich Gottes, neigen dazu, die Umgestaltung und Veränderung nur aus einer neutestamentlichen Perspektive zu sehen. Könnten wir davon profitieren, wenn wir sie aus der Perspektive des Alten Testaments sähen? Ich glaube schon. Deshalb werde ich in den nächsten Kapiteln ins Alte Testament zurückgehen.

4. Sich selbst oder andere verändern?

Ein Satz aus einem modernen Roman sprang mir in die Augen und beschäftigte mich lange. Es ging in dem Buch um einen Mann und eine Frau Mitte fünfzig, die als junge Leute zur so genannten Hippie-Generation gehört hatten, bei Demonstrationen mitmarschiert waren, Einberufungsbescheide und BHs verbrannt und am Woodstock-Festival teilgenommen hatten. Von ihnen sagte der Erzähler: »Vor Jahren habe ich ihr schmutzigstes Geheimnis aufgedeckt: dass sie nämlich mit ihrem leidenschaftlichen Wunsch, die Welt zu verändern, davon ablenken wollten, dass sie *selbst sich nicht ändern konnten.*«

Auch Christen wollen gern an sich selbst arbeiten. Gehen Sie einmal in einen christlichen Buchladen, und Sie sehen zig Titel, die uns dabei helfen wollen, uns zu verändern. Wir versuchen, mit schlechten Gewohnheiten zu brechen, Dinge abzulehnen, die uns und anderen schaden, und wir geloben immer wieder, Gutes zu tun. Wir können an uns selbst eine ganze Menge einfach durch Willenskraft ändern.

Wir nehmen ab, bezahlen unsere Schulden, gewöhnen uns Nägelkauen und Rauchen ab, kitten eine zerbrochene Ehe, verbessern unsere Arbeitsmoral und (das betrifft mich) nehmen uns vor, alle 10 000 km das Öl zu wechseln.

An sich zu arbeiten ist gut. Aber eigentlich will ich über eine wirklich tief gehende Umgestaltung schreiben, die bis in die Seele hinein wirkt. Solch eine Veränderung können wir nicht mit gewöhnlichen Mitteln erreichen. Die großen Lebensfragen liegen in gewissem Sinn noch tiefer als der Meeresboden.

Das Mensch-Sein ist uns von den beiden ersten Menschen vererbt worden. Auch das, was in unserem Gehirn vorgeht, wenn wir denken und Urteile fällen, haben wir von vielen vorangegangenen Generationen übernommen. Mit ihnen ist uns aber auch gemeinsam, dass wir die Verbindung zu Gott, unserem Schöpfer, verloren haben. Wir hören nur ganz leise heraus, wie es hätte sein können, wenn das Böse nicht wie ein Virus in das menschliche Leben eingedrungen wäre und uns von unserem eigentlichen Wesen abgeschnitten hätte.

Der Prophet Jeremia gebrauchte ein Bild für die Folge dieses geheimnisvollen Verlusts: »Es ist das Herz ein trotzig und verzagt Ding; wer kann es ergründen?« (Jeremia 17,9; Lutherübers.)

Wenn man an sich selbst nichts ändern kann, dann kann man doch versuchen, alles um sich herum zu ändern, wie es der erwähnte Roman schildert. Ging es in den sechziger Jahren unter anderem darum? Der Schriftsteller deutet mit seinem Kommentar an, dass viele Möchtegern-Weltverbesserer im Grunde ihre Unfähigkeit verdecken, die wichtigste Aufgabe zu lösen: ihr Herz zu verändern.

Änderungen im Verborgenen

Dieses Buch befasst sich damit, wie eine solche Veränderung aussehen könnte und wie sie die tiefer liegenden Bereiche unseres Lebens erfassen kann. Der entscheidende Punkt ist sehr einfach: *Veränderungen im Zentrum unseres Lebens werden auch Veränderungen an der Oberfläche nach sich ziehen.* Versuchen Sie, sich geistlich zu entwickeln, und Ihre Persönlichkeit, Ihre Freundschaften und Beziehungen werden nachziehen.

Tatsache ist aber, dass die meisten von uns nur oberflächlich an sich arbeiten wollen. Wir verwenden die größte Energie auf Äußerlichkeiten, wo wir den Fortschritt deutlich sehen können, wo die Menschen es bemerken und uns dafür belohnen.

Mein ganzes Leben habe ich diese Vorliebe, an der Oberfläche zu arbeiten, gesehen. Als Gemeinde wollten wir viel lieber neue Gebäude errichten, neue Projekte in die Tat umsetzen, Systeme und Strukturen schaffen, um Änderungen herbeizuführen, als in die Tiefe zu gehen. Im persönlichen Bereich wollen wir lieber laut und selbstsicher auftreten, beschäftigt und ausgebrannt wirken, als uns in unser Inneres zurückzuziehen, wo der Vater mit uns reden will. Warum wir das Erste dem Zweiten vorziehen, ist mir ein Rätsel. Aber wir tun es.

Auf diesen Seiten wird wiederholt das Wort *verborgen* auftauchen. Es bezieht sich auf Dinge, die wir manchmal nicht zu schätzen wissen und nur schwer verstehen können. Gerade wenn wir diesen *verborgenen* Dingen begegnen, entdecken wir aber, wie wir unseren Kurs dauerhaft ändern können, so dass unser Leben von ihnen erfüllt wird.

Zuallererst sind uns die Pläne Gottes verborgen. Wenn wir vom Willen Gottes sprechen, dann versuchen wir herauszufinden, was Gott mit uns vorhat. Nicht alle Pläne Gottes sind verborgen oder bleiben für immer verborgen. Aber manchmal müssen wir auf eine Offenbarung warten, damit wir sie verstehen können. »Ich habe euch noch viel zu sagen; aber ihr könnt es jetzt nicht ertragen«, lehrte Jesus seine Jünger. »Wenn aber jener, der Geist der Wahrheit, kommen wird, wird er euch in alle Wahrheit leiten« (Johannes 16,12-13; Lutherübers.). Einfach ausgedrückt waren die Jünger noch nicht so weit, dass die Dinge, die bald um sie herum geschehen würden, für sie irgendeinen Sinn ergaben. Sie mussten sich in das Leben hinauswagen und darauf vertrauen, dass Gott für sie sorgte.

Als ich noch ein kleiner Junge war und alles genau wissen wollte, fragte ich meinem Vater Löcher in den Bauch. Einiges beantwortete er, anderes blockte er mit der Bemerkung ab: »Eines Tages werde ich dir das erklären.« Ich habe meinen Vater so oft »eines Tages« sagen hören, dass ich mir darunter einen magischen Tag in ferner Zukunft vorstellte, an dem er sich hinsetzen und mir alle meine Fragen, eine nach der anderen, beantworten würde. Ich erwartete einen Quantensprung meiner Erkenntnis, angefangen bei der Frage nach Sex bis hin zur Höhe seines Einkommens.

Diesen Tag mit meinem Vater habe ich natürlich nie erlebt, aber in den Plänen Gottes gibt es einen Zeitpunkt, an dem alles an den Tag gebracht werden wird. Einen Tag, an dem er uns vieles von dem, was geschehen ist, erklären wird. In der Zwischenzeit aber müssen wir eine große Entscheidung treffen. Wollen wir dem Gott der verborgenen Pläne vertrauen und glauben, dass er genau weiß, was er tut, auch wenn wir selbst uns keinen Reim darauf machen können?

Ich brauche keine Liste der Dinge aufzustellen, die viele von uns aus der Bahn werfen, weil wir diese Art von Vertrauen schwierig finden. Anfang dieser Woche rief mich ein Kollege an und erzählte, dass eine seiner Mitarbeiterinnen gerade gekündigt hatte. »Warum?«, wollte ich wissen.

»Sie ist fertig mit Gott«, antwortete er. »In ihrem Leben gibt es ein paar Probleme, die sich einfach nicht lösen lassen. Sie schiebt Gott dafür die Schuld in die Schuhe.«

Meine Folgerung: Sie glaubt, dass Gott ihr jederzeit eine einsichtige Erklärung schuldig ist.

Ich kenne die Versuchung in dieser Richtung aus meinem eigenen Leben. Immer mehr aber rechne ich mit der Möglichkeit, dass ein großer Teil dessen, was ich nicht verstehe, in die großen Pläne Gottes eingebunden ist, die nur er versteht und die er uns eines Tages offenbaren wird.

Sogar Abraham hatte Mühe mit diesen verborgenen Plänen Gottes. Paulus nennt ihn einen »Vater ... aller, die glauben« (Römer 4,11). Ich bewundere ihn als einen der großen Menschen des Glaubens. Was sich in seinem Leben veränderte und in seinem tiefsten Innern begann, erstaunt mich immer wieder.

Wenn ich an Abraham denke, fällt mir oft eine Sendung aus dem Kinderfunk ein. Es war eine meiner Lieblingssendungen und hieß *Der einsame Ranger*. Sie lief montags, mittwochs und donnerstags um 19.30 Uhr. Jeden Abend wurden der »maskierte Reiter der Ebene und sein treuer indianischer Gefährte Tonko« mit denselben Worten vorgestellt: »Nirgendwo im Buch der Geschichte findet man einen Mann, der leidenschaftlicher für Gerechtigkeit kämpfte. Lass dich von uns in die aufregende Zeit entführen, in der die donnernden Hufe seines Pferdes Silber aus der Vergangenheit widerhallen. *Der einsame Ranger reitet wieder.*«

Verzeihen Sie mir den Rückfall in die Kindheit! Auch heute kann ich mir diese Worte auf der Zunge zergehen lassen. Sie üben immer noch den gleichen Zauber auf mich aus wie früher, wenn ich alte Mitschnitte höre.

Irgendwie spüre ich die gleiche Erregung, wenn ich die Bibel aufschlage, tief in die Vergangenheit hinabsteige und diesem beeindruckenden Mann Abraham, dem Vater aller Glaubenden, begegne. Glauben Sie mir, es ist keine Zeitverschwendung, wenn ich mit Ihnen die Geschichte von Abraham noch einmal durchgehe. Ich halte es mit einer amerikanischen Cornflakes-Werbung: »Schmecken Sie (ihn) wieder zum ersten Mal.« Einfach zu beobachten, wie dieser Mann lernt und heranreift, sagt genug.

Schließen Sie sich mir an, wenn wir ihm dabei zusehen, wie er den ersten der großen Kurswechsel einleitet und lernt, den verborgenen Plänen Gottes zu vertrauen.

In dem Roman, den ich am Anfang dieses Kapitels erwähnte, hieß es: »Vor Jahren habe ich ihr schmutzigstes Geheimnis aufgedeckt: dass sie nämlich mit ihrem leidenschaftlichen Wunsch, die Welt zu verändern, davon ablenken wollten, dass sie *selbst sich nicht ändern konnten.*«

Abraham konnte sich nicht ändern – aber Gott konnte es.

Kursänderungen beginnen mit der Aufforderung, etwas hinter sich zu lassen

Der Herr sprach zu Abraham: Zieh weg aus deinem Land, von deiner Verwandtschaft und aus deinem Vaterhaus in das Land, das ich dir zeigen werde. Ich werde dich zu einem großen Volk machen, dich segnen ...

1. Mose 12,1-2

Daraufhin zogen sich viele Jünger zurück und wanderten nicht mehr mit ihm umher. Da fragte Jesus die Zwölf: Wollt auch ihr weggehen? Simon Petrus antwortete ihm: Herr, zu wem sollen wir gehen? Du hast Worte des ewigen Lebens.

Johannes 6,66-68

5. Der Spur folgen

Kennen Sie diese flughafengroßen Baumärkte, in denen man von mikroskopischen Schrauben bis zum Bausatz für Wolkenkratzer in Originalgröße alles bekommt? Vor kurzem habe ich einen besucht, weil ich auf der Suche nach einem billigen Schrank war.

Die gute Nachricht ist, dass ich das fand, was ich suchte. Die schlechte Nachricht ist – und das hätte ich eigentlich vorausehen müssen –, dass der Schrank nicht in unseren Kombi passte. Dann fiel mir ein, dass ich ja einen Dachgepäckträger hatte und dass der Schrank ohne Probleme darauf festgebunden werden konnte. Eine großartige Idee, außer dass ich dafür eine Schnur brauchte und keine bei mir hatte.

»Gar kein Problem«, sagte der Verkäufer (ich meine damit den Verkaufsinsel-Vizepräsidenten). »Für unsere Kunden gibt es jede Menge Schnur im Eingangsbereich.«

Genauso war es. Ich fand dort eine gewaltige Rolle mit Schnur und sogar eine am Boden angekettete Schere, so dass sich jeder die Länge abschneiden konnte, die er brauchte. Als die Summe für meinen Schrank eingescannt und bezahlt war, schnitt ich mir vier lange Schnüre ab und machte mich – den Schrank auf einem dieser flachen Baumarkt-Einkaufswagen – auf den Weg zu meinem Wagen.

Doch konnte ich mich nicht mehr erinnern, wo ich meinen Kombi geparkt hatte – für einen Träumer wie mich keine ungewöhnliche Erfahrung. Ich musste einen Augenblick anhalten. Hatte ich ihn nun an der Mickey-Maus- oder der Donald-Duck-Laterne abgestellt? »Wie soll sich ein Erwachsener überhaupt so etwas merken?«, dachte ich laut.

Auf der Suche klapperte ich den ganzen Parkplatz ab. Schließlich fand ich den Wagen und machte mich daran, den Schrank auf den Dachgepäckträger zu heben.

Da sah ich es. Eine lange Schnur, genau in der Richtung, aus der ich gerade gekommen war. Beim Abschneiden hatte ich offenbar nicht bemerkt, dass sich dabei das Schnurende auf der Rolle irgendwie in den Rädern meines Einkaufswagens verfangen hatte. Neunzig oder hundert Meter Schnur markierten wie die Brotkrumen in *Hänsel und Gretel* meinen Weg. Überall an der Schnur standen Leute herum (ich hatte in dieser peinlichen Lage den Eindruck, es seien Tausende gewesen), die einfach zusahen, wie ich mich lächerlich machte. Keiner sagte ein Wort. So ist das bei uns in Neuengland.

Es gab nur eine Möglichkeit: Ich musste zurückgehen und die Schnur aufrollen, die ganzen hundert Meter. Ich folgte der Spur, die ich an der Mickey-Maus- und der Donald-Duck-Laterne samt anderen Markierungspunkten vorbei auf der Suche nach meinem Auto gelegt hatte. Als ich zum Laden zurückkam, sah ich zwei der Verkaufsinsel-Vizepräsidenten, die nachdenklich die Rolle betrachteten und sich wunderten, wo die ganze Schnur geblieben war.

Während ich zum Kombi zurückging, dachte ich über diese Spur nach, die ich mit der Schnur gelegt hatte. Jeder meiner Schritte ließ sich daran zurückverfolgen. Sie hatte sich erst um die eine und dann um die andere Laterne gewickelt und glich einer Landkarte von einigen Augenblicken in meinem Leben, die mich ganz schön aus der Fassung gebracht hatten.

Wie wäre es, wenn eine solche Landkarte von unserem ganzen Leben existierte? Wie wäre es, wenn wir unsere Fußspuren über die Jahre zurückverfolgen und all die kritischen Gedanken und Entscheidungen noch einmal überprüfen könnten, die uns dahin gebracht haben, wo wir heute stehen? Was könnten wir daraus lernen? Ich wette, dass wir eine ganze Menge über unsere Kursänderungen erfahren würden, die guten und die weniger guten.

Die Abraham-Geschichte im Alten Testament liest sich wie die Spur, die ich mit meiner Schnur legte. Sie beginnt in einem geheimnisvollen Land, über das die Bibel fast vollkommen schweigt, und findet einen Höhepunkt auf einem Berg Morija im Land Kanaan.

Steigen Sie zuerst auf diesen Berg! Beginnen Sie am Ende der Schnur und sehen Sie, wie ein Glaubensheld aussieht, wenn er Gott wirklich vertraut. Gehen Sie erst dann zum Anfang zurück und sehen Sie sich an, wie alles begann.

Dass Abraham auf diesen Berg stieg, ist einer der rätselhaftesten Momente der gesamten biblischen Geschichte, spannend, sperrig und bizarr, unbegreiflich erst recht, wenn wir selbst Eltern oder Großeltern sind und unsere Kinder mehr als unser Leben lieben.

Natürlich ist Abraham nicht allein. Sein Sohn, sein einziger Sohn Isaak ist bei ihm. Er liegt gefesselt auf einem Altar und soll geopfert werden, wie in einem heidnischen Ritus. Gerade als wir den Berggipfel erreichen, hebt Abraham das Messer, um seinen Sohn zu töten, wie es ihm die Stimme Gottes befohlen hat.

Wenn wir einfach abseits stehen und beobachten, ohne daran zu denken, dass Abraham schon viel mit Gott erlebt hatte, wird uns diese Geschichte ziemlich verstören; wir werden sie sogar abstoßend finden.

Wir könnten uns fragen, ob Sara, Abrahams Frau und Isaaks Mutter, überhaupt weiß, was hier vor sich geht. Wir könnten uns sogar fragen, ob *der* Gott, den wir als den *Gott der Bibel* kennen, weiß, was hier passiert. Oberflächlich betrachtet sehen wir nur das schreckliche Bild eines Mannes, der alles vorbereitet hat, um seinen Sohn als rituelles Opfer darzubringen, so wie es die einheimischen Kanaaniter praktizierten. Ganz bestimmt, denken wir, würde der Gott, den wir kennen gelernt haben, so ein grässliches Schauspiel nicht befehlen.

Der zivilisierte Mensch in mir will protestieren und sich für Abraham einsetzen: Denn welcher Gott würde so etwas von einem Menschen verlangen, und welcher Mensch würde einem solchen Befehl gehorchen?!

Auf der anderen Seite gingen diesem Augenblick hundert Jahre voraus, Jahre, die ich nicht mitgemacht habe; hundert Jahre, in denen dieser Mann Abraham eine Stimme hörte, deren Worte ihn mitten ins Herz trafen und dort gediehen. Vielleicht verstanden sie sich auf eine Art, die ich nicht verstehe. Vielleicht geht es hier nach *verborgenen Plänen*, die sich dem ungeübten Auge nicht leicht offenbaren. Vielleicht wäre es am klügsten, still dabeizustehen und einfach zuzusehen.

Wer die Geschichte kennt, weiß, dass dieses Messer den Sohn nicht tötete. In dem Moment, als Abraham es in die Hand nahm, befahl ihm eine Stimme aus dem Himmel aufzuhören und rief ihn beim Namen: »Abraham! Abraham!« Die Stimme fuhr fort: »*Jetzt* weiß ich, dass du Gott fürchtest; du hast mir deinen einzigen Sohn nicht vorenthalten« (1. Mose 22,11-12; Hervorhebung G.M.). *Jetzt!* Als ob es vorher nicht ganz sicher gewesen sei, dass Abraham auch vor diesem Moment Gott vertraut hatte. *Jetzt weiß ich!*

Hundert Jahre hatte es gedauert, bis dieses *Jetzt weiß ich* ausgesprochen werden konnte. Sprechen Sie diese Worte dreimal laut vor sich hin und betonen Sie jedes Mal ein anderes Wort. »*Jetzt* weiß ich.« »Jetzt *weiß* ich.« »Jetzt weiß *ich*.« Welche Betonung hörte Abraham heraus?

Das Ganze ergibt keinen rechten Sinn, wenn man dabei nicht die Spur dieses Lebens im Hinterkopf hat. Im Grunde findet man hier die Geschichte von Abrahams *Bekehrung*, seinen Kurswechsel, der ihn vom Zuschauer zum Suchenden machte: Er ist jemand, *der das Vertraute hinter sich lässt.*

Wie Vertrauen wächst

Denken Sie noch einmal zurück und versuchen Sie den Hintergrund der Geschichte zu erfassen. Was hatte Abraham bewogen, an diesem Tag auf den Berg hinaufzusteigen? Die Antwort ist recht ausführlich (1. Mose 22).

Einige Tage vorher hatte Abraham eine Stimme gehört, die ihm befahl: »Nimm deinen Sohn, deinen einzigen, den du liebst, geh in das Land Morija und bring ihn dort auf einem der Berge, den ich dir nenne, als Brandopfer dar.«

»Frühmorgens stand Abraham auf«, so heißt es weiter, »sattelte seinen Esel ... und machte sich auf den Weg.« Kein Zögern, kein Einspruch, kein Feilschen. Der Mann ging einfach los! Wir sind versucht zu sagen: »Viel zu einfach«, aber wir dürfen nicht vergessen, dass Abraham schon viele Jahre lang auf diese Stimme gehört hatte und zu dem Schluss gekommen war, dass man sich vollkommen auf sie verlassen konnte, selbst wenn es wehtat. So schwierig dieser Befehl auch zu befolgen war – Abraham hatte in seinem Leben einen Punkt erreicht, an dem er einfach gehorchte.

»Wenn er sagte: ›Setzt euch‹, dann schauten wir uns nicht erst nach einem Stuhl um«, erzählte ein Football-Spieler vom berühmten Trainer Vincent Lombardi. Eine ganz ähnliche Reaktion sehen wir an diesem Morgen bei Abraham. Allerdings war es nicht immer so gewesen.

In den ersten Sätzen dieser Geschichte erfahren wir, dass es alles geschah, um Abraham auf die Probe zu stellen. Was sollte denn auf die Probe gestellt werden? Ob er gehorchen und vertrauen konnte, ob er akzeptieren konnte, dass alles Gott gehört. Dieser Augenblick auf dem Berg scheint der letzte Schritt in Abrahams Kurswechsel zu sein. Jetzt ist er wirklich der Vater aller Glaubenden.

Wenn ich Abraham nun den Berg hinaufklettern sehe, mit seinem einzigen Sohn, einer Ladung Brennholz, *aber ohne Opferlamm*, dann sage ich mir: »Abrahams Bekehrung ist viel großartiger als die irgendeines anderen Menschen aus der Bibel. Man muss sie nur einmal mit der Bekehrung von Paulus aus Tarsus vergleichen.«

Die Fakten liegen klar zutage: Dieser Mann vollzog in gewisser Hinsicht sogar einen radikaleren Kurswechsel als Saulus. Saulus von Tarsus kannte bereits den Gott Israels, Abraham nicht. Saulus kannte die Bibel in- und auswendig, Abraham kannte nur die Stimme, die zu ihm sprach. Saulus war nach biblischen Maßstäben erzogen worden und lebte auch danach; Abraham war mit heidnischen Praktiken groß geworden.

Schon bevor Abraham auf den Berg steigt, gibt es Hinweise darauf, *dass er gelernt hat, dieser Stimme zu gehorchen.*

»Nach diesen Ereignissen stellte Gott Abraham auf die Probe. Er sprach zu ihm: Abraham! Er antwortete: Hier bin ich. Gott sprach: Nimm deinen Sohn, deinen einzigen, den du liebst, Isaak, geh in das Land Morija und bring ihn dort auf einem der Berge, den ich dir nennen werde, als Brandopfer dar.« (1. Mose 22,1-2)

»Hier bin ich« – das ist ein erster Hinweis. Abraham hat mit der Zeit gelernt hinzuhören. Er hat gelernt, Gottes Stimme zu erkennen, und gelernt, wie er darauf antwortete. Manchmal braucht es seine Zeit, bis man diese Dinge gelernt hat.

Ich höre meinen Vater zu mir als Kind sagen: »Du guckst mich zwar an, aber du hörst mir nicht zu.« In meinen Schulzeugnissen fand ich häufig den Satz: »Er hört nicht zu und ist ganz woanders.« Es ist nicht einfach, mit einem Träumer umzugehen. Sie hatten Recht, ich musste lernen zuzuhören. Anderen ging es genauso. Ich bin in guter Gesellschaft.

Mose, ein ehrgeiziger junger Mann, bringt einen ägyptischen Soldaten um und hält das für eine gute Sache. Das ist es aber nicht. Ergebnis: Er verbringt vierzig Jahre in der Wüste, damit er lernt, auf die Stimme Gottes zu hören, bevor er wieder aktiv wird. Bileam kann auch nicht gut zuhören; erst ein sprechender Esel bringt ihn zur Besinnung, so dass er die Stimme Gottes hört. Eli lehrt Samuel, den zukünftigen Propheten, auf die Stimme Gottes zu hören und ihr zu antworten. Jona will nicht hören und bringt sich dadurch in Schwierigkeiten. Im Zuhören erfährt Maria, die Mutter unseres Herrn, von ihrer entscheidenden Rolle in der Heilsgeschichte.

Abraham ist also ein Zuhörer. Mehr noch, er gehorcht, ohne zu zögern. Das war, wie wir sehen werden, nicht immer seine Stärke gewesen. Dieser Mann, der früh am Morgen aufstand und seinen Esel sattelte, ist ein ganz anderer Mann als am Anfang seiner Reise. Er stammt aus einem Land, in dem man diskutiert und herumbrüllt, wenn einem nicht gefällt, was man zu hören bekommt. So ein Mann ist Abraham gewesen. Dass er früh am nächsten Morgen Gott gehorcht, ist keine kleine Sache. Dieser Mann hat einen weiten Weg hinter sich. Er hat sich für immer verändert.

»Frühmorgens stand Abraham auf ..., spaltete Holz zum Opfer und machte sich auf den Weg zu dem Ort, den ihm Gott genannt hatte. Als Abraham am dritten Tag aufblickte, sah er den Ort von weitem. Da sagte Abraham zu seinen Jungknechten: Bleibt mit dem Esel hier! Ich will mit dem Knaben hingehen und anbeten ...« (1. Mose 22,3-5)

Er »machte sich auf zu dem Ort, den ihm Gott genannt hatte«. Gott hatte Abraham vor langer Zeit befohlen, an einen Ort zu ziehen, den er ihm nennen würde, und wir werden gleich sehen, dass diese beiden Situationen etwas miteinander zu tun haben.

Hier geht es um Gehorsam. Blinden Gehorsam? Nicht ganz. Im Lauf der Jahre hatte sich in ihm ein tiefer Gehorsam geformt, denn Abraham hatte gelernt, den *verborgenen Plänen Gottes* zu vertrauen, Pläne, die andere Menschen, vielleicht sogar Abraham selbst, noch nicht kannten. Und trotzdem hatte er gelernt, nicht zu hinterfragen, sondern zu gehorchen.

Der Mann, der den Berg hinaufsteigt, hat auch Vertrauen gelernt.

Isaak: »... Hier ist Feuer und Holz. Wo aber ist das Lamm für das Brandopfer?«

Abraham: »Gott wird sich das Opferlamm aussuchen, mein Sohn.«

»So gingen beide miteinander.« Solches Vertrauen kann nicht an einem Tag wachsen. Der Sohn vertraut dem Vater. Der Vater vertraut dem Sohn.

Log Abraham, als er das sagte? Versuchte er Isaak einen Bären aufzubinden? Oder meinte er wirklich, was er sagte? Ich weiß von einigen, die der ersten Erklärung zuneigen; ich persönlich ziehe die zweite vor.

Es gab auch andere Zeiten in Abrahams Leben, in der er dieser Stimme misstraut hätte. Ein Gott, der seine Versprechen hält? Von solchen Göttern hatte in Abrahams Heimat noch kein Mensch gehört. Wer einem solchen Gott in dem Land, aus dem Abraham stammte, geglaubt hätte, hätte sich lächerlich gemacht. Die Menschen vertrauten den Göttern nicht, sie versuchten sie zu bestechen, zu besänftigen oder im schlimmsten Fall vor ihnen zu kapitulieren. Aber ihnen vertrauen? Niemals!

Abraham hat in den hundert Jahren seines Lebens gelernt, dass er sich vollkommen auf Gott verlassen kann. Früher hätte er vielleicht sarkastisch gelacht. Aber jetzt meint er es ernst. Gott *wird* für das Brandopfer sorgen. Gott hatte ihm ein Versprechen gegeben und es immer wieder bekräftigt. Abraham würde einen Sohn bekommen und durch ihn so viele Nachfahren wie die Sterne am Wüstenhimmel haben. Das ist Vertrauen.

Als Gail und ich 1972 nach Neuengland zogen, waren wir ein junges Ehepaar mit zwei Kindern, fünf und acht Jahre alt. Wir hatten völlig undramatisch den Ruf Gottes in eine wunderbare Gemeinde in Lexington in Massachusetts gehört. Aber wir hatten auch unsere Zweifel. Es war auf dem Höhepunkt der Studentenunruhen, und an den Universitäten in Neuengland wurde gegen alles und jedes protestiert. Manches davon war vernünftig, anderes eher nicht. Gerade in Lexington war eine radikale Liberalität zu Hause, die unserem Glauben, wie wir meinten, feindlich gegenüberstand. Womit, so fragten wir uns, würde man unsere Kinder in der Schule konfrontieren? Würden wir sie verlieren, wenn sie von dieser Kultur aufgesogen wurden, die sich so radikal veränderte? Wir fragten uns, was auf uns zukommen würde.

Zwei Tage, nachdem wir eingezogen waren, klingelte das Telefon. Der Mann am anderen Ende der Leitung stellte sich als Direktor der Schule vor, in die unsere Kinder gehen sollten. Ob unsere Kinder sich die Schule vor Beginn des Schuljahres einmal anschauen wollten? Sie könnten sich bei der Gelegenheit gleich einschreiben und ihn kennen lernen.

Am nächsten Tag machte ich mich mit unseren beiden Kindern auf den Weg. Sie wirkten etwas unsicher und schüchtern, aber am Schultor stand der Direktor, wie er es versprochen hatte. Ich erlebte, wie er unserem Sohn und unserer Tochter ihre Klassenräume und Fotos von ihren Lehrern zeigte, sie in die Pausenräume, die Bibliothek, Sporthalle und in den Speisesaal führte. Wie er mit ihnen umging, veranlasste mich schließlich, ihn zu fragen: »Sie sind auch Christ, oder?«

»Ja«, antwortete er. »Und ich habe mir gedacht, dass Sie sich wegen Ihrer Kinder ein bisschen Sorgen machen würden, wenn sie hier in Lexington zur Schule gehen. Ich wollte Sie beruhigen. Ihre Kinder sind hier in guten Händen.«

An diesem Tag lernte ich, dem Gott zu *vertrauen*, der uns nach Neuengland gerufen hatte. Wir blühten und gediehen auf diesem Boden. Gott war da; er hatte uns hierher gerufen, und wir hatten gelernt, ihm zu vertrauen.

Steigen Sie mit mir noch einmal auf den Berggipfel. Dieses Mal wollen wir das Ende von Abrahams »Schnur« betrachten. Sein Sohn liegt gefesselt auf einer Art Altar. Alles ist bereit für einen Ritualmord.

Muss ich es noch einmal sagen? Ich hasse diese Stelle der Geschichte. Ich glaube, alles zu sehen, was ich sehen muss: Ein Vater ist dabei, seinen Sohn *umzubringen*. Warum sollte er das tun wollen?

Weil (und das ist das dritte Kennzeichen von Abrahams Glauben) *Isaak nicht ihm gehört*. Das Kind gehört Gott, so wie alles andere in Abrahams Leben auch. Dieser Sohn, nach dem er sich sein ganzes Erwachsenenleben gesehnt hatte, der Sohn, der seinen Namen weitertragen sollte, dieser Sohn gehörte nicht ihm, sondern Gott.

Wie lange hatte Abraham gebraucht, um das zu lernen?

In der Kirche, aus der ich stamme, sangen die Leute im Gottesdienst oft das Lied:

> »Nimm mein Leben, Jesu, dir
> übergeb ichs für und für ...
> Nimm mein Gold und Silber hin,
> lehr mich tun nach deinem Sinn ...«

Heute singen wir dieses Lied nicht mehr so oft, vielleicht weil wir heute mehr Gold und Silber besitzen als in der Zeit, in der dieser Choral gedichtet wurde. Heute könnte dieses Lied unsere persönlichen Angelegenheiten ziemlich durcheinander bringen.

Wir modernen Menschen erschrecken vor dem, was Abraham bereit war zu vollbringen. Wir fragen uns, was in Isaak vorgegangen sein mag, auch wenn er nicht umgebracht wurde. Hätte Abraham durch dieses Ereignis nicht verrückt werden können – ganz egal, wie es ausging?

Die Tatsache bleibt aber, dass Abraham bereit war, Gott das zurückzugeben, von dem er wusste, dass es nicht in erster Linie ihm selbst gehörte.

Wenn Gott seinen einzigen Sohn von ihm haben will, dann ist er bereit, darauf einzugehen.

Doch das bleibt ihm erspart.

»Hör auf, Abraham. Jetzt weiß ich, dass du Gott fürchtest.«

Der schreckliche Augenblick ist vorüber. Die Spur, die Abrahams Leben hinterließ, ist lang. Wir haben gerade nur die letzten Zentimeter betrachtet. Wenn wir wirklich verstehen wollen, was Kurswechsel im tiefsten Sinn bedeutet, müssen wir die »Schnur« zurückverfolgen und begreifen, was diesen Mann zu dem machte, was er wurde.

Ich glaube, dass die Veränderung, die Abraham erlebte, der Christenheit des 21. Jahrhunderts als Modell dienen kann.

6. Viele einzelne Schritte

Wenn ich Abrahams Lebensfaden zurückverfolge, sehe ich einen Mann, der vorwärts geht, den Boden unter den Füßen verliert, aber sich dann wieder in Bewegung setzt. *Darin gleicht sein Leben meinem Leben!* Wir haben im letzten Kapitel das »Ende der Schnur« betrachtet. Schauen Sie sich nun mit mir den Anfang an; wir wollen so weit in die frühe Zeit seines Lebens zurückgehen wie möglich, bis zu dem Punkt, an dem seine Lebensreise begann.

Wenn Sie Abrahams Schritte vom Berg Morija zurückverfolgen, führt uns diese »Schnur« zurück in die Ebene. Sie windet sich über das gesamte Land Kanaan, dann nach Ägypten, wieder zurück in den Norden und schließlich bis ins Zweistromland, zum Geburtsort dieses Mannes, der Stadt Ur.

Es ist, wie Sie selbst sehen werden, eine lange Reise. Entlang der Spur, die dieser Mann hinterließ, können Sie die Ideen und Vorstellungen, die ihn prägten, förmlich mit Händen greifen: die Erfahrung, dass Gott nicht nur für gelegentliche Glückssträhnen verantwortlich war, sondern dass er ein souveräner, persönlicher Gott war, der Pläne hatte und Großes versprach. Oftmals verborgene Pläne, Versprechen, die erst in ferner Zukunft erfüllt würden. Das zu lernen war nicht einfach; Abraham wurde dabei kräftig in die Mangel genommen. Aber das ist der Preis, den man zahlen muss, wenn man eines Tages »Vater aller, die glauben« genannt wird.

Auf seiner Spur kommen wir an Stellen vorbei, an denen Abram (sein früherer Name bedeutet »der Erhabene«) sich vollkommen lächerlich gemacht hatte – aber auch an Stellen, an denen schon etwas von dem Vertrauen durchscheint, das in ihm wachsen sollte. Er lernte und wuchs unaufhörlich, und es war offensichtlich ein langer und langsamer Prozess, bis er sich wirklich verändert hatte. Er veränderte sich nicht plötzlich über Nacht, ebenso wenig wie die meisten von uns.

Abram wurde in Ur geboren, das zu einem Städtebund in Mesopotamien (dem heutigen Irak und Syrien) gehörte. Man nimmt an, dass er von semitischen (aramäischen) Nomaden abstammte, die einige Jahrhunderte zuvor sesshaft geworden waren und angefangen hatten, Städte zu bauen und ein großes Reich aufzurichten.

Aus der Bibel erfahren wir nichts über Abrams Kinder- und Jugendzeit. Historiker und Archäologen vermitteln uns aber ein recht genaues Bild dieser Zivilisation.

Er stammte aus einer hoch entwickelten Kultur. In Mesopotamien wurde die Schrift erfunden (Keilschrift). Jede größere Stadt hatte ihren eigenen Tempel. Dichter schrieben große Epen, das berühmteste ist das Gilgamesch-Epos. Handel und Landwirtschaft prägten das Leben des Volkes. Heidnische Vorstellungen beeinflussten das Denken der Menschen. Der riesige Tempelturm von Ur für den Mondgott überragte alle anderen Gebäude der Stadt. Hier versuchte man zu ergründen, was die Sterne und Planeten zu sagen hatten.

In Abrams Welt gab es unendlich viele Götter. Aber sie sprachen nicht zu den Menschen. Ihnen schien alles egal zu sein. Wenn die Menschen sie anbettelten und sie besänftigen wollten, war das ihr Problem. Niemand erwartete ernsthaft, dass die Götter sie deshalb gut oder gerecht behandeln würden. Religion war mehr oder weniger der Versuch, dem Geheimnisvollen wenigstens etwas Sinn abzuringen.

Zu Abrams Zeit bedeutete Leben, sich in die Generationenfolge einzureihen und so zu leben, wie es die Väter vorgemacht hatten. Wir heute können uns das nur schwer vorstellen, aber diese Menschen dachten einfach überhaupt nicht über sich selbst nach. Wir schauen in uns hinein, analysieren unsere Handlungsweise und bauen Luftschlösser. Nichts von alledem passt in Abrams Welt. Zu seiner Zeit übernahm man die Traditionen und Erfahrungen seiner Sippe. Das Leben bot nur wenige Wahlmöglichkeiten und kaum Freiheiten. Das Leben war eben so, wie man es vorfand.

Das Unerhörte tun

Sich zu verändern ist normalerweise eine Sache der persönlichen Entscheidung. Aber in Abrams Kultur wie überhaupt in dieser alten Welt war es unüblich, eine individuelle Entscheidung zu treffen. Man machte das, was die Gemeinschaft tat, man dachte das, was die Gemeinschaft dachte. Abram oder irgendjemand anderem aus seiner Welt die Möglichkeit einer grundlegenden Umkehr vor Augen zu halten, wäre absurd gewesen.

Deshalb war es etwas unerhört Neues, als Abram irgendwo auf seinem Weg die Stimme hörte, die ihm befahl: »Zieh weg aus deinem Land.« Die Worte trafen ihn mitten ins Herz und gediehen dort.

»Und der Herr sprach zu Abram: Zieh weg aus deinem Land, von deiner Verwandtschaft und aus deinem Vaterhaus in das Land, das ich dir zeigen werde« (1. Mose 12,1). Das ist das Erste, was wir über Abram in der Bibel lesen: »Und der Herr sprach zu Abram: Zieh weg aus deinem Land.«

In Abrams Welt verließ kein Mensch jemals seine Heimat. Niemand dachte auch nur daran. Niemand wagte es wegzugehen. Vielleicht wurde hin und wieder ein Verbrecher verbannt und aus der Gemeinschaft ausgeschlossen (und das kam einer Hinrichtung gleich). Aber aus freien Stücken das Land verlassen – ausgeschlossen!

Falls diese Stimme jemals einen anderen Menschen aus Mesopotamien herausgerufen hatte, wissen wir nichts davon. Die einzigen Menschen, die überhaupt über den Tellerrand schauten, waren die Händler und Kaufleute, und die kamen immer wieder zurück.

In dem wunderbaren Film *Eine Klasse für sich* spielt Tom Hanks einen Baseballmanager, der ein professionelles Frauenteam trainieren soll. Als er eine der Spielerinnen hart anfährt, beginnt sie zu weinen. Hanks ist überrascht. Sein ganzes Trainerleben hat er so etwas noch nicht erlebt. Auf einmal bricht es aus ihm heraus: »Hör zu. Beim Baseball weint man nicht. Hörst du? Beim Baseball weint man nicht.« Seine Worte helfen der verzweifelten Spielerin nicht wirklich weiter.

In Abrams Welt sagt man nicht: »Geh weg.« Ich kann es fast hören, wie Abram der bohrenden Stimme antwortet: »Hör zu. In Ur sagt man nicht: *Geh weg.*«

Aber die Stimme lässt sich davon nicht beirren: »*Zieh weg.*«

Wegziehen wovon? »Aus deinem Land, von deiner Verwandtschaft und aus deinem Vaterhaus«, deiner Sippe. Hier geht es ums Ganze. Abram soll alles zurücklassen, was ihm vertraut ist, was er kennt und was für ihn Sicherheit bedeutet. *Und er wird niemals zurückkehren können.* Wir reden hier nicht von einem Sommerurlaub. Die Stimme durchbricht die kulturellen Schranken und die Schranken der Religion in Mesopotamien.

Wie kräftig war die Stimme, die diesen Mann berief? Wir Menschen der Moderne sind mobil, reisen von einem Ort zum anderen, gehen neue Beziehungen ein und brechen alte ab. Wir können uns überhaupt keine Vorstellung davon machen, was es für Abram bedeutete, aus dem Gravitationsfeld seiner alten Kultur auszubrechen. Der Befehl »*Zieh weg*« musste sich gegen Tausende von kulturellen »*Bleib hier*« durchsetzen.

Der Befehl zum Weggehen wird durch die dreifache Wiederholung noch verstärkt. Geh aus deinem *Vaterland.* Die meisten Menschen der Antike kamen im Lauf ihres

Lebens kaum aus ihrem Geburtsort heraus. Die Welt hinter dem Horizont flößte ihnen Furcht ein. Es gab keine Landkarten, keine Wegweiser, keine auch von zu Hause vertrauten Gebäude (McDonalds, Aldi, Esso-Tankstelle). In jedem Dorf sprach man einen anderen Dialekt. Die vertraute Umgebung zu verlassen war einfach unvorstellbar.

Zieh weg von deiner *Verwandtschaft.* Die Verwandtschaft bot soziale Sicherheit und Orientierung. Deshalb konnte man es sich nicht leisten, längere Zeit von seiner Verwandtschaft und seinem Volk getrennt zu leben. Diese Menschen waren die Stimme, die einen durch jeden Tag navigierte. Wer sein Volk verließ, musste sich eine andere Stimme suchen.

Zieh weg aus *deinem Vaterhaus.* Normalerweise hätte man einen Menschen für verrückt erklärt, der so etwas tat. Denn das Haus des Vaters war das Sicherheitsnetz, in das man sich fallen lassen konnte. Die Familie machte zusammen Geschäfte, sie sorgte für die Alten und Kranken, suchte die Ehepartner aus und garantierte, dass jeder abgesichert war. Wer das Haus seines Vaters verließ, verletzte zudem eine der wichtigsten Traditionen: Man stellte sich nicht gegen die Autorität seines Vaters.

All das steckt in diesem einfachen Satz: »Der Herr sprach zu Abram: Zieh weg!« Keine einfache Entscheidung, oder?

Vor mehr als dreihundert Jahren schrieb John Bunyan die *Pilgerreise.* Zu Beginn schildert er einen innerlich zerrissenen Mann, den Pilger, der sich in einem dunklen Wald wieder fand und wusste, dass er vom geraden Weg abgekommen war. (Ich modernisiere den Stil etwas:)

»Ich sah einen Mann, der offenbar in Lumpen gekleidet war. Er stand vor seinem Haus, hielt ein Buch in der Hand und trug wohl eine große Last auf dem Rücken. Ich beobachtete, wie er das Buch aufschlug und zu lesen begann. Beim Lesen fing er an zu weinen und zitterte am ganzen Körper. Dann plötzlich, als er seine Gefühle nicht mehr länger beherrschen konnte, rief er aus: ›Was soll ich tun?‹

Seine Familie glaubte, dass er einen Nervenzusammenbruch erlitten hatte. Und weil es Abend wurde, entschieden sie, dass für ihren Ehemann und Vater eine gute Nachtruhe das Beste sei. So schnell wie möglich schafften sie ihn ins Bett.«

Am nächsten Morgen aber wurde deutlich, dass der Pilger mehr brauchte als nur eine gute Nachtruhe, um sich wieder zu beruhigen.

»Die Familie versuchte alles Mögliche: Sie lachten ihn aus, stritten mit ihm, und zu guter Letzt versuchten sie ihn zu ignorieren. Als er so behandelt wurde, zog er sich immer öfter in sein Zimmer zurück. Dort betete er und dachte darüber nach, warum sie sich so sehr gegen seine Botschaft wehrten. Wenn er sich nach tröstenden Worten sehnte, ging er allein in den Feldern spazieren, las und betete. So ging es viele Tage lang.«

»Manchmal«, so Bunyan weiter, »rief er plötzlich aus: ›Was muss ich tun, damit ich gerettet werde?‹ Wenn er die Antwort auf diese Frage gewusst hätte, hätte er mit Begeisterung alles Notwendige getan.

Eines Tages begegnete der Pilger einem Fremden namens Evangelist, und ihr Gespräch bewog ihn zu einem Kurswechsel.

›Warum schreist du so laut?‹, fragte der Fremde.

›Mein Herr, dieses Buch sagt mir, dass ich dazu verdammt bin, zu sterben und mich vor Gottes Gericht zu verantworten.‹

›Siehst du die enge Pforte dort drüben?‹, fragte Evangelist.

›Nein‹, entgegnete der Pilger.

›Siehst du das helle Licht?‹

›Ja, ich glaube schon.‹

›Du musst immer auf dieses Licht schauen und dich daran orientieren. Wenn du dort bist, klopfst du an, und man wird dir sagen, was du tun sollst.‹«

Bunyan schrieb: »Ich sah, wie der Mann loslief. Er war

noch nicht weit gekommen, als seine Frau und seine Kinder merkten, was vor sich ging, und ihm zuriefen, er solle zurückkommen. Aber der Mann steckte sich die Finger in die Ohren und lief weiter. Dabei rief er immerzu aus: ›Leben! Leben! Ewiges Leben!‹«

Sie sehen, wie schwer es ihm gemacht wird, alles hinter sich zu lassen. Wie er sich von den Stimmen losreißt, die ihn zurückholen wollen, lässt mich an die Geschichte von Abram und seinem Weggang aus Ur denken.

Beide Geschichten, die des biblischen Abraham und die des von Bunyan erfundenen Pilgers, weisen darauf hin, dass der erste Schritt bei einer radikalen Veränderung darin besteht, sein altes Leben hinter sich zu lassen. Das ist nie einfach. Man muss sich dem starken und festen Griff der Vergangenheit entziehen, und dieser Bruch muss glatt und sauber sein.

Vertrautes verlassen

Dieser Punkt ist als erster zu überprüfen, wenn ein solcher Kurswechsel nicht von Dauer ist. Hat die betreffende Person wirklich alles hinter sich gelassen? Oft lautet die Antwort: Nein.

Abrams Weggang war ein langer Prozess. Als er Ur verließ, ließ er damit den Einfluss Mesopotamiens nicht ein für alle Mal hinter sich. Er ließ sich für eine Weile in Haran nieder, wahrscheinlich einer der nördlichsten Außenposten des mesopotamischen Städtebundes. Er hatte zwar einiges hinter sich gelassen, aber noch nicht alles.

Wenn ich raten müsste, warum, würde ich auf Abrams Vater Terach tippen. Die letzten Verse von 1. Mose 11 zeigen, dass Terach zumindest symbolisch diese einzigartige Familienwanderung begonnen hatte.

Erst als Terach stirbt, macht sich Abram auf den Weg in

das fremde Land, wie die Stimme es ihm befohlen hat. Möglicherweise offenbarte die Stimme Abram auch erst nach dem Tod seines Vaters ganz und gar, was sie mit *Weggehen* meinte. Wir werden nie genau wissen, ob Abram sozusagen auf die Bremse trat, weil er keine Lust hatte wegzugehen, oder ob er sich verpflichtet fühlte, den Tod seines Vaters abzuwarten.

Wer der Meinung ist, dass der Glaube im Menschen *mit einem Mal* erwacht und die Seele sich sozusagen mit einem Blitzstart auf den Weg macht, hat sich noch nicht genügend mit Abraham beschäftigt. Abram ist das erste Beispiel. Abram hätte Ur niemals *verlassen*, wenn er nicht eine Stimme von außerhalb gehört hätte (»der Herr sprach zu Abram«), die ihm befahl, mit seinen alten Bindungen und Beziehungen zu brechen. Aber das war noch nicht das Ende seiner Entwicklung im Glauben.

In unserer heutigen rationalen Welt, in der sich jeder dem gesunden Menschenverstand beugen muss, neigen wir dazu, Menschen auszulachen, die von sich behaupten, sie hätten Stimmen gehört. Oder wir sind misstrauisch, weil wir wissen, dass manche Menschen Gewalttaten begingen, weil sie glaubten, eine Stimme hätte es ihnen befohlen. Wer sein Verhalten und seine Meinung damit begründet, eine Stimme hätte ihn geleitet (»Gott sagt mir, dass du die richtige Frau für mich bist«; »Weil ich berufen bin, habe ich Recht und ihr liegt alle falsch«; »Hat uns der Herr nicht eine wunderbare Luxusjacht geschenkt?«), macht sich verdächtig.

Trotzdem: Die biblische Vorstellung von Kurskorrektur beginnt mit einer Stimme, sie spricht in das Leben eines Menschen, der zum »Vater aller, die glauben« (Römer 4,11) wurde – und sie sagt: *»Zieh weg, geh.«* Diese Stimme erhebt sich über alle anderen Stimmen in Abrams Leben, die Stimme der Kultur, die Stimme des eigenen Interesses, die Stimme der Tradition, die Stimme der Sicherheit.

»Lass das alles hinter dir zurück«, befiehlt die Stimme.

Wenn ich darüber nachdenke, wie Abram auf dieses *»Geh!«* reagierte (das von einer Stimme gesprochen wurde, die wohl niemand in seiner Umgebung jemals gehört hatte), dann fallen mir meine Kinder ein. Als sie noch klein waren, breitete ich meine Arme aus und rief: »Spring!« Zu springen bedeutet, den vertrauten Boden hinter sich zu lassen und darauf zu vertrauen, dass Papas Arme dich auffangen werden. Das Vertrauen meiner Kinder wurde natürlich nicht enttäuscht.

Mir fällt auch Lucy aus den *Peanuts*-Comics ein. Beharrlich versucht sie Charlie Brown zu überreden, mit einem gezielten Tritt einen Fußball wegzuschießen, den sie festhält. Jedes Mal verspricht sie, dass sie die Hände nicht wegziehen wird. Charlie Brown konnte sich allerdings auf ihre Worte *nie* verlassen. Lucy fiel immer ein Grund ein, weshalb sie den Ball in letzter Sekunde doch noch wegzog, so dass Charlie Brown jedes Mal auf den Hintern fiel. Lucy ließe sich mit den Göttern der Welt vergleichen, in die Abram hineingeboren wurde. Nicht vertrauenswürdig, sondern kleinkariert und nachtragend.

Seien Sie deshalb nicht überrascht, dass Abram einige Zeit brauchte, um seine Heimat zu verlassen. Aber schließlich ging er doch. Mich tröstet das ungemein. Für mich wäre es viel schwieriger, wenn Abram *sofort* gehorcht hätte. Ich verstehe Abram am Anfang dieser Geschichte. Er hört, stolpert ein paar Schritte vorwärts, hält an und macht sich dann wieder auf den Weg. Wohin die Reise gehen soll, bleibt für ihn erst mal ein Geheimnis. »Zieh in ein Land, das ich dir zeigen werde« – da bleibt das Ende offen. Wenn *Weggehen* ein Akt des Gehorsams ist, dann ist die Bereitschaft, an einen unbekannten Ort zu ziehen, ein Akt des Vertrauens. Von Anfang bis Ende wird Abram erfahren, dass ein vom Glauben bestimmtes Leben beides fordert: vollkommenen Gehorsam und vollkommenes Vertrauen.

Der Verfasser des neutestamentlichen Hebräerbriefs betont im 11. Kapitel, dass Abraham der Zielort unbekannt war: »Aufgrund des Glaubens gehorchte Abraham dem Ruf, wegzuziehen in ein Land, das er zum Erbe erhalten sollte; und er zog weg, ohne zu wissen, wohin er kommen würde. Aufgrund des Glaubens hielt er sich als Fremdling im verheißenen Land wie in einem fremden Land auf und wohnte ... in Zelten« (V. 8-9).

Das ist schon etwas, wenn man ein Land verlässt, in dem man wohlhabend war, sein Schicksal in der Hand hatte, bei seinem Volk bekannt war und Sicherheit in seiner Kultur fand. Schließlich bedeutet »Weggehen«, alles Bekannte, alle Sicherheiten loszulassen.

Jede Kurskorrektur im Leben beginnt damit, dass man etwas hinter sich lässt. Der wichtigste und größte Kurswechsel, nämlich der Stimme zu antworten, die das menschliche Herz zu Versöhnung und Gemeinschaft mit Gott ruft, macht da keine Ausnahme.

In den Jahren meiner eigenen Lebensreise habe ich einen großen und grundsätzlichen Abschied und mehrere kleine Abschiede erlebt. Beim großen Abschied habe ich mich von allem, was mich in der Vergangenheit festhielt, losgesagt; bei den kleinen Abschieden erkläre ich jeden Tag neu, dass ich mich von den Dingen lossagen will, die nach meiner Seele greifen und mich von den Plänen wegziehen wollen, die Gott mit mir hat.

Abraham erkennt erst auf dem Berg endgültig, dass er das Richtige getan hat, als er sein altes Leben hinter sich ließ. Einen Augenblick lang wird er auf Herz und Nieren geprüft, als die Stimme weit mehr von ihm verlangt, als nur sein Land, seine Verwandtschaft und das Haus seines Vaters zu verlassen. Das war die Vergangenheit. Auf dem Berg fordert die Stimme seine Zukunft von ihm – seinen Sohn.

7. Weg ins Unbekannte

In Abrams Zeit fürchteten sich die Menschen davor, auf eine lange Reise zu gehen. Menschlich gesprochen wird er den richtigen Weg nur aus den Schilderungen der Reisenden finden, denen er unterwegs begegnet. Aber wer weiß schon, ob man sich auf die Fremden verlassen kann? Und wer weiß, ob er sich unterwegs mit allem Lebensnotwendigen versorgen kann?

Aber die Stimme hat ihn in Bewegung gesetzt, und sie wird ihm auch den Weg zeigen. Diese Reise soll ihn lehren, was Glauben heißt, und seinen Kurs korrigieren. Am Ende darf Abram sich »Vater aller, die glauben« nennen.

Der Bau des Altars

»Und Abram zog durch das Land ... Der Herr erschien Abram und sprach: Deinen Nachkommen gebe ich dieses Land. Dort baute er dem Herrn, der ihm erschienen war, einen Altar« (1. Mose 12,6-7).

Von Anfang an erklärte Abram manche Orte zu besonderen Stellen, an denen ihm die Stimme Mut zusprach, die ihn aus dem Land seiner Vorfahren geführt hatte. Einige Male wird erwähnt, dass er einen Altar baute. Manchmal hatte er Visionen und Erscheinungen, in denen er mehr über seine Reise erfuhr.

Ein Altar war ein kleines Heiligtum, ein kleines Stück geheiligter Boden in einer Welt, die nichts von Gott wusste und anderen Mächten diente. Ein Altar war für Abram ein Zeichen der Verbundenheit mit Gott. Hier konnte er anbeten und sich von den Verheißungen Gottes ermutigen lassen. Wenn er einen Altar errichtete, sagte er damit:

Hier ist ein besonderer Ort, der sich von allen anderen Orten unterscheidet. Hier ist Gott besonders nahe.

Und Gott sprach. Die Wahrheit wurde Abram Stück für Stück enthüllt. Ich glaube, dass Gott Abram zuerst nur einen Teil der Wahrheit zumuten konnte, weil Abram zunächst nur sehr begrenzt vertraute und mit so vielen Informationen gar nicht hätte umgehen können. Erst später, als er bereit war, konnte ihm Gott den ganzen Plan in allen Einzelheiten enthüllen.

Von manchen Plänen Gottes für die Weltgeschichte und für sein Volk werden wir diesseits des Himmels *niemals* etwas erfahren.

Beim Nachdenken über Abrams geistliche Entwicklung habe ich fünf verschiedene *Prüfungen* entdeckt, denen er sich stellen musste.

Die erste Prüfung: *Selbsterhaltung*

»Als über das Land eine Hungersnot kam, zog Abram nach Ägypten hinab, um dort zu bleiben; denn die Hungersnot lastete schwer auf dem Land ... Und die Beamten des Pharao sahen Sarai und rühmten sie vor dem Pharao. Da holte man die Frau in den Palast des Pharao. Er behandelte Abram ihretwegen gut: Abram bekam Schafe und Ziegen, Rinder und Esel, Knechte und Mägde, Eselinnen und Kamele.« (1. Mose 12,10+15-16)

Wenn Abram der Vater aller Glaubenden werden sollte, dann musste er lernen, mehr auf Gott zu hören als auf das, was ihm sein Selbsterhaltungstrieb eingab. Abraham kommt in Kanaan an, dem verheißenen Land, aber dort bricht bald eine Hungersnot aus. Er ignoriert die Stimme, die ihn zu diesem Ort geführt hat, und zieht weiter nach Süden bis nach Ägypten. Die Bibel wird noch von vielen Menschen berichten, die in Notzeiten eigenmächtig nach

Ägypten aufbrechen. Und immer geraten sie in Schwierigkeiten.

Abram ist ein gutes Beispiel dafür. Als er in Ägypten eintrifft, fällt ihm ein, dass die Ägypter seine Sarai schön und anziehend finden könnten. »Wenn dich die Ägypter sehen, werden sie sagen: Das ist seine Frau!, und sie werden mich erschlagen, dich aber am Leben lassen. Sag doch, du seiest meine Schwester, damit es mir deinetwegen gut geht und ich um deinetwillen am Leben bleibe.« (1. Mose 12,12-13)

Dieser Mann, den wir am Anfang recht sympathisch fanden, entpuppt sich auf einmal als Feigling, jedenfalls wenn wir ihn mit unseren Maßstäben messen. In Abrams Welt ging es rau zu, und seine Zeitgenossen lavierten sich offensichtlich gerne mit kleinen Schwindeleien durchs Leben. Wollen Sie so einen Mann als Vater Ihres Glaubens anerkennen? Ein Mann, der zuallererst daran denkt, seine eigene Haut zu retten, wenn es gefährlich wird? Ich glaube nicht.

Dieses Ereignis weist darauf hin, dass Abram mit seiner Entwicklung noch nicht fertig ist. Im Himmel wird Abram vielleicht schon als Gottes geliebtes Kind gefeiert, aber im Diesseits ist er einfach eine Ratte. Wenn wir lesen, dass Sarai in den Palast geführt wird, während Abram seine Zeit damit verbringt, »Schafe, Rinder, Esel, Knechte und Mägde, Eselinnen und Kamele« zu sammeln, runzeln wir die Stirn und wundern uns über diesen Schuft.

In Wahrheit hätte Abram niemals nach Ägypten ziehen sollen. Wenn er wirklich schon ein anderer Mensch geworden wäre, hätte er auch mitten in der Hungersnot darauf vertraut, dass Gott für ihn sorgte, so wie es die Hebräer Generationen später in der Wüste lernten.

Natürlich wünschen wir uns, wenn wir die Sache aus der Perspektive der ganzen Bibel sehen, Abram hätte nicht gelogen – selbst wenn er genau genommen die Wahrheit, oder jedenfalls die halbe Wahrheit sagte (Sarai ist nämlich die Tochter seines Vaters, aber nicht seiner Mutter).

Warum steht diese Geschichte hier? Vielleicht um zu zeigen: Ein Mensch verändert sich nicht so sehr dann, wenn er die richtigen Informationen erhält, sondern wenn er Niederlagen erleidet und Irrtümer begeht. Der Abram, den wir in dieser Geschichte sehen, ist noch weit entfernt davon, der Vater aller zu sein, die glauben. Er hat einen Kurswechsel vollzogen. Aber er ist erst auf dem Weg. Er ist erst halb aufgewacht. Er vertraut Gott stark genug, um seine Heimat zu *verlassen*, aber nicht genug, um die Frage des Überlebens in einem fremden Land mitten in einer Hungersnot in seine Hände zu legen. Erwarten Sie nicht, in Abram keine Widersprüche zu finden. Er ist innerlich so zerrissen wie wir. Er mag Mesopotamien verlassen haben, aber Mesopotamien hat ihn noch nicht verlassen. Der Mann hat Angst.

Die zweite Prüfung: *Geschäftliche Entscheidungen*

»Das Land war aber zu klein, als dass sich beide (Abram und Lot) nebeneinander hätten ansiedeln können; denn ihr Besitz war zu groß, und so konnten sie sich nicht miteinander niederlassen. Zwischen den Hirten Abrams und den Hirten Lots kam es zum Streit ... Da sagte Abram zu Lot: Zwischen mir und dir, zwischen meinen und deinen Hirten soll es keinen Streit geben ... Liegt nicht das ganze Land vor dir? Trenn dich also von mir!« (1. Mose 13,6-9)

Zum zweiten Mal wird Abrams neuer Kurs in seiner Beziehung zu Lot auf die Probe gestellt. Wenn ich mir die Geschichte anschaue, sieht es für mich fast so aus, als hätte er die Prüfung bestanden, bevor wir überhaupt erfahren, was geschehen wird.

In Ägypten waren Abram und sein Neffe Lot schon fast

unanständig reich geworden. Der Pharao hatte Abram erlaubt, alles mitzunehmen, was ihm gehörte (ein verborgener Segen?). Aber auch Reichtum kann eine Falle sein, und dazu gehört, dass sich die Reichen schnell untereinander in den Haaren liegen. Über kurz oder lang verstehen sich Abram und Lot geschäftlich nicht mehr.

Hier bleibt viel unserer Phantasie überlassen. Ich stelle mir vor, es ist kein Zufall, dass Abram gerade einen Altar gebaut und den Namen des Herrn angerufen hat, bevor diese Geschichte anfängt. Daraus schließe ich, dass Abram Gott gehört hat und daraufhin die richtigen Prioritäten setzt.

Weder Geschäftliches noch Lot sollen sich zwischen ihn und die Verheißung stellen, die Abram aus seiner Heimat herausgerufen hat. Eigentlich hätte Lot ihn auf dieser geistlichen Reise begleiten sollen (er macht Abram immer wieder Schwierigkeiten). Außerdem hat Gott Abram nicht dazu berufen, Geld und Reichtum zu scheffeln. An diesem Punkt wird Abram von seiner eigentlichen Bestimmung abgelenkt und muss diese Dinge endgültig regeln.

Die Antwort ist eine geschäftliche Trennung. »Trenne dich also von mir! Wenn du nach links willst, gehe ich nach rechts; wenn du nach rechts willst, gehe ich nach links«, schlägt Abram Lot vor.

Hier geschehen zwei Dinge gleichzeitig. Zuerst einmal ist Abram jetzt die Gemeinschaft mit Gott wichtiger als die Gemeinschaft mit seinem Verwandten. Zweitens trifft Abram eine Entscheidung, die ganz unkaufmännisch gedacht ist – was für ein Segen! Mit anderen Worten: Es ist ihm nicht mehr so wichtig, sich um sein Geschäft zu kümmern und sich um die Gewinnspanne zu sorgen, als darum, in die Richtung zu gehen, in die ihn die Stimme führt. Abram war der Ältere und er hatte das Recht zu bestimmen. Bei einer geschäftlich motivierten Entscheidung hätte er von diesem Recht Gebrauch gemacht und sich für die gut bewässerte Jordanebene entschieden. Wer aus dem Nahen Osten stammt, weiß, dass man nicht lange nachdenken muss, wenn man sich zwischen der feuchten Ebene und dem dürren Bergland entscheiden muss und dabei geschäftliche Interessen im Blick hat. Aber Abram dachte dabei eben nicht ans Geschäft. Sein Glaube war wieder ein Stück gewachsen.

Lot entschied sich so, wie man es erwartet hätte. Er traf seine Entscheidung aus geschäftlichen Erwägungen und war dem Geld hinterher, wie jeder junge Mann, der die Stimme nicht hört.

Lot dachte an seinen Profit, aber Gott offenbarte Abram sofort (als Lot nicht dabei war), dass er ihn mit Nachkommen so zahlreich wie der »Staub auf der Erde« (1. Mose 13,16) belohnen werde. Zieh durch das Land, Abram, erklärte die Stimme.

Von diesem Zeitpunkt an steckt Lot anscheinend dauernd in Schwierigkeiten, Abram aber wird immer stärker.

Die dritte Prüfung: *Großzügigkeit und Sicherheit*

»Darauf gab Abram Melchisedek den Zehnten von allem. Der König von Sodom sagte zu Abram: Gib mir die Leute zurück, die Habe behalte! Abram entgegnete dem König von Sodom: Ich erhebe meine Hand zum Herrn, dem Höchsten Gott, dem Schöpfer des Himmels und der Erde: Keinen Faden und keinen Schuhriemen, nichts von allem, was dir gehört, will ich behalten. Du sollst nicht behaupten können: Ich habe Abram reich gemacht.« (1. Mose 14,20-23)

Bei einem weiteren Ereignis entwickelt sich Abrams Glauben noch weiter. Lot und seine Familie, inzwischen in Sodom ansässig, werden von einer Räuberbande gefangen genommen, und es sieht so aus, als könnten sie mit dem Leben abschließen. Als Abram das erfährt, jagt er mit seinen Knechten los, um Lot mit seiner Familie und seinem ganzen Besitz zu retten, und sichert auch gleich noch die geraubte Habe der Stadt Sodom.

Natürlich wird Abram als Held gefeiert. Als er mit den Geretteten und ihrer Habe zurückkehrt, begegnet er zwei ihm freundlich gesonnenen Königen, Melchisedek und dem König von Sodom. Was er nun tut, ist sehr interessant.

Melchisedek, eine der geheimnisvollsten Gestalten des Alten Testaments, schenkt er ein Zehntel seiner gesamten Habe. Aus Gründen, die nirgends in der Bibel weiter erläutert werden, wird Melchisedek als Stellvertreter Gottes gesehen, als Priester, der im Auftrag Gottes handelt. Der Schreiber des 1. Mosebuches begnügt sich mit der Bemerkung: »Er war Priester des Höchsten Gottes« (1. Mose 14,18), und er konnte Abram wirklich segnen. Der genaue Wortlaut ist hier von Bedeutung:

«Gesegnet sei Abram vom Höchsten Gott,
dem Schöpfer des Himmels und der Erde,
und gepriesen sei der Höchste Gott,
der deine Feinde an dich ausgeliefert hat.«
(1. Mose 14,19-20)

Dass Abram zehn Prozent seiner gesamten Habe verschenkt, ist der erste biblische Hinweis darauf, dass Gott einen Anspruch auf alles hat, was wir besitzen; der Zehnte bringt zum Ausdruck, dass wir uns lediglich als *Verwalter* oder *Manager*, nicht aber als Eigentümer verstehen können. Dieser Gedanke ist uns heute in der nichtjüdischen Welt eher fremd.

Dann wird ein merkwürdiges Gespräch mit dem König von Sodom geschildert. Dieser Mann hatte den allerbesten Grund, Abram dankbar zu sein (sieht man einmal von Lot und seiner Familie ab, die in dieser Geschichte seltsam stumm bleiben). Denn Abram hat gerade mit seinen bewaffneten Leuten den König von Sodom und seine Kämpfer in einem Krieg mit Nachbarkönigen gerettet.

Und der König von Sodom zeigt seine Dankbarkeit sofort: »Gib mir die Leute, die Güter behalte für dich!«

Und jetzt kommt es: Dem Priester Melchisedek macht Abram Geschenke. Er weigert sich aber, vom König von Sodom irgendetwas anzunehmen: »Ich erhebe meine Hand zum Herrn, dem Höchsten Gott, dem Schöpfer des Himmels und der Erde: Keinen Faden und keinen Schuhriemen, nichts von all dem, was dir gehört, will ich behalten. Du sollst nicht behaupten können: Ich habe Abram reich gemacht. Nur was meine Leute verzehrt haben und was auf die Männer entfällt, die mit mir gezogen sind, ... das sollen sie als ihren Anteil behalten.« (1. Mose 14,22-24)

Kurz: Abram rechnet nur die Spesen ab. Irgendetwas hat er hier gelernt. Irgendwie unterscheidet er sich von dem Abram in Ägypten. Dort nahm er, was er bekommen konnte. Hier nimmt er nichts. Warum?

Abram ist offenbar noch ein Stück weiter aufgewacht. Er hat gelernt, dass man das wahre Leben in der Ausrichtung auf den Gott findet, dessen Stimme er hört. Auf seiner Reise ins verheißene Land muss er sich nicht mehr jeder Laune beugen, sich vor den Feindseligkeiten der Einheimischen ängstigen. Gott allein wird ihm beistehen. Und er lernt: Als Mann Gottes braucht er seine Hände nicht nach dem Eigentum anderer auszustrecken. Denn Gott wird für ihn sorgen.

8. Vertrauen lernen

Ich kann mich noch genau an die Geburt unserer beiden Kinder erinnern, so als wäre es heute gewesen. Und an die Tage, an denen jedes unserer fünf Enkelkinder in meine Arme gelegt wurde, damit ich sie segnete.

Aber das kommt wohl nicht einmal entfernt an die überschäumende Begeisterung heran, die Abraham bei der Geburt Isaaks empfunden haben muss. Neunzig Jahre hatte er auf diesen Augenblick gewartet, gewartet in einer Welt, in der die Söhne eines Mannes zu seinen wertvollsten Schätzen gehörten!

»Sarai war unfruchtbar, sie hatte keine Kinder« (1. Mose 11,30). Am Anfang der Geschichte, dort, wo sich die »Schnur« gerade zu entrollen begann, hören wir, dass Abram und Sarai keine Kinder bekommen konnten. Allein dass die Tatsache erwähnt wird, deutet darauf hin, dass der Verfasser dieses Problem als Angelpunkt der ganzen Geschichte sieht. In gewissem Sinn ist alles andere ein Vorspiel zu dieser Situation, dem eigentlichen Kernpunkt ihrer Ehe. Abram macht sich fast verrückt damit, er kann dieses Problem nicht tolerieren. Es muss eine Lösung geben.

1. Mose 15 berichtet von einem vertraulichen Gespräch zwischen Abram und der Stimme aus dem Himmel, der er gerade vertrauen lernt. Er hat sich immer mehr aus dem Kraftfeld Mesopotamiens befreien können. Er fängt an, wie ein neuer Mann zu denken und zu handeln. Diesen Abram würden die alten Freunde aus der Heimat nicht mehr wieder erkennen.

Dieser Abram lernt etwas über Vertrauen, über die Möglichkeiten, die in der Zukunft liegen. Jetzt traut er sich zu denken, dass es einen Gott gibt, dessen Ziele für immer gelten und der den Menschen freundlich gesinnt ist. Dieser Abram hat sein Denken vollkommen verändert. Sein ganzes Leben verändert sich von innen heraus.

Als Abram in das Kraftfeld des höchsten Gottes (das ist der Name hinter der Stimme) gerät, unterhalten sich die beiden. Die Bibel sagt, dass dies »nach diesen Ereignissen« geschah, und meint damit, dass ein wichtiger Zusammenhang besteht zwischen Abrams Gespräch mit den beiden Königen und dem, was in seinem Leben nun geschehen wird.

»Fürchte dich nicht, Abram, ich bin dein Schild (Lot hatte keinen); dein Lohn wird sehr groß sein (andere machen Geschäfte)« (1. Mose 15,1).

Gott hatte Abram oft auf die Probe gestellt. Er sollte während der Hungersnot in Kanaan bleiben (und versagte hier zunächst), er sollte darauf vertrauen, dass Gott ihn am Leben erhielt, statt Sarai als seine Schwester auszugeben (auch hier bekleckerte er sich nicht gerade mit Ruhm), er gab Melchisedek von seinem Besitz ab, er nahm kein Geld vom König von Sodom. Aber jetzt wurde er noch viel härter auf die Probe gestellt als in allen vorherigen Prüfungen zusammen genommen.

Die vierte Prüfung: *Der Wunsch nach einem Sohn*

Dieser Mann hatte keinen Erben. Moderne Menschen verstehen vielleicht gar nicht, wo das Problem liegt, weil sie glauben, dass es ganz allein ihre Entscheidung ist, ob sie Kinder haben wollen oder nicht, manchmal Kinder sogar für lästig halten oder finden, dass sie sich zu viel Verantwortung aufhalsen, wenn sie daneben noch die Karriereleiter erklimmen wollen.

Aber für diesen Mann, der vor langer Zeit lebte, bedeutete das mehr, als wir uns vorstellen können. Für ihn war ein Erbe nicht nur jemand, der den Familienbesitz erben würde, sondern, und das war noch wichtiger, *er würde das Weiterleben der Familie garantieren*. Im Leben des Sohnes sah sich der Vater selbst weiterleben.

Im Altertum dachte man allgemein so. Man kann sagen, dass die persönliche Beziehung zwischen Vater und Sohn vielleicht noch enger und intimer war als die zwischen Mann und Frau.

Aber Abram hatte keinen Sohn, der ihm so nah sein konnte, niemanden, mit dem ihn seine männliche Identität verbunden hätte, niemanden, mit dem er Familienangelegenheiten hätte anpacken können. Er muss sich ziemlich dumm vorgekommen sein, als er dieser Stimme zuhörte, die ihm eine ganze Nation von unzähligen Erben versprach, während Sarai und er nicht einmal ein einziges Kind zustande brachten.

Eine Zeit lang versucht Abram, die Frage nach dem Erben selbst in die Hand zu nehmen. Was die Stimme sagt, gefällt ihm (»so zahlreich wie die Sterne sollen deine Nachkommen sein«), aber als die Erfüllung des Versprechens jahrelang ausbleibt, fehlt ihm das Vertrauen zu glauben, dass der Gott der Stimme das tatsächlich noch geschehen lassen wird. Auf die Götter seiner Vorfahren kann man sich nicht recht verlassen, und auch wenn dieser Gott insgesamt einen guten Eindruck machte – muss er seinem Glück nicht ein wenig nachhelfen?

Abram entschließt sich, Gott zu unterstützen. In dieser Beziehung ist er ein sehr moderner Mensch. In Ägypten hat er gelogen, und jetzt fängt er an zu manipulieren.

Abram, jetzt der »Helfer« Gottes, folgt einem alten Brauch und ernennt Eliëser, seinen Sklaven (möglicherweise ein sehr, sehr netter Sklave), zu seinem offiziellen Erben. In dieser Zeit ist das durchaus nichts Ungewöhnliches. Allerdings ist es eines Menschen nicht würdig, der eines Tages der Vater aller Glaubenden genannt werden wird. Wie tief geht also dieser Kurswechsel, den Abram vollzogen hat?

Die Stimme: »Nicht er wird dich beerben, sondern dein leiblicher Sohn wird dein Erbe sein« (1. Mose 15,4). Auf einen Mann, der mit seiner Frau buchstäblich ein ganzes Leben darauf gewartet hat, dass bei ihr die Regel ausbleibt, der (jedenfalls so gut wie irgendein anderer Mensch des Altertums) weiß, dass er kaum mehr zeugungsfähig ist (Paulus: »Ohne im Glauben schwach zu werden, war er sich bewusst, dass sein Leib und auch Saras Mutterschoß erstorben waren«, Römer 4,19), auf einen Mann, der weiß, dass ihm nicht mehr viele Jahre bleiben, muss diese Behauptung unglaublich wirken.

»Herr, mein Herr, woran soll ich erkennen, dass ich es zu Eigen bekomme?« (1. Mose 15,8). Das ist eine vernünftige und überhaupt nicht abwegige Frage. Die Frage eines Mannes, dessen neuer Kurs jetzt auf die Probe gestellt wird. Das ist mehr, als er aushalten kann. Eigentlich sagt er: »Das ist unmöglich!« Mir fallen andere Personen der Bibel ein, deren Glaube ebenfalls auf die Probe gestellt wurde. Maria entgegnete dem Engel: »Wie soll das geschehen, da ich doch von keinem Mann weiß?« (Lukas 1; Lutherübers.). Die Frau, der Jesus am Jakobsbrunnen in Samarien begegnete: »Herr, du hast kein Schöpfgefäß, und der Brunnen ist tief; woher hast du also lebendiges Wasser?« (Johannes 4). Die Jünger unseres Herrn: »Wir haben nicht mehr als fünf Brote und zwei Fische, es sei denn, dass wir hingehen sollen und für alle diese Leute Essen kaufen« (Johannes 6).

Sie waren allesamt keine schlechten Leute, aber ihr Glaube an ungeahnte Möglichkeiten befand sich noch im Embryonenstadium. Diese Beschreibung passt auch perfekt auf Abram. Die Stimme sagt, dass er seinen Sohn auf dem natürlichsten aller denkbaren Wege bekommen wird. Das kann Abram eigentlich nicht glauben.

Es folgt ein uraltes Ritual, dessen Bedeutung Abram mit Sicherheit verstand, während sie für uns sehr fremd ist. Auf Geheiß der Stimme sucht er für eine besondere Zeremonie eine Kuh, eine Ziege, einen Widder, eine Turteltaube und eine andere Taube zusammen. Nun wird die Stimme den Bund deutlich sichtbar bekräftigen, so dass sich die Zweifel und Ängste dieses Mannes in Luft auflösen. Die großen Tiere werden geteilt. Als er sie hinlegt, versuchen Raubvögel etwas von den Kadavern zu erbeuten, und Abram rennt wie ein Verrückter herum, um sie zu verscheuchen (so schildert es die Bibel). Nichts soll diese Bundeszeremonie stören, soweit es in Abrams Hand liegt. Er wird alles tun, was in seiner Macht steht, um sicherzustellen, dass das Versprechen bekräftigt und gehalten wird.

»Bei Sonnenuntergang fiel auf Abram ein tiefer Schlaf; große, unheimliche Angst überfiel ihn« (1. Mose 15,12). Die Stimme ist wieder da. Das Versprechen wird wiederholt: Er wird viele Nachkommen haben, die eine Zeit lang in ägyptischer Sklaverei leben werden. Aber sie werden herauskommen. Mit anderen Worten, auch sie müssen ihr altes Leben hinter sich lassen. »Du aber wirst in Frieden zu deinen Vätern heimgehen; in hohem Alter wirst du begraben werden.« Für einen alten Mann auf der Reise sind das wunderbare Worte des Lebens. Er hat Mesopotamien in der Hoffnung verlassen, so etwas zu hören.

Die Stimme verspricht ihm noch, seinen Nachkommen eine Heimat zu schaffen, und dann verstummt sie.

Unglücklicherweise ist die Geschichte an diesem Punkt noch nicht zu Ende. Gerade hat er die unglaubliche Kraft Gottes erlebt. Aber fast unmittelbar darauf erfahren wir, dass Abram auch noch auf eine andere Stimme »hört«, nämlich auf die seiner Frau Sarai, die ihm vorschlägt, dass ja auch eine Ersatzmutter einen Erben zur Welt bringen könnte. An diesem Punkt beginnt die Geschichte von Sarais Magd Hagar.

»Sarai, Abrams Frau, hatte ihm keine Kinder geboren. Sie hatte aber eine ägyptische Magd namens Hagar. Sarai sagte zu Abram: Der Herr hat mir Kinder versagt. Geh zu meiner Magd! Vielleicht komme ich durch sie zu einem Sohn. Abram hörte auf sie.« (1. Mose 16,2)

Dass er nach Ägypten zog, brachte Abram schon in Schwierigkeiten, aber verglichen mit Sarais Idee war das eine Kleinigkeit. Hagar wird schwanger, und eine Zeit lang sind alle fröhlich, bis ihnen die Folgen klar werden.

In dieser Geschichte gibt es nur Verlierer. Die werdende Mutter straft Sarai mit Verachtung. Man kann sich ausmalen, wie der naive Abram seine Frau trösten will: »Was ist denn schon dabei? Wenn sie sich wie eine Irre benehmen will, dann lass sie doch. Reg dich nicht so auf. Immerhin trägt sie unser Baby aus.«

Diese guten Ratschläge helfen Sarai überhaupt nicht. Bald liegen alle miteinander im Streit. Sarai gibt Abram die Schuld für alles, was vorgefallen ist (also genau andersherum als bei Adam und Eva). Abram streitet die Verantwortung ab und erlaubt Sarai so vorzugehen, wie sie es für richtig hält, was sich als wenig hilfreiche Lösung herausstellt. Ein Schuss Weisheit hätte hier geholfen.

Hagar ist nun Sarai vollkommen ausgeliefert, wird von ihr beschimpft und misshandelt, bis sie davonläuft. Ein Engel aber redet ihr zu zurückzukehren. Doch was geschehen ist, ist nicht mehr rückgängig zu machen. Manche Leute sagen, dass die Feindschaft zwischen den Söhnen Ismaels (den Arabern) und den Söhnen des noch nicht geborenen Isaak (den Juden) an diesem Punkt begann. Wenn wir so dumm sind zu versuchen, Gott bei der Erfüllung seiner Verheißungen nachzuhelfen, hat das schreckliche Konsequenzen. Abram war 86 Jahre alt, als ihm dieser Fehler unterlief.

Wie kann diese uralte Episode, deren Einzelheiten wir in unserer modernen Welt kaum verstehen können, uns heute noch etwas sagen? Sind auch wir von manchen Problemen so besessen, dass wir für Gottes Ziele blind sind? Ich fühle mich etwas unbehaglich, wenn ich an Zeiten zurückdenke, in denen ich Gott viel zu wenig vertraute und von ihm keine Erlösung und Führung erwartete. Ich unterscheide mich nicht allzu sehr von diesem alten Ehepaar, das alles Mögliche versuchte, was es noch aus Mesopotamien kannte, um sich den großen Lebenstraum von einem Sohn zu erfüllen.

Von Abram zu Abraham

Dreizehn Jahre später hatte man im Himmel offensichtlich entschieden, dass Abram lange genug gewartet hatte und weit genug im Glauben gewachsen war: »Als Abram neunundneunzig Jahre alt war, erschien ihm der Herr und sprach zu ihm: Ich bin Gott, der Allmächtige. Geh deinen Weg vor mir und sei rechtschaffen! Ich will einen Bund stiften zwischen mir und dir und dich sehr zahlreich machen.« (1. Mose 17,1-2)

»Abram fiel auf sein Gesicht«, heißt es weiter. Das ist eine Geste der völligen Unterwerfung, die Haltung eines Mannes, der auf die schwere Art gelernt hat, Gott zu vertrauen. Mehr als dreißig Jahre mussten diesem Augenblick vorausgehen. Der souveräne Gott sah in Abrams Herz; er sah, dass Abram sich so grundlegend und wahrhaft verändert hatte, dass er ihn jetzt zum Vater aller Glaubenden erklären konnte.

Er bekommt einen neuen Namen. In alten Kulturen deutet so ein Namenswechsel darauf hin, dass die Beziehung, dass der ganze Mensch ein anderer geworden ist. Der neue Name ist eine große Ehre. Aus *Abram* (»der erhabene Vater«) wird *Abraham* (»der erhabene Vater eines großen Volkes«).

Gott sagte: »Ich will sie (Sara – auch sie erhält einen neuen Namen) segnen und dir auch von ihr einen Sohn geben. Ich segne sie, so dass Völker aus ihr hervorgehen; Könige über viele Völker sollen ihr entstammen« (1. Mose 17,16). Begreift Abraham, was hier geschieht?

Da fiel Abraham auf sein Gesicht nieder und lachte. Er dachte: »Können einem Hundertjährigen noch Kinder geboren werden, und kann Sara als Neunzigjährige noch gebären? Da sagte Abraham zu Gott: Wenn nur Ismael vor dir am Leben bleibt!« (1. Mose 17,17-18)

So etwas, wie Abraham sagte, denken wir sicher oft. Es ist so gut, dass die Schreiber der biblischen Bücher uns einen Einblick in das Herz dieser großen Männer eröffnen, wie sie schrien und sich wehrten und von Gott mehr oder weniger auf den richtigen Weg geschleppt wurden. Es spricht Bände, dass Abraham selbst nach so vielen Jahren immer noch Zweifel hegt und sogar in Lachen ausbricht, weil er immer noch glaubt, dass er es besser wüsste als der allmächtige Gott. Wie gütig ist Gott, dass er mit dem respektlosen Abraham nicht die Geduld verliert! Wie ich bereits sagte, hat diese Geschichte ihre Ecken und Kanten.

Der lachende, zweifelnde Besserwisser Abraham beschneidet einen Tag später seine ganze Familie – ein körperliches Ritual, das unmissverständlich klarmacht: Abraham ist nun ein Mann Gottes (und das schließt seine ganze Familie ein). Es gibt kein Zurück. Mit der mesopotamischen Vergangenheit hat er gebrochen, er ist nun ganz und gar aufgewacht. Abraham weiß, an wen er glaubt. Er wird nach Gottes Maßstäben leben. Dieser Mann hat sein altes Leben wirklich *hinter sich gelassen*.

Dieser Mann hat wirklich begonnen, seinen lebensbejahenden Optimismus aufzubauen und auf die verborgenen Verheißungen Gottes zu hoffen.

Zwei Wege

Bevor Abraham seine letzte Glaubensprüfung besteht, wird der Leser noch einmal in Lots Welt hineingenommen. Die Geschichte von Lot lehrt uns eine ganze Menge, weil sie uns in lebendigen Farben zwei grundverschiedene Männer vor Augen malt: einen, der glaubt, und einen, der nicht glaubt.

Sicher, es gibt im Neuen Testament eine etwas dunkle Anspielung auf den »gerechten Lot« (2. Petrus 2,7), vermutlich, weil er unter den Zuständen in Sodom litt, aber wenn wir uns an die Geschichte im 1. Buch Mose halten, macht Lot insgesamt einfach keine gute Figur. Anders als Abraham hat er sich nicht bemüht, auf die Stimme zu hören. Solange er in Abrahams Nähe lebt, erkennt er auch seinen Gott an. Als er aber allein ist, spielt er das Chamäleon und jagt Reichtum und einem guten Leben hinterher; und das ist noch das Beste, was man über ihn sagen kann. Sein Weg führt bergab und endet, soweit wir sehen können, in Schande und im Verlust seiner ganzen Habe.

Die Geschichte, wie Lot Sodom verlässt, ist allgemein bekannt. Himmlische Boten haben ihn zu Hause besucht, um ihn vor dem bevorstehenden Strafgericht und dem Untergang der Stadt zu warnen und ihn aufzufordern, die Stadt zu verlassen. Lot ist immerhin klug genug, um eine echte Warnung von einem Fehlalarm zu unterscheiden, rennt sofort zu seinen zukünftigen Schwiegersöhnen hinüber, um sie zu überzeugen, dass sie mit ihm die Stadt verlassen. »Da ging Lot hinaus, redete auf seine Schwiegersöhne ein, die seine Töchter heiraten wollten, und sagte: Macht euch auf und verlasst diesen Ort; denn der Herr will die Stadt vernichten. Aber seine Schwiegersöhne meinten, er mache nur Spaß.« (1. Mose 19,14)

Eigentlich müssten die Schwiegersöhne doch davon profitieren, dass sie Abrahams Geschichte kennen. Von ihm wissen sie, was es bedeutet, seine Heimat zu verlassen. Aber anders als er *gehen sie nicht.* Wie manche Menschen bei uns Hurrikanwarnungen in den Wind schlagen und sich nicht evakuieren lassen wollen, so glauben sie Lot nicht.

Aber auch Lot ist sich nicht so sicher, dass man sich auf die Boten der Stimme vollkommen verlassen kann. Sehen Sie selbst, wie er schwankt:

»Als die Morgenröte aufstieg, drängten die Engel Lot zur Eile: Auf, nimm deine Frau und deine beiden Töchter, die hier sind, damit du nicht wegen der Schuld der Stadt hinweggerafft wirst. Da er noch zögerte, fassten die Männer ihn, seine Frau und seine beiden Töchter an der Hand, weil der Herr mit ihm Mitleid hatte, führten ihn hinaus und ließen ihn erst draußen vor der Stadt los.« (1. Mose 19,15-16)

Lots Frau, deren Name nirgendwo erwähnt wird, hängt zu sehr an Sodom. Auch ihr liegt es nicht gerade im Blut, ihre Heimat zu verlassen. Als die Stadt von Gott bestraft wird, sieht »Lots Weib ... hinter sich und ward zur Salzsäule« (1. Mose 19,26; Lutherübers.). Lot und seine beiden Töchter flüchten in eine Höhle in den Bergen. Einmal wird Lot kurz im Neuen Testament erwähnt, ansonsten hören wir nie wieder etwas von ihm. Bevor er von der Bildfläche verschwindet, erfahren wir noch von zügellosen Nächten, in denen ihn seine Töchter verführen und von ihm schwanger werden.

Warum berichtet uns der Schreiber des 1. Mosebuchs von alldem? Ich glaube, weil er uns die beiden Spuren zeigen will, die Abraham und Lot hinterlassen haben. Keine von ihnen ist ein besonders erfreulicher Anblick. Und trotzdem führt der eine Weg unter der Führung Gottes und nach seinen verborgenen Plänen nach vorne. Es stimmt – Abraham lässt sich manchmal zu peinlichen Umwegen hinreißen. Aber am Ende kommt er doch dort an, wohin Gott ihn führen will.

Der andere Weg führt ins Vergessen. Wir sehen die Spur eines Mannes, der geographisch gesehen Mesopotamien verlassen hat, geistlich gesehen aber dort bleibt. Bei jeder Abzweigung an seinem Weg lässt er sich von der Kultur seines Landes leiten. Und jetzt bekommt er die Konsequenzen seiner vielen schlechten Entscheidungen zu spüren.

Abraham werden wir bald auf dem Berg sehen, wo er endgültig auf dem richtigen Kurs ist. Lot aber kann nicht mehr tiefer sinken. Wir erfahren nie, wie es ihm hinterher erging.

Die fünfte Prüfung: *Versagen*

Noch einmal schlägt Abraham einen krummen Weg ein. Viele Bibelkritiker glauben, dass diese Geschichte nicht hierhin gehört, weil sie der Geschichte von Sarai in Ägypten so sehr ähnelt. Aber wenn es doch so wäre?

Ob Sie es glauben oder nicht: Abraham versucht es noch einmal mit der Sara-ist-meine-Schwester-Geschichte. In einem abgelegenen Teil des verheißenen Landes begegnet er Abimelech, einem eher unbedeutenden König, der ihm wohl Furcht einflößt (obwohl er dem ägyptischen Pharao keineswegs das Wasser reichen kann).

»Abraham entgegnete: Ich sagte mir: Vielleicht gibt es keine Gottesfurcht an diesem Ort, und man wird mich wegen meiner Frau umbringen. Übrigens ist sie wirklich meine Schwester« (1. Mose 20,11-12). So wird Abraham es Abimelech erklären, warum er seine Frau, weit über neunzig, als seine Schwester ausgibt. Das strapaziert meine Gutgläubigkeit über die Maßen.

Wie lautet die Botschaft hier? Ich würde es so formulieren: Ganz egal, wie weit ein Mann auf seiner Glaubensreise gekommen ist, ganz egal, was er mit Gott erlebt hat – er steht immer in der Gefahr, in den Abgrund zu fallen. Abraham ist feige. Über dieser eindrucksvollen Reise durch Kanaan dürfen wir nicht vergessen, dass er im Grunde immer noch ziemlich tief sinken kann, wenn er Angst hat.

Ich denke dabei auch an andere Gestalten der Bibel, die gerade in dem Augenblick, in dem wir große Dinge von ihnen erwarten würden, ihre schlechteste Seite hervorkehrten. David erlag auf dem Höhepunkt seiner Macht der Versuchung, mit Batseba die Ehe zu brechen; Jona, auf den ersten Blick ein vollmächtiger Prophet, glaubt, er könnte nach Tarsis fliehen; Simon Petrus spielt sich erst als Held auf und steht zum Schluss als Feigling da. Die Wahrheit ist, dass wir alle jederzeit stürzen können.

Einer meiner Freunde erzählt in einem Buch eine wunderbare Geschichte. Er wollte mit drei Freunden den Mount Lyell im Yosemite-Nationalpark besteigen. »Zwei von uns«, schreibt er, »waren erfahrene Bergsteiger, die anderen beiden nicht. Ich gehörte zu den Unerfahrenen ... Hoch- und wieder hinunterzuklettern würde fast einen Tag dauern, vor allem deshalb, weil wir auf dem Weg zum Gipfel einen schwierigen Gletscher überqueren mussten.«

Kurz nachdem sie aufgebrochen waren, trennten sie sich in zwei Zweiergruppen, weil die guten Bergsteiger wesentlich schneller vorankamen: »Weil ich von Natur aus ehrgeizig bin, hielt ich nach Abkürzungen Ausschau, damit ich unsere beiden Freunde noch vor dem Gipfel überholen konnte. Ein Pfad, der rechts in die Felsen hineinführte, schien mir geeignet. Also ging ich dort hinauf, obwohl mein Begleiter dagegen protestierte.«

Dass die erfahrenen Kletterer diesen Pfad aus guten Gründen nicht gewählt hatten – auf diesen Gedanken kam er überhaupt nicht:

»Aber ich hätte darauf kommen sollen, denn etwa dreißig Minuten später saß ich in einer felsigen Sackgasse über dem Lyell-Gletscher fest. Ich sah auf eine etwa fünfundvierzig Grad geneigte schiefe Ebene aus Eis hinunter. Es ist eine Sache, einen Gletscher hinaufzuklettern, aber eine völlig andere, wieder hinunterzukommen. Ich war nur drei Meter vom sicheren Felsen entfernt, aber ein einziger kleiner Ausrutscher, und ich wäre hinuntergerutscht und erst im achtzig Kilometer entfernten Tal zum Stehen gekommen.«

Mehrere Male sehen wir Abraham und Lot in ähnlichen Situationen. Ihr heranwachsender Glaube hat sozusagen den Elchtest nicht bestanden. Lot fällt bei jeder Prüfung durch. Deshalb sollten wir nicht überrascht sein, dass sein Leben in einer Katastrophe endete. Abrahams Geschichte aber ist anders.

Mein Freund schildert weiter, wie ihm seine beiden Freunde in dieser Lage zu Hilfe kamen. »Sie standen auf dem Felsen, den ich erreichen wollte, und einer von ihnen schlug mit einem Eispickel zwei kleine Stufen in den Gletscher. Dann sagte er mir: ›Ben, du musst jetzt losgehen und deinen Fuß in die erste Stufe stellen. Sobald du Halt gefunden hast, musst du, ohne auch nur einen Augenblick zu zögern, den anderen Fuß nach vorne ziehen und ihn in die zweite Stufe stellen. Dann fass meine Hand, und ich ziehe dich zu uns herüber.‹

Eine weitere Anweisung folgte: ›Wenn du die Eisfläche überquerst, lehn dich auf keinen Fall nach vorne. Wenn überhaupt, dann nach hinten. Sonst fliegen deine Beine nach hinten und du rutscht den ganzen Berg hinunter.‹« Mein Freund sagt, dass ihn dieser letzte Ratschlag zum Nachdenken brachte.

»Wenn ich vor einem Abgrund stehe, würde ich mich instinktiv hinlegen, den Berg umarmen, eins mit ihm werden und mich jedenfalls nicht nach hinten beugen. Aber genau das verlangte mein Freund von mir, als ich zitternd auf dem Gletscher stand. Ich sah ihn scharf an. Ich kramte in meinem Gedächtnis, ob er irgendeinen Grund hätte, mir etwas nachzutragen. Gab es einen Grund, irgendeinen Grund, warum ich ihm besser nicht vertrauen sollte?«

Jetzt steht Abraham auf seinem eigenen »Gletscher«. Der Mann ist über neunzig Jahre alt. Die Stimme – der Herr, der höchste Gott, der allmächtige Gott – hat zugelassen, dass Abraham im Lauf seiner Reise auch manchmal aufs Glatteis geriet. Wird er weiter zuhören oder sich lieber auf seine eigenen Sicherheiten verlassen?

Wer sich fragt, ob diese Kursänderungen im Lauf der Zeit leichter werden, wird aus Abrahams Geschichte etwas lernen. Die Antwort heißt Nein: Es wird nicht einfacher, sich zu verändern, vielleicht sogar schwerer, wenn die Fragen und Probleme, um die es geht, größer werden. Am Anfang bedeutete Kurskorrektur, seine Gewohnheiten und seine Persönlichkeit zu verändern, einen guten Ruf aufzubauen und seine Beziehungen zu ordnen. Jetzt, da Abraham ein alter Mann ist, geht es manchmal um Leben und Tod, um Verletzungen, darum, die Kontrolle aus der Hand zu geben, und um die Furcht vor der Einsamkeit.

Abraham, fällt es dir mit den Jahren leichter, dich zu verändern? Nein, würde er wohl antworten. Und dann könnte er hinzufügen: »Aber die Stimme spricht immer lauter, und es wird immer leichter, ihr zu vertrauen.«

Mein Freund erzählt weiter: »Ich musste mich also blitzschnell entscheiden, ob ich meinen Freund für vertrauenswürdig und kompetent hielt oder nicht, und ich entschloss mich, nicht auf mein Gefühl zu hören, meinem Instinkt, mich nach vorne zu beugen, nicht nachzugeben, mich stattdessen nach hinten zu beugen, loszugehen und sicher über das Eisfeld zu kommen. In weniger als zwei Sekunden würde ich wissen, ob mein Vertrauen begründet war. Und das war es.«

9. Narben

In seinem hundertsten Lebensjahr machte Sara Abraham durch die Gnade Gottes zum Vater. In den Worten des biblischen Verfassers: »Der Herr ... tat Sara so, wie er versprochen hatte« (1. Mose 21,1).

Sara sagte: »Gott ließ mich lachen; jeder, der davon hört, wird mit mir lachen. Wer, sagte sie, hätte Abraham zu sagen gewagt, Sara werde noch Kinder stillen? Und nun habe ich ihm noch in seinem Alter einen Sohn geboren« (1. Mose 21,6-7).

Es macht mich fröhlich, diese Worte einfach niederzuschreiben.

Der Verlust des lebensbejahenden Optimismus, der Abraham niedergedrückt hatte, als Sara und er allmählich zu alt wurden, um noch Kinder zu bekommen, verkehrt sich jetzt in sein Gegenteil. Die beiden haben nun das, was in den Familien des Altertums am meisten zählte: einen Sohn. Die Familie wird nicht aussterben.

Es wäre schön, wenn die Geschichte einen Schluss hätte, der alle glücklich macht. Wir würden gern erfahren, dass Sara und Hagar Frieden schlossen und Ismael mit offenen Armen in die Großfamilie aufgenommen wurde. Es wäre uns bedeutend lieber, wenn Abraham die Situation in die Hand nehmen und die ganze Geschichte zu einem guten Ende bringen würde.

Aber Sara gibt sich gegenüber Hagar und ihrem Sohn Ismael nachtragend und kleinlich, und Gott erlaubt Abraham, Hagar wegzuschicken. Ich verstehe das nicht, aber vielleicht sind hier die verborgenen Pläne Gottes im Spiel. Die gute Nachricht ist, dass wir von Gottes Liebe und Fürsorge für Ismael und seine Mutter erfahren.

Wir haben es gerne, wenn unsere geistlichen Helden

wenigstens fast perfekt sind. Von Abraham kann man das allerdings nicht behaupten. Der Schreiber des 1. Mosebuchs scheint es darauf anzulegen, uns einen Mann zu präsentieren, dessen Leidenschaften, Fehler, Zweifel und Ängste sich von unseren kaum unterscheiden.

Aber wenn wir Leute zu Stars hochjubeln, erweisen wir ihnen und uns einen Bärendienst. Wir vergessen, dass keiner von uns ohne Fehler geboren wird und dass wir im Grunde unser ganzes Leben mit diesen Fehlern herumlaufen. Wir können höchstens darauf hoffen: Die Reise, auf der wir glauben lernen, führt dazu, dass wir jeden Tag neu unseren Kurs korrigieren, denn der Gott Abrahams ist auch der Gott all derer, die seine Stimme hören wollen.

Wir wissen nichts über Isaaks Kinderjahre in seiner Familie. Wir erfahren nichts darüber, wie er aufwuchs. Aus dem kurzen Gespräch mit seinem Vater, als sie den Berg hinaufgehen (»Vater, wo ist das Schaf?«), können wir schließen, dass er seinen Platz kennt und dem Urteil seines Vaters vertraut. Das 1. Buch Mose erzählt nicht viel über ihn. Wir wissen, dass er mit vierzig Rebekka heiratete, ohne Zweifel eine eher starke Frau. Wir bekommen zu hören, dass er zwei Söhne großzog, Jakob und Esau, und dass er als alter Mann, schwach, blind und dem Tode nah, einen großen Fehler beging, als er seinem jüngeren Sohn den Erstgeburts-Segen spendete, so dass Jakob statt Esau zum Haupterben ernannt wurde.

Und doch, so zeigt uns die Bibel, trug das alles dazu bei, die verborgenen Pläne Gottes zu erfüllen.

Das bringt uns an unseren Anfangspunkt auf dem Berg zurück, an das Ende der »Schnur«, die viele Jahre vorher in Mesopotamien erstmals abgerollt wurde. Ein Mann hat seinen einzigen Sohn, das, was ihm am wertvollsten ist, seine einzige Hoffnung, auf den Berggipfel gebracht.

Ob Abraham beim Aufstieg wenigstens einmal gegen aufmüpfige Gedanken ankämpfen musste? Kamen ihm vielleicht diese Worte in den Sinn: *Jetzt zeigt Gott endlich sein wahres Gesicht! Er unterscheidet sich in Wirklichkeit gar nicht von den Göttern meiner Vorfahren. Dreißig Jahre lang hat er mich mit dieser phantastischen Hoffnung zum Narren gehalten, er hat zugelassen, dass ich meinen Sohn lieb gewinne, und nun will er ihn zurückhaben!* Wenn Jesus zu Gott sagen konnte: »Warum hast du mich verlassen?«, sagte Abraham dann vielleicht: »Wie konntest du mir das antun?«?

Vielleicht war es so. Wir wissen es nicht und können es auch nicht erfahren. Anderes können wir aber aus Abrahams Handeln erschließen. Wir sehen, dass Abraham sich wirklich veränderte, weil er Gott kannte.

Wie sich die Kurskorrektur nach außen zeigt

Dieser Mann hatte Gehorsam gelernt, schon damals, als ihm die Stimme befahl, das Zweistromland zu *verlassen.* Dieser Mann hatte Vertrauen gelernt, schon damals, als er alle Sicherheiten aufgab, der Stimme gehorchte und Lot erlaubte, sich die besten Weiden auszusuchen. Dieser Mann hatte gelernt, dass er seinen Besitz nur verwaltete, vielleicht schon damals, als er Melchisedek ein Zehntel seiner Habe gab und sich weigerte, vom König von Sodom irgendein Beutestück anzunehmen.

Dieses letzte Kapitel in Abrahams Leben beginnt mit dem Kommentar: »Und es geschah nach diesen Dingen, da prüfte Gott den Abraham« (1. Mose 22,1; Elberfelder Bibel). In gewissem Sinn war Abraham schon in den Jahren zuvor auf die Probe gestellt worden; ich habe die fünf Prüfungen geschildert. Diese Prüfung aber überstieg alles zuvor Dagewesene. Ich habe keinen Zweifel daran, dass Abraham hier völlig versagt hätte, wenn er die Prüfungen zuvor nicht durchgemacht hätte. Alle seine Erlebnisse, die wir bis hierhin betrachtet haben, führen auf diesen Augenblick auf dem Berggipfel hin, als Abraham den Beweis erbringen musste, dass er Gott glaubte und ihn fürchtete.

Wenn ich in Gedanken Abraham begleite, wie er den Berg wieder hinuntersteigt, dann stockt mir der Atem. Dieser Mann war wirklich ein Held. Er hatte den Mut, seine Heimat zu *verlassen*. Er stand vor schweren Entscheidungen; manchmal traf er die richtige und manchmal nicht. In der Nacht, bevor er den Berg hinaufstieg, muss Finsternis seine Seele überwältigt haben.

Aber sein Glaube und sein Leben hatten sich wirklich verändert, tief greifend und gründlich.

Der amerikanische Missionar E. Stanley Jones blickte mit Mitte achtzig auf sein Leben zurück. »Auf meinem Glauben sind Narben zurückgeblieben«, schreibt er, »aber unter diesen Narben gibt es keine Zweifel. Ich gehöre Christus, und damit bin ich ganz und gar einverstanden und will mit meinem ganzen Leben dazu beitragen. Mein Lied ist ein Lied des Lebens. Nicht das überschäumende Lied der Jugend, das oft verstummt, wenn man in seinen mittleren Jahren und im Alter zunehmend seine Illusionen verliert und zynisch wird – die Tage, von denen man sagt: ›Ich habe keine Freude an ihnen.‹ Nein, ich bin dreiundachtzig, und ich finde es heute aufregender, ein Christ zu sein, als mit achtzehn, als ich mich auf den Weg machte.«

Auch Abraham trug Narben auf seinem Glauben davon. Sie wurden ihm zugefügt, als er seine Heimat verließ, in Ägypten, und als er auf seine Weise versuchte, zu einem Sohn zu kommen. Als er sich entschloss, sich von Lot zu trennen. Und schließlich fügte ihm der Weg den Berg hinauf zur Opferstätte eine tiefe Wunde zu. Narben blieben. Narben ja, aber keine Zweifel.

In meinem Buch *Getragen vom Segen Gottes* schrieb ich von einem jungen Südafrikaner, der unter dem alten Apartheid-Regime fünf Jahre als politischer Gefangener im Gefängnis verbracht hatte.

Ich schrieb, wie sehr ich sein Wesen und seinen unge-
brochenen Lebenswillen bewunderte. Er hat mich so
beeindruckt, dass ich mir danach sagte: *Wenn ich um den
Preis von fünf Jahren Gefängnis so sein könnte wie er, würde
ich das ernsthaft in Erwägung ziehen.*

Gerade denke ich, dass ich im Licht von Abrahams
Geschichte etwas Ähnliches sagen könnte. Wenn ich eine
solche tief greifende und weit reichende Veränderung
meines Lebens erfahren und ein Vater aller Glaubenden
werden könnte, dann würde ich ohne Bedenken denselben Weg gehen wie er. Oder doch nicht?

10. Gespräch mit einem Helden

Ein Tagebucheintrag von mir, der zwei Jahre zurückliegt, lautet:

Deine Bekehrung ist nicht tief genug; sie muss bis in die Tiefen deiner Seele hinabreichen, wo sie die Kräfte des Bösen erreicht, die dort schlummern.

Deine Bekehrung braucht einen langen Atem; durch sie sollst du jeden Tag deines Lebens in Bewegung sein.

Deine Bekehrung soll dich für immer mit der Gemeinschaft der Bekehrten in Verbindung bringen, denn sie können dir viel beibringen.

Deine Bekehrung braucht genügend Ecken und Kanten; denn mit dir will Gott etwas in dieser Welt verändern.

Deine Bekehrung reicht nicht hoch genug; sie muss sich nach dem lebendigen Gott ausstrecken.

Deine Bekehrung ist nicht genügend auf die Zukunft ausgerichtet; sie soll sich darauf freuen, dass Christus in Herrlichkeit wiederkommen wird.

Umkehr, die nie aufhört

Ein Theologiestudent würde mich wohl daran erinnern wollen: *Bekehrung* besagt zunächst einmal, dass ein Mensch umkehrt und in Gottes Familie aufgenommen wird. Aus dieser Perspektive wird ein Mensch damit ein Kind Gottes und ist ganz und gar bekehrt, denn er ist nicht mehr ein Kind dieser Welt. Das ist die Bekehrung, wie man sie im Himmel feiert. Sie ist die große Kurskorrektur.

Aber man muss *Bekehrung* auch aus unserer Perspektive, aus Raum und Zeit, betrachten. Bekehrung bedeutet auch tägliche Umkehr, die Erfahrung, in der Kraft Christi jeden Tag sein Leben ein Stück zu korrigieren. Paulus schrieb: »Wir werden so in Jesu eigenes Bild verwandelt, von Herrlichkeit zu Herrlichkeit, durch den Geist des Herrn« (2. Korinther 3,18). Das geschieht jeden Tag, jede Woche, jeden Monat unseres Lebens.

Von daher kann man verstehen, warum E. Stanley Jones sich als »Christ, der noch in Arbeit ist«, bezeichnete, jeden Tag umkehrend. In diesem Ausdruck steckt eine tiefe Demut, die wir uns als Christen zu Eigen machen sollten.

Beide Bekehrungen – die erste grundlegende Kurskorrektur und die zweite, die Umkehr, die nie aufhört und nie Vollkommenheit erreicht – geschehen durch die Gnade Gottes und unseren Glauben. In der Gnade handelt Gott, im Glauben antworten wir. Das ist Abrahams Geschichte, und es ist meine Geschichte.

Don Snyder hat Ende der neunziger Jahre ein faszinierendes Buch veröffentlicht, *Der Gratwanderer – Wie einer seine Arbeit verliert und sein Leben findet.* Snyder, ein junger Familienvater, arbeitete als Dozent für Literatur und sollte demnächst einen unbefristeten Vertrag bekommen. Eines Tages wurde er von der Mitteilung überrascht, dass man ihn entlassen werde, um Personalkosten einzusparen. Zum Ende des Semesters werde seine Lehrtätigkeit beendet sein.

Wie die meisten gefeuerten Akademiker konnte Snyder das gar nicht glauben. Die Studenten hatten ihn zum Dozenten des Jahres gewählt. Wie konnte man ihn gehen lassen? Ganz bestimmt, so glaubte er, war der Verwaltung einfach ein Fehler unterlaufen. Man würde ihn bereinigen und die Kündigung zurückziehen. Aber so war es nicht. Es war Snyder nie in den Sinn gekommen, dass er nicht Karriere machen und nicht an noch angesehenere Hochschulen gehen würde.

In Snyders Buch geht es darum, Dinge *hinter sich zu lassen.* Nicht nur die Universität, sondern auch seinen Beruf und seinen ganzen Lebensstil. Als er all dies hinter sich ließ, entdeckte er viel mehr über sich selbst, als wenn er geblieben wäre. *Der Gratwanderer* schildert, wie dieser Mann von einem Universitätsdozenten zu einem stundenweise beschäftigten Bauarbeiter und Maler wurde. Wie Abraham kannte auch Snyder die Vorwärts- und Rückwärtsschritte, die man geht, wenn man sein Leben umkrempelt. Sein Buch erzählt von dieser Reise.

Ein Abschnitt berichtet von Snyders Entscheidung, seine private Bibliothek abzuschaffen, die er sich für seine Arbeit angelegt hatte. In gewissem Sinn war dies der Augenblick, in dem er mit seinem alten Leben brach und akzeptierte, dass nun etwas Neues begann. Im Grunde wird hier gesagt, was *Bekehrung* bedeutet.

»Ich holte mir ein paar Müllbeutel aus der Küche und ging alle meine Bücher durch. Ich sortierte die aus, in die ich mir Randbemerkungen gemacht hatte. Aber sehr bald entschloss ich mich, auch diese Bücher wegzuwerfen, zusammen mit einigen Spiralheftern, in die ich mir Notizen für meine Vorlesungen gemacht hatte. Dann fuhr ich zur städtischen Müllkippe, den Kofferraum voll mit alten Büchern.

Ich war der Erste und wartete, bis das Tor aufgemacht wurde. ›Was ha'm Sie da drin?‹ wollte der zahnlose Alte wissen, der für die Anlage verantwortlich war.

›Ein altes Leben‹, entgegnete ich.«

Man wies ihn zu einem offenen Feuer, und Snyder warf alle seine Bücher in die Flammen. Ein Buch nach dem anderen fiel den Flammen zum Opfer: Emily Dickinson, Hermann Melville, Arthur Miller und viele andere. Snyder hatte wirklich sein altes Leben *hinter sich gelassen.* (Ich wünschte nur, ich wäre dabei gewesen, um wenigstens einige der Bücher vor den Flammen zu retten.)

Genauso ging es Abraham, als er von Haran, der letzten größeren Stadt im mesopotamischen Kulturbereich, nach Norden und Westen aufbrach. Alles, was sein altes Leben ausgemacht hatte – Sprache, Bräuche, Status, Verbindungen und Beziehungen –, ließ er hinter sich, und zwar endgültig.

Es ist etwas ganz Besonderes, mit alten Männern und Frauen zusammenzusitzen, die mit Anmut gealtert sind und der jungen Generation viel weiterzugeben haben. Weil es nur wenige solcher Menschen gibt, hören wir uns gerne ihre Geschichten an, um daraus Prinzipien für unser eigenes Leben zu entwickeln. Wer so eine Chance verstreichen lässt, ist dumm.

Stellen Sie sich einmal vor, Sie hätten Abraham und Sara zu Kaffee und Kuchen eingeladen. Sie sitzen zusammen am Tisch, und die Stimmung wird nostalgisch. Viele Jahre ist es nun her, dass die beiden Ur verlassen haben. Die Altäre, das peinliche Zwischenspiel in Ägypten, die Streitigkeiten mit Lot und die Feindseligkeiten, die Abraham überwinden musste, verblassen allmählich in der Erinnerung, genauso wie dieser Augenblick auf dem Berg in Morija, bei dem einem fast das Herz stehen bleibt.

Hier sitzen zwei Menschen, deren Leben sich von Grund auf verändert hat. Wenn der Begriff *Bekehrung* auf irgendjemanden wirklich zutrifft, dann auf diese beiden.

Heute würden wir Abraham fragen, ob er Fotos aus dieser Zeit besitzt. Führte er Tagebuch? Welche Erinnerungen hatte er noch an Mesopotamien? Wir würden Sara gerne fragen, was sie empfand, als sie das Zweistromland verlassen musste; als sie auf eine Reise mitgenommen wurde, deren Ziel sie nicht kannte. Was sie empfand, als sie zwischen dem Pharao und Abraham stand. Und natürlich wären wir neugierig, ob sie Angst hatte, den Familienbesitz zu schmälern und Lot den augenscheinlich besseren Anteil zu überlassen. Zwischendrin würden wir gerne die Geschichte hören, wie Isaak geboren wurde.

Wenn wir diese Fragen stellen, wollen wir eigentlich wissen: *Wie sieht so eine Glaubensreise aus? Wie konntet ihr beiden euch so von Grund auf verändern?*

Wenn Abraham antworten sollte, würde er wohl zuerst von der Stimme erzählen, die ihn mitten ins Herz traf und deren Worte dort gediehen. Eine Stimme – das war alles. Er richtete sich allein nach der Stimme.

Aber, würden wir fragen, wie klang die Stimme denn? Etwa wie die des von Charles Heston gespielten Mose in den *Zehn Geboten*? War es eine laute, klangvolle, durchdringende Stimme? Oder war sie still und leise und meldete sich tief in Abrahams Innern? Wir wissen es nicht, aber wir würden es gerne wissen.

Wir wissen, dass auch zu Noah eine Stimme sprach. Wir wissen, dass eine Stimme aus dem brennenden Dornbusch zu Mose sprach. Ein Stimme führte seinen Nachfolger Josua. Diese Stimme gab es auch zu Samuels Zeit, zu Jesajas, Jeremias, Paulus' Zeit. Und wir wissen, dass auch zu Jesus eine Stimme sprach, die die zarten Worte sagte: »Du bist mein lieber Sohn, an dir habe ich Wohlgefallen« (Markus 1,11; Lutherübers.).

Abraham nickt. Er hat von ihren Erfahrungen gehört. »Ich kenne diese Stimme gut«, sagt er nachdenklich. Aber er kann uns nicht sagen, wie diese Stimme in sein Leben hineinsprach. Er hat einfach die Gewissheit, dass sie es tat und dass er sie hörte.

Hatte diese Stimme irgendetwas an sich, das Abraham zwang, auf sie zu hören? Soweit wir wissen, war Abraham in dieser Epoche der Einzige, der die Stimme hörte. *Und was hatte Abraham getan, um das zu verdienen?,* fragen wir respektvoll. Leider besitzen wir keine historischen Quellen, um das herauszufinden.

Abraham schüttelt den Kopf und lächelt. Auch er hat sich diese Frage oft gestellt. Er weiß sehr genau, meint er, dass er nichts zu bieten hatte und es nicht mehr verdiente als die anderen. Dass gerade er ausgewählt wurde, verwirrt ihn auch, genau wie all die anderen Pläne und Absichten, die hinter dieser Reise steckten.

»Ihr modernen Menschen«, sagt er, »seid überzeugt, dass es auf jede Frage eine rationale Antwort gibt, sogar dann, wenn ihr den Weg des Glaubens geht. Ihr wisst nicht, wie man die rätselhaften Wege des Himmels annimmt. Lasst Gott doch Gott sein. Er hat große und kleine Pläne, die unseren Augen verborgen sind. Wenn die Zeit gekommen ist, wird er sie uns offenbaren. Heute wissen wir nicht viel. Eines Tages werden wir alles wissen. Dann kann ich eure Fragen beantworten.«

Das stimmt. Heute, ein paar Jahrtausende später, wissen wir viel mehr über die Stimme als Abraham. Wir wissen, dass die Stimme der *Logos* ist, das Wort Gottes, der Gott, der über allen Götzen steht. Wir wissen, dass Abraham nach und nach lernte: Dies war die Stimme des allerhöchsten und allmächtigen Gottes. Wir haben etwas von der Person hinter dieser Stimme begriffen, etwas, das Abraham auf langsame und schmerzhafte Weise lernen musste. Manches von dem, was Abraham sein ganzes Leben lang versuchte in den Griff zu bekommen, halten wir heute für selbstverständlich. Zum Beispiel, dass himmlische Verheißungen auch eintreffen und dass himmlische Wegweisungen ans richtige Ziel führen.

Wenn Abraham erzählt, merken Sie, dass es Geheimnisse in seiner Beziehung zum Himmel gibt, die er selbst nicht erklären kann. Er hat etwas Großartiges erfahren, aber er kann es kaum in Worte fassen. So wie ein alter Soldat nur mit denen über seine Erfahrungen in der Schlacht redet, die selbst mit dabei waren, hält sich Abraham mit Erklärungen zurück. Fast scheint es, als wollte er sagen: »Man muss dabei gewesen sein.«

Spricht die Stimme, die damals zu diesem Mann sprach, auch heute zu uns? Ich gebe mir selbst die Antwort: *Zweifellos ja.* Der höchste Gott spricht immer noch zu uns, und er sagt immer noch dasselbe. Immer noch geht es um Gehorsam, um Vertrauen, um Dienen.

Vor über hundert Jahren schrieb Henry Newman über die Stimme: »Er spricht immer noch zu uns, und noch auf ganz andere Weise, als Abraham es sich jemals hätte vorstellen können. Er ist immer noch da; er flüstert uns zu, er gibt uns Zeichen. Aber seine Stimme ist zu leise, der Lärm der Welt zu laut, seine Zeichen sind leicht zu übersehen und die Welt ist voller Unrast, so dass es nicht einfach ist festzustellen, wann er zu uns spricht und was er uns sagt.«

Die Stimme spricht durch die großartige Schöpfung zu uns. Wer sich mit dem Himmel oder den unzähligen Lebensformen auf der Erde befasst, steht sprachlos davor. Die sind zu bedauern, die lediglich Formen, Regeln und Querverbindungen studieren und das Wissenschaft nennen. Denn trotz ihrer brillanten Entdeckungen ist die Wissenschaft lediglich ein Ausgangspunkt, um auf die Stimme Gottes in der Schöpfung hören zu lernen.

Die geistlichen Meister lehren uns seit vielen Jahrhunderten, wie Gott in der Schöpfung zu uns spricht. Wie ein Astronom sich eine Stelle sucht, an der die Lichter der Großstädte den Blick in den Himmel nicht verdecken, so haben Menschen des Glaubens zu allen Zeiten die Stille gesucht. Sie haben gelernt, dass man dem Lärm und den Ablenkungen des modernen Lebens regelmäßig entfliehen muss, um die allgegenwärtige Stimme zu hören, die in unsere Seele hineinspricht, so dass man sich der Majestät und Herrlichkeit Gottes bewusst wird.

Abraham konnte noch nicht die Stimme hören, wie sie aus der Bibel zu uns spricht. Die uns von Gottes Handeln an seinem Volk berichtet. Wir haben die donnernde Stimme der Propheten vernommen, die uns bis ins Mark erschüttert. Die sanfte, mütterliche Stimme der Psalmen bringt uns zur Ruhe und gibt uns Sicherheit. Wir kennen das Auf und Ab des geistlichen Lebens der Generationen nach Abraham, wir kennen die Geschichten der großen Glaubenden, die vor uns waren. Und wir haben die Briefe der Apostel, die uns zeigen, welche Bedeutung diese Lehre in unserem Leben haben kann. Abraham ging auf seine Reise, ohne alle diese Worte zu kennen.

Mir fällt ein, dass Abraham sich sehr wahrscheinlich nicht vorstellen konnte, dass Gott eines Tages Mensch wird und als Mensch zu uns Menschen spricht. Jesus führte ein alltägliches Leben, wusste, was es heißt, für seine Mutter zu sorgen, Beleidigungen und Schmähungen seiner Gegner hinzunehmen und sich mit dem Zorn derjenigen auseinander zu setzen, denen seine Einsichten zu unbequem waren oder falsch erschienen.

Manchmal denke ich darüber nach, ob Abraham verstehen könnte, was am Kreuz geschah? Könnte er mit dem Tod, der Auferstehung und der Himmelfahrt Jesu etwas anfangen?

Abraham konnte nur vermuten: So wie er durch ein fremdes Land geführt wurde, würden seine Nachkommen im Glauben durch ihr eigenes verheißenes Land geführt werden – auf dem Marktplatz, in ihrer Stadt und zu Hause.

Das ganze Leben lang wachsen

Es fasziniert mich, dass Menschen ihren Kurs korrigieren und ihr Leben ändern. Deshalb will ich Abraham fragen, wie die Stimme sein Leben veränderte und ihm einen Glauben gab, der den Menschen seiner Epoche völlig fremd war.

Er entgegnet mir, dass sein neues Leben des Glaubens an rauen Orten aufgebaut wurde. Sein Glaube reifte und wuchs nicht an besonderen, heiligen Orten, sondern auf den Straßen, in den Städten, in der Wüste, in den Bergen. Sein Glaube wurde in der Gegenwart rauer Menschen geschmiedet, die manchmal versuchten, ihn zu übervorteilen und zu besiegen.

Was er lernte, wurde ihm nicht in einem besonderen Vokabular vermittelt, sondern in den Worten und der Denkweise seiner Zeit. Er gibt zu, dass er manchmal weinen musste, dass es Augenblicke gab, in denen ihn Furcht und Zweifel lähmten. »Aber diese Lektionen habe ich niemals vergessen«, meint er.

Ich denke mir, dass wir heutigen Christen über diese Erfahrungen nachdenken sollten. Wir lassen uns oft von einem institutionalisierten Gemeindeleben in die Irre führen, von Aktionen und Gottesdiensten, die innerhalb der Kirchenmauern ablaufen. Dabei sollten wir uns nicht wundern, wenn unser Glaube es nicht mit der wirklichen Welt draußen aufnehmen kann, wo es raue Orte und noch rauere Menschen gibt.

Achten Sie einmal auf die Gebete, die der Pastor spricht, und stellen Sie sich die Frage, ob Abraham diese Worte getröstet hätten, wenn er auf seinem Weg in eine dieser Kirchen hineingeschaut hätte.

»Abraham«, sagt einer von uns, »in den letzten Jahren hast du doch dein Leben vollkommen umgekrempelt. Wenn du auf diese aufregende Zeit zurückblickst, wie hätte man für dich beten sollen?«

Der alte Mann denkt einen Augenblick lang nach. Langsam sagt er: »Hast du dich jemals gefragt, ob du auch heute Menschen kennst, die ihren persönlichen Berg hinaufsteigen, um das zu opfern, was ihr ›Isaak‹ ist? Was Isaak für mich bedeutete, könnte für jemand anders seine Karriere, seine Gesundheit, seine Sicherheit sein.

Mein lieber Sohn ...« Er hält einen Moment inne, lehnt sich vor und legt seine Hand auf meine. »Jeder Mensch, auch du, wird früher oder später auf den Berg gerufen.«

Ich muss an eine noch nicht lange zurückliegende Bergtour denken. Auf dem Gipfel lagen viele Steine. Sie stammten von den Bergsteigern, die vor mir dort gewesen waren. Als ich meinen Stein zu den anderen legte, empfand ich eine geheimnisvolle Verbundenheit mit all denen, die wie ich das Letzte gegeben hatten, um den Gipfel zu erreichen.

Allmählich sehe ich Abraham in einem neuen Licht, und mit ihm alle, die den Gipfel erreicht haben, wo ihr Glaube auf die Probe gestellt wurde. Ich fange an zu verstehen, dass Gott auch mich auf den Gipfel rufen könnte. Ich stelle mir gern vor, dass ich meinen Stein auf den Steinhaufen werfen würde, der dort schon als Zeugnis für die Treue Gottes liegt, der uns ruft.

Noch lange sitzen wir mit Abraham und seiner Frau Sara am Tisch und denken über die Vergangenheit nach. Wir hängen an ihren Lippen, als diese beiden Experten für Kurskorrekturen aus ihrem Leben berichten.

Ich weiß, dass ich genau zuhören muss. Gerade habe ich in mein Tagebuch geschrieben, wie sehr ich mich danach sehne, dass auch meine Seele sich so öffnet und weit wird, wie es die beiden erlebten.

»Nur noch ein paar Minuten, Abraham. Es wird dir doch nicht zu viel, oder? Hast du irgendetwas ausgelassen?«

Abraham kommt auf den Gehorsam zu sprechen. Als er sich unsere heutige Welt anschaut, sieht er, dass Gehorsam immer unpopulärer wird. »Euer Zeitalter«, sagt er, »weiß sehr wenig über die Hingabe an Gott und seine Pläne. Autorität und Unterwerfung – ihr versteht nicht, was das bedeutet. Die Menschen heute brüsten sich mit ihrer Unabhängigkeit; sie wollen vor niemandem auf die Knie fallen. Nicht einmal vor dem allmächtigen Gott.«

Abraham gibt zu, dass Gehorsam auch nicht gerade seine Stärke war. Seine Heimat zu verlassen und in eine Richtung zu gehen, die die Stimme ihm befahl? Das Bergland zu wählen, wenn die Ebene (Lots Grundbesitz) doch viel mehr Gewinn abwarf? Seinen ... Sohn ... zu ... opfern?

» Nein«, meint er, »das war unglaublich schwer.

Und auch für dich und dein Volk muss es schwer sein«, räumt er ein. »Trotzdem: Der Stimme des Herrn zu gehorchen, wenn du deine Heimat verlässt, darauf zu vertrauen, dass er verborgene Pläne mit dir hat, damit fängt wirkliche Veränderung an.« Das liegt Abraham wohl am meisten am Herzen.

Ich muss bekennen, dass Abraham über einen Glauben spricht, der heute nicht gerade in Mode ist. Wir wollen einen tröstenden Gott, der schnell nachgibt und wenig verlangt. Aber das ist nicht Abrahams Gott.

»Und dann«, fährt Abraham fort, »gibt es auch noch das Vertrauen, das dem Gehorsam auf dem Fuße folgt.« In der Hungersnot in Kanaan hatte er der Stimme nicht vertraut. Nach Ägypten zu gehen, war ein schrecklicher Fehler gewesen. »Aber jeder von uns hat so ein Ägypten«, meint er, »Orte und Dinge, zu denen wir uns flüchten, wenn uns der Stress zu viel wird. Ich habe schon früh gelernt: Finde heraus, wo dein ›Ägypten‹ liegt, und versuch, ihm den Rücken zu kehren.«

Als er die Weidegründe für die Herden zwischen sich und Lot aufteilte, fiel ihm der Gehorsam schon leichter. »Ich war gerade dabei zu lernen, mich in meinen Entscheidungen nicht vom maximalen Gewinnstreben leiten zu lassen. Es war dumm, nach Ägypten zu gehen, und ich wollte in Sodom nicht denselben Fehler wiederholen. Dieses Mal wollte ich Gott vertrauen, dass er das Beste daraus machen würde.«

Darum konnte er viele Jahre später, als er mit seinem Sohn den Berg hinaufstieg, auf Isaaks Frage, wo denn das Schaf sei, antworten: »Gott wird sich das Opferlamm aussuchen, mein Sohn.« Dass er in kleinen Dingen gelernt hatte, Gott zu vertrauen, legte die Grundlage für sein Vertrauen auch in großen Angelegenheiten.

»Ich habe meinen Sohn nicht getäuscht«, sagte er. »Irgendwie wusste ich, dass Gott einen Weg finden würde, um sein Versprechen zu halten. Seine Pläne waren mir zwar verborgen, aber ich war schon zu weit gegangen, um jetzt wieder umzukehren.«

Ich erzähle Abraham von einem Buch des verstorbenen Henri Nouwen, das ich gerade gelesen habe. Er schreibt darin von seiner Freundschaft mit einer Familie von Artisten, die im Zirkus am Trapez arbeitete. Seine Mitarbeiterin Sue Mosteller erzählt nach Nouwens Tod:

»Nouwen sah in ihren Vorführungen die artistische Verwirklichung einiger seiner tiefsten Sehnsüchte, und er meinte, dass die Begegnung mit ihnen ihn in eine neue Bewusstseinsebene katapultierte ... Dass Henri sich von diesen Darbietungen am Trapez so angezogen fühlte, lag auch an der besonderen Beziehung zwischen dem Springer und dem Fänger. Der todesmutige Springer, der hoch über den Köpfen der Menge schaukelte, ließ das Trapez los und streckte dann seine Hände aus, um die starken Hände des Fängers zu spüren, der ihn aus der Luft auffing. ›Der Springer darf den Fänger niemals fangen‹, hatte ihm Rodleigh (einer der Artisten) einmal erzählt. ›Er muss ihm absolut vertrauen und abwarten.‹«

Abraham nickt. »Das verstehe ich vollkommen«, entgegnet er.

Ich stelle mir vor, wie Abraham mit uns heutigen Christen das Lied singen könnte:

> »Gelobt sei deine Treu,
> die jeden Morgen neu
> uns in den Mantel
> deiner Liebe hüllt ...«
>
> (Gerhard Fritzsche)

Diese Treue und Liebe hat er erfahren.

Abraham kommt nun auf die Großzügigkeit zu sprechen, eine der Säulen, auf denen sein neues Leben ruht. Er erzählt, wie er Melchisedek begegnete und spürte, dass Gott durch diesen Mann sprach. Man weiß, dass man sich wirklich verändert, wenn man sich tief drinnen danach *sehnt*, für all das Gute, das man empfangen hat, etwas zurückzugeben.

»Du hast ihm zehn Prozent gegeben?«, fragt einer.

»Ich gab ihm ein Zehntel von allem, was ich besaß.«

Die Bekehrung machte auch vor seinem Wohlstand nicht Halt, und das war gut so. Sonst wäre die Veränderung nicht vollkommen gewesen. Wie könnte er bereit gewesen sein, seinen einzigen Sohn auf dem Berg zu opfern, als es ihm befohlen wurde, wenn er nicht einmal ein Zehntel seines Hab und Guts hätte abgeben können? Einige Augenblicke lang kommt das Gespräch ins Stocken, als wir darüber nachdenken, was wir selbst alles besitzen.

Ich bewundere diesen Mann, der an einem Ort aufgewachsen war, an dem wohl niemand diesen Gott kannte, der mit Abraham redete. Aber vierzig Jahre später, Hunderte, wenn nicht Tausende Kilometer weiter, sehen wir einen Mann Gottes, der schwierige Herausforderungen bestanden hatte: Er ist der Vater aller Glaubenden.

Der Mensch gleiche einem Baum, schreibt Martin Buber. Wenn man vor einem Baum stehe und ihn unaufhörlich beobachte, wie er wächst und wie viel, werde man nichts davon sehen. Wenn man aber für ihn sorge, die Triebe beschneide und das Ungeziefer fern halte – dann werde er zu seiner Zeit wachsen. Mit dem Menschen sei es ebenso: Er müsse nur seine Hindernisse überwinden, dann werde er blühen und gedeihen. Aber wir sollten nicht alle Stunde nachsehen, wie viel er inzwischen gewachsen ist.

Als Abraham mir gegenübersitzt und die Geschichte seiner Veränderung erzählt, wird mir immer klarer: Dieser Mann war ein kleines Bäumchen, das zu einer mächtigen Eiche herangewachsen ist.

Schließlich kommt Abraham auf den Tag zu sprechen, an dem ihn die Stimme des allmächtigen Gottes auf den

Berg rief. »Niemand würde jemals solch eine Erfahrung oder solch einen Ort vergessen«, sagt er.

Jetzt würde ich ihn gern zum Erzählen auffordern. Er soll alles ganz langsam erzählen, nicht die kleinste Kleinigkeit auslassen. Ich wünschte, ich könnte mich in sein Gehirn versetzen und jeden seiner Gedanken nach-denken. Kam es ihm niemals in den Sinn zu protestieren? Wollte er niemals vor Ärger explodieren? Zweifelte er niemals, wollte er niemals Gott widersprechen?

Der alte Mann schüttelt den Kopf. Als er antwortet, denke ich an die Worte Polykarps von Smyrna, den man gefragt hatte, ob er seinem Glauben abschwören würde, um der Hinrichtung zu entgehen. »Fast hundert Jahre lang bin ich durchs Leben gegangen und habe auf die Stimme des allmächtigen Gottes gehört, und er ließ mich niemals im Stich. Wie könnte ich ihm jetzt etwas vorenthalten, wenn er es von mir verlangt, besonders weil es immer nur seine Sache, niemals meine war zu befehlen?«

Wir unterhalten uns weiter. Und dann kommt Abraham auf uns selbst zu sprechen. »Ich muss dich noch einmal daran erinnern. Eines Tages wird Gott von *dir* verlangen, dass du ihm das zurückbringst, was dir wertvoll und teuer ist. In diesem Augenblick wirst du wissen, ob du wirklich alles *losgelassen* hast.«

Fühlen Sie sich auch so unbehaglich? Mir schwirrt alles durch den Kopf, was Gott mir geschenkt hat: eine Frau und eine Ehe, die von der gegenseitigen Verbindlichkeit und von der Gnade lebt. Zwei Kinder, auf die ich stolz bin. Fünf Enkelkinder, die mich sehr lieben; sie können noch nicht glauben, dass ich jemals gesündigt habe. Menschen, die mich als Freunde und Studenten in ihr Leben aufgenommen haben. Bücher, die ich schreiben konnte, Orte, die ich besuchen durfte, Organisationen, die ich leiten durfte. Gesundheit, ein bequemes Leben, meine

Fähigkeiten. Würde Gott von mir (oder Ihnen) verlangen, ihm etwas davon auf dem Berg zurückzugeben?

Als wir vom Tisch aufstehen, danken wir Abraham und Sara für ihre Gastfreundschaft. Abraham besteht darauf, uns noch zum Wagen zu bringen. Mit seinem schwachen Arm hakt mich dieser Vater unter, zieht mich zu sich heran und flüstert mir ins Ohr:

»Du weißt, sie nennen mich den Vater aller, die glauben. Kannst du dir vorstellen, was das für einen Mann bedeutet, der erst mit hundert Jahren Vater wurde?« Er muss ein bisschen lachen, als er fortfährt: »Heute schreiben wir unseren Nachkommen nicht einmal mehr Geburtstagskarten, es sind einfach zu viele geworden. Zahlreicher als die Sterne am Himmel, zahlreicher als der Sand am Meer.«

Und dann flüstert Abraham mir noch ins Ohr: »Wenn du dich wirklich und vollkommen verändert hast, dann könntest du jemandem, der glaubt, auch ein Vater werden.«

Als wir uns in Gedanken nach dem Besuch bei Abraham und Sara mit dem Auto auf den Heimweg machen, bete ich still und aus tiefster Seele: *O Gott, dass du mich in deine Familie aufgenommen hast, habe ich nur deiner Gnade zu verdanken. Aber es liegt noch ein weiter Weg vor mir, bevor ich mich wirklich wie ein Familienmitglied verhalte. Gib, dass ich mich schneller verändern und meinen Kurs korrigieren kann. Schenk mir den Mut, deine verborgenen Pläne zu akzeptieren. Ganz egal, was es mich auch kosten mag.*

Nach dem Kurswechsel beginnt die Nachfolge

Der Herr zog vor ihnen her, bei Tag in einer Wolkensäule, um ihnen den Weg zu zeigen, bei Nacht in einer Feuersäule, um ihnen zu leuchten. So konnten sie Tag und Nacht unterwegs sein.

2. Mose 13,21

Als Jesus von dort wegging, sah er einen Zöllner namens Levi am Zoll sitzen und sagte zu ihm: Folge mir nach! Da stand Levi auf, verließ alles und folgte ihm.

Lukas 5,27-28

11. Trampelnde Stiefel

Meine Frau Gail und ich hatten eine Woche in Ungarn verbracht, um mit einem Team von *Habitat for Humanity* dort Häuser zu bauen. Diese Organisation errichtet Häuser für Obdachlose mit diesen Armen zusammen – ein sehr erfolgreiches Konzept. Wir hatten den Zeitplan eingehalten, die neuen Häuser waren fertig gestellt, eingeweiht und ihren neuen Besitzern übergeben worden. Jetzt konnten wir unsere Freizeit genießen. Wir sahen uns die Stadt an und betraten dann eines der berühmten Budapester Restaurants.

Wie erwartet genossen wir ein wunderbares Essen. Wir hatten aber nicht damit gerechnet, dass nach dem Essen noch eine Volkstanzgruppe auftreten würde. Ein Dutzend Tänzer betraten die Bühne – nur ein paar Schritte vor unseren Augen. Die Frauen trugen leuchtende Farben. Die Männer waren alle schwarz gekleidet; am meisten fielen uns ihre glänzenden, kniehohen, silberbeschlagenen Stiefel auf.

Die Darbietung begann. Der kraftvolle Rhythmus ließ uns vergessen, dass wir noch nicht alles aufgegessen hatten, und wir klatschten alle im Takt mit. Die Tänzer ließen sich von unserer Begeisterung anstecken und tanzten immer temperamentvoller über die Bühne.

Die Frauen bewegten sich anmutig und leicht, während die Männer die Aufgabe hatten, mit ihren Stiefeln den Takt zu klopfen. Sie erledigten ihre Aufgabe mit Bravour. Sie ließen sich Hunderte kreative Lösungen einfallen, mit den Stiefeln auf den Boden zu stampfen (*bum, bum, bum*). Eine Zeit lang war das sehr eindrucksvoll.

Für meinen Geschmack zog sich der Volkstanz mit stampfender Stiefelbegleitung jedoch in die Länge, und schließlich wurde meine Aufmerksamkeit von anderen

Dingen gefesselt, zum Beispiel von den Musikern, deren Gesichter eine Art von professioneller Langeweile ausstrahlten; von den anderen Touristen, in der Mehrzahl japanischen, die der Darbietung völlig gebannt folgten, von den Kellnern, die große Flaschen mit ungarischem Wein an die Tische brachten und – ohne auch nur einen Tropfen zu verschütten – aus einer Höhe von gut einem Meter die Gläser und manchmal auch die Münder risikofreudiger (oder beschwipster) Gäste vollschenkten.

Dann sah ich den Käfer. Keinen besonderen Käfer, einen von ganz gewöhnlicher Sorte, der man überall begegnet: schwarz, jede Menge Beine, ziemlich hässlich. Er kam von irgendwo unter der Bühne hervorgekrochen und lief sie nun von links nach rechts ab. Ganz eindeutig schenkte er den Tänzern, die sich jetzt wie wild im Kreis drehten (und immer noch mit den Stiefeln stampften), keine Aufmerksamkeit.

Ich sah mir den Käfer genauer an (er war nur einen oder zwei Meter von mir entfernt) und fragte mich, ob er irgendeine Ahnung davon hatte, dass ganz in der Nähe eine Tanzvorstellung stattfand. War er sich bewusst, dass das Vibrieren der Bühne irgendeinen Grund hatte? Ganz bestimmt muss er es gespürt haben. Sah er die bunten, wirbelnden Röcke gerade über ihm? Und warum lief er überhaupt auf der Bühne herum? Suchte er nach Essensresten?

Auf halbem Weg machte der Käfer einen schrecklichen Fehler. Er bog links ab. Das hätte er nicht tun sollen. Er steuerte genau auf die trampelnden Stiefel zu, ein wahres Bermuda-Dreieck für Käfer, wenn es je eins gegeben hat. Nur ein Meter trennte ihn noch von der Katastrophe. Gleich würde er von den stampfenden Stiefeln zertreten werden, und nur ein Wunder konnte ihn retten.

Soweit ich weiß, sah außer mir niemand, was gleich passieren musste. Immer noch stampften die Stiefel. *Bum, bum, bum.* Die schwarz gekleideten Tänzer standen in einer geraden Reihe, hatten sich gegenseitig die Arme um die Schultern gelegt und schauten abwechselnd alle nach rechts und dann nach links. Keiner von ihnen sah nach unten, keiner von ihnen machte sich Gedanken über das kleine Wesen, das geradewegs auf sie zusteuerte.

Das erste Paar Stiefel, das in die Nähe des Käfers kam, stampfte auf den Boden, verfehlte aber den Käfer um ein paar Zentimeter, ebenso das zweite. Das dritte Paar traf. Es waren einfach zu viele Stiefel, als dass man etwas anderes als eine verheerende Katastrophe hätte erwarten dürfen, jedenfalls was den Käfer betraf.

Als sich das dritte Paar Stiefel wieder gehoben hatte, war nichts übrig geblieben. Nicht einmal eine Käferleiche, nur ein kleiner, feuchter Fleck. Kurz darauf war sogar der Fleck getrocknet. Das weiß ich, weil ich ihn weiter im Auge behielt und darüber nachdachte.

Denken Sie einmal darüber nach, wie dieser verrückte kleine Zwischenfall das Leben widerspiegelt, wie wir es alle kennen. Wir sind alle »Käfer« auf der Bühne der Geschichte, oder? Jeden Tag spüren wir, dass die Stiefel uns erzittern lassen, wir spüren die Katastrophen, die unser Leben bedrohen, unserer Karriere ein Ende machen, unsere Gesundheit zerstören, unsere Ehen und Familien auseinander reißen, unseren Geist zerbrechen, wenn wir nicht aufpassen.

Bum, bum, bum, lärmen die Stiefel. Mein ganzes Leben lang habe ich sie gehört und gesehen. Ich sah, wie diese »trampelnden Stiefel« in einem Hagelsturm die Existenz junger Bauern in Kansas vernichteten, die zu meiner Gemeinde als junger Pastor gehörten. Ich sah sie, als man Maßnahmen zur Gesundschrumpfung verkündete, was Männer und Frauen, die ich sehr mochte, den Arbeitsplatz kostete.

Diese »trampelnden Stiefel« hören wir, wenn ein Arzt einem Patienten mitteilt, dass er an Krebs leidet. Wir sehen diese »Stiefel«, wenn ein Betrunkener mit seinem Auto in einen anderen Wagen rast und einen jungen Vater und Ehemann tötet.

Diese lärmenden »Stiefel« sind die Soldaten, die plündern und vergewaltigen, sie sind Wirtschaftsstrukturen, die die Reichen bevorzugen und dazu beitragen, dass die Armen noch ärmer werden. Wir hören die »Stiefel« stampfen, wenn ein ehrgeiziger junger Mann, der etwas aus seinem Leben machen möchte, an den rassistischen Vorurteilen eines anderen scheitert; wenn geliebte Söhne und Töchter ins Drogenmilieu abgleiten, wo die Zukunft nicht mehr zählt.

Wir haben in den Nachrichten gesehen, dass Menschen aus der Westtürkei nach dem schrecklichen Erdbeben unter ihren Häusern nach ihren verschütteten Angehörigen gruben. Es geht über unsere Vorstellungskraft, wie diese »trampelnden Stiefel« ganze Städte »zertraten« und Häuser unter ihrem »Tritt« zusammenfielen. Ich frage mich, wann und wie wir von diesen »trampelnden Stiefeln« zertreten werden.

Werden, wie wir sein sollen

Wenn diese »Stiefel« uns bedrohen, dann finden wir heraus, wer wir sind und was aus uns werden könnte. Dann entdecken wir, wie wir eigentlich sind. Es geht nicht darum, wie wir aussehen, welchen Einfluss wir besitzen, ob wir eine gute Ausbildung genossen haben oder wohlhabend sind. Bei unserem Wesen geht es nicht darum, welches Auto wir fahren, was wir erreicht haben oder ob wir Charme und Charisma versprühen. Das Wort »Wesen« meint das verborgene Leben tief in uns und sagt uns, wie wir uns in alltäglichen und in extremen Situationen, wenn die »Stiefel« uns zu zertreten drohen, wahrscheinlich verhalten werden.

Wenn ich über Menschen nachdenke, die ich kenne, sortiere ich sie unwillkürlich in verschiedene »Schubladen« ein. Da gibt es zum Beispiel Menschen, die auf irgendeinem Gebiet Hervorragendes leisten. Andere sind geistig sehr beweglich und warten mit brillanten Ideen auf. Ich kann mich auch an Menschen erinnern, die mich immer zum Lachen brachten. An sehr dominante und beherrschende Leute. An erfolgreiche, clevere, kreative und die, die dich immer zu überzeugen versuchen (sie haben wunderbare Pläne für dein Leben).

An Menschen, die der Zorn antreibt, die nicht verzeihen können, die von Zwangsvorstellungen gefangen gehalten werden, egoistisch und selbstsüchtig sind oder andere skrupellos ausnutzen.

Darüber hinaus aber gibt es für mich noch eine Kategorie, in die ich nur wenige Menschen einordne, denen ich begegnet bin: Christen, die in besonderer Weise etwas vom Wesen Jesu widerspiegeln.

Wenn ich über diese Gruppe nachdenke und mir überlege, warum ich sie so bezeichne, dann fällt mir ein: Jeder von ihnen wurde von solchen »trampelnden Stiefeln« bedroht und hat so darauf reagiert, dass man es nur mit den Begriffen *mutig, weise* und *selbstlos* umschreiben kann. Die Schreiber der Bibel nannten solch ein Verhalten gerne *gottesfürchtig*. Es sind Menschen, die man bewundert und respektiert. Ihr Wesen, ihre Art führt dazu, dass auch wir bessere Gedanken denken und bessere Taten vollbringen wollen. Man möchte sein wie sie.

Ich denke an einen Mann, der weniger arbeitet und Verantwortung abgegeben hat, um für seine Frau zu sorgen, die geistig umnachtet ist. An das Paar, das ein körperlich schwer behindertes Kind hätte abtreiben lassen können, aber sich dafür entschied, es in der Familie als Geschenk Gottes willkommen zu heißen. An einen Mann, den ich kenne, der sich weigert, sich auf das Niveau seiner

Gegner herunterzubegeben und sie mit ihren Mitteln zu bekämpfen. An den Arzt, der auf eine große Karriere mit hohem Einkommen verzichtet und lieber ein Krankenhaus in einem Entwicklungsland aufbaut. Und schließlich an eine Frau, die ihre Moralvorstellungen nicht verriet und deshalb den Mann, den sie liebte, nicht heiratete.

Jeder dieser Menschen hat etwas Besonderes erlebt oder eine Entscheidung getroffen, die ihn als Mensch des Evangeliums ausweist. Wenn man die Sache näher betrachtet, spiegelt die außergewöhnliche Wahl, die sie getroffen haben, nur ihren alltäglichen Lebensstil wider. Was immer sie tun – sie tun es nicht, weil sie dafür Anerkennung und Lob erwarten. Sie sind so, wie sie sich geben, und sie wären keinen Deut anders, wenn sie plötzlich auf einer einsamen Insel strandeten.

John Woolman, ein amerikanischer Geschäftsmann und Christ, kämpfte schon Mitte des 18. Jahrhunderts für die Abschaffung der Sklaverei. Ich habe einige seiner Tagebuch-Eintragungen zusammengestellt, die Licht auf das verborgene geistliche Leben eines Menschen werfen:

- Ich kann dankbar sagen, dass mir die Wahrheit eine Stütze war, wann immer ich meine weltlichen Angelegenheiten regelte.
- Durch die Kraft der Wahrheit wurde mein Verstand von dem Wunsch abgebracht, in der Welt groß zu scheinen. Ich lernte, mich mit einfachen und billigen Dingen zufrieden zu geben, so dass mir ein Leben frei von Verstrickungen am besten schien, auch wenn mein Einkommen nur klein war.
- (Nach dem Besuch einer Gemeinde) Der Herr hat, so glaube ich, in dieser Gegend ein Volk, das ihm wirklich dienen will. Viele aber, so fürchte ich, beschäftigen sich zu viel mit den Dingen dieses Lebens und wagen nicht, das Kreuz so zu tragen, wie es uns der Allmächtige sagt.

- (Als er mitten in der Nacht die Gegenwart Gottes spürte) Ich liege still da ... und höre Worte, die meinen ganzen inwendigen Menschen erfüllen.
- (Beim Nachdenken über eine Versammlung, in der er sich gedrängt fühlte zu schweigen) Ich spürte keine Berufung zu sprechen ... und schwieg deshalb, weil ich aus Erfahrung wusste, dass es für einen wahren Diener Christi notwendig ist, mit dem sanften Lauf der Wahrheit Schritt zu halten und sich nur in Bewegung zu setzen, wenn sie einem die Tür öffnet.

Woolman war eine bemerkenswerte Persönlichkeit und übte in der Frage des Reichtums und der Sklaverei einen enormen Einfluss auf seine Zeit aus. Er gehörte zu den Ersten, die als Propheten ihre Stimme gegen den Sklavenhandel erhoben. Wenn man die Beziehung zwischen dem Glauben, dem verborgenen Menschen einerseits und dem nach außen sichtbaren ethischen Handeln und der Rechtschaffenheit andererseits verstehen will, kann man John Woolmans Leben studieren.

Viele von uns kommen in ihren besten Jahren an einen Punkt, an dem sie ihre Persönlichkeitsstruktur einmal unter die Lupe nehmen und dann von dem, was sie entdecken, enttäuscht sind. Wir sehen, dass wir uns etwas verschlissen haben. Wir sehen unsere Neigung, die Wahrheit zu strapazieren; andere beeindrucken zu wollen; auf jüngere Männer und Frauen, die sich so wie wir früher mit Begeisterung und Energie ans Werk machen, ein kleines bisschen eifersüchtig zu sein; intuitiv davor zurückzuschrecken, ungerechte und biblischen Maßstäben nicht entsprechende Worte und Verhaltensweisen zu kritisieren.

Wir erschrecken, wenn wir reizbar sind, neidisch, gierig oder nachtragend. Wir glaubten, all das überwunden zu haben, und jetzt merken wir, dass sich alle diese Verhaltensweisen in einem Winkel unseres Wesen versteckt hielten und nur auf einen Augenblick warteten, in dem wir unachtsam wurden.

Abraham hat uns eine Einführung in die erste Art der Veränderung gegeben, wenn wir uns in unserem Glauben neu ausrichten und das *hinter uns lassen*, was uns in der Vergangenheit geprägt hat, um neues Land zu betreten. Bei der zweiten großen Veränderung, wenn der Glaube immer mehr von unserem Wesen prägen soll, geht es darum, wer wir sind und wer wir werden.

Noch einmal könnten wir die ganze Bibel durchforsten und eine Person nach der anderen finden, die uns über »Persönlichkeit« Auskunft erteilen könnte. Abrahams Neffe Lot könnte uns eine Menge darüber erzählen, wie (und vielleicht warum) er die Entscheidungen traf, die ihn schließlich in die Ebene bei Sodom verschlugen. Saul, der erste König Israels, wirkte wie die geborene Führungspersönlichkeit, als er die Geschicke seines Landes in die Hand nahm. Aber sehr bald stellte sich heraus, dass er lieber beim Volk beliebt sein wollte, als mit Gott ein Risiko einzugehen. Interessanterweise war sein Sohn Jonatan ganz anders.

Johannes der Täufer hatte nicht nur einen starken Glauben, er war auch eine Persönlichkeit. Wir hören ihn prophetische Worte gegen einen König donnern, der sich die Wahrheit immer so zurechtbog, wie er sie gerade brauchte. In der Bibel finden wir zahllose Beispiele für Menschen, die im entscheidenden Augenblick zurückweichen, und für echte geistliche Persönlichkeiten.

Die Persönlichkeit ist das verborgene Leben eines Menschen und wird ein ganzes Leben lang geformt. Ob ein Mensch eine Persönlichkeit ist oder nicht, zeigt sich am deutlichsten, wenn er von den »trampelnden Stiefeln« bedroht wird und sich unter diesem Druck erweist, ob er Mut und Weisheit besitzt. Ganz genau dieselben Eigenschaften kommen auch langfristig gesehen ans Tageslicht, wenn wir über längere Zeit darauf achten, wie sich ein Mensch in alltäglichen Situationen verhält.

Ich möchte gern zwei Gemeinschaften betrachten, die uns etwas zum Thema geistliche Persönlichkeit beibringen können. Von der ersten Gruppe, dem Volk Israel auf der Wüstenwanderung, können wir etwas über einen wankelmütigen, unsicheren Glauben lernen. Ihre Geschichte ist lehrreich, aber traurig. Die zweite Gruppe, die Jünger unseres Herrn, kann uns lehren, dass sich die Persönlichkeit ändern kann.

Man hört oft, dass die Persönlichkeit vor allem in den ersten Lebensjahren geprägt wird. Das mag sein. Aber ich frage mich, ob wir nicht auch in unseren besten Jahren an uns arbeiten sollten, wenn wir gegen die Versuchung ankämpfen müssen, in unserem verborgenen Leben nachlässig zu werden.

David zum Beispiel war in seinen besten Jahren, als er Gott untreu wurde und mit Batseba sündigte. Wie hätte er das verhindern können? Antwort: indem er selbstkritischer gewesen wäre und auf die Stimme Gottes in ihm mehr gehört hätte.

George MacDonald (mit mir weder verwandt noch verschwägert) schrieb einmal: »Ein Narr ist der Mann, und davon gibt es viele, der sein Unbehagen loswerden möchte, indem er die Welt verbessert und sich in den Kampf gegen all das Schlimme um ihn herum stürzt, während er den Teil der Welt vernachlässigt, in dem seine Aufgabe, seine eigentliche und erste Aufgabe liegt – sein eigenes Wesen und sein Verhalten.«

12. Heranwachsen –
Gottes Geduld kennen lernen

Als Abraham den Gipfel des Berges verlässt und die Worte hört: »Jetzt weiß ich, dass du Gott fürchtest«, da hoffen wir, dass die Generationen, die auf diesen gottesfürchtigen Mann folgen, sich Abraham zum Vorbild nehmen. Dieser Augenblick auf dem Berg hätte doch ein geistlicher Bezugspunkt für sie werden können. Gab es denn in den nachfolgenden Generationen irgendwelche beeindruckenden Momente? Schon, aber nicht nur.

Man kann wirklich nicht sagen, dass man sich Isaak zum Vorbild nehmen sollte, und auch seine Söhne, Jakob und Esau, geben zunächst wenig Anlass zum Jubeln. Jakob, der jüngere Bruder, den Gott allen Traditionen zum Trotz aus rätselhaften Gründen erwählt, um in der Familie die Position des Erstgeborenen einzunehmen, zeigt erst einmal nur eine schwache geistliche Urteilskraft. Von Natur aus ist er ein Lügner und erinnert an den alten Abram, der sich in gefährlichen Situationen durchschwindelte.

Mit den Jahren aber wurde Jakob immer weicher und weiser und ging als alter Mann freundlich und demütig mit den Menschen um. Auch wenn er sich von Zeit zu Zeit seltsam verhielt, deutet das Bild, das die Bibel von ihm in seinen späteren Jahren zeichnet, auf eine nachhaltige Veränderung hin. Er ist wirklich im Glauben gewachsen und reifer geworden.

An seinen Söhnen hatte er zum Teil lange keine Freude. Diese Männer waren auf ihren jüngeren Bruder Josef so eifersüchtig, dass sie ihn als Sklaven nach Ägypten verkauften und ihrem Vater weismachten, er sei von einem wilden Tier getötet worden. So etwas steht in der Bibel, und wenn es uns nicht mehr aufregt, dann nur, weil wir uns schon daran gewöhnt haben!

Jetzt, unter dem »Tritt der trampelnden Stiefel«, bewies Josef, dass in ihm eine geistliche Persönlichkeit steckte: als Potifars Frau ihn verführen wollte, als er ins Gefängnis geworfen wurde, als er die ägyptische Regierung zu einer Zeit beriet, da Bestechung und Korruption an der Tagesordnung waren. Es ist tröstlich, dass aus dem naiven und überheblichen Jungen unter dem Druck des Leidens ein beeindruckender Mann des Glaubens wurde.

Nicht lange nach Josefs Tod wurden Abrahams Nachkommen von den Ägyptern versklavt. Vierhundert Jahre verbrachten die Israeliten in der Sklaverei – sie wurden mit der Zeit immer härter behandelt und verloren allen Mut. Über ihren Glauben in dieser Zeit wissen wir nicht viel.

Viele Generationen später sprach die Stimme aus einem brennenden Dornbusch in der Wüste zu einem Mann namens Mose. Er hatte schon ein Leben mit vielem Auf und Ab hinter sich und war achtzig Jahre alt – ein paar Jahre älter wohl als Abraham zu der Zeit, da er zum ersten Mal den Ruf hörte, seine Heimat zu verlassen. Dieses Mal heißt das entscheidende Wort *nachfolgen*, und Gott hatte Mose erwählt, um dem Volk vorauszugehen.

Abraham hatte dreißig, vierzig Jahre gebraucht, um Gehorsam, Vertrauen und Dienen zu lernen, bis er auf dem Berg im Glauben wirklich alles loslassen konnte. Mose brauchte sogar achtzig Jahre, um auf die Stimme Gottes und seine verborgenen Pläne hören zu lernen.

Mose sollte nicht nur das Volk Israel aus Ägypten herausführen. Das war eine relativ einfache Angelegenheit. Seine eigentliche Aufgabe war es, Israel eine völlig neue Art zu denken und zu leben beizubringen, eine neue Hoffnung, so wie Gott es Abraham gelehrt hatte.

Herman Wouk schildert sehr anschaulich die Aufgabe, die vor Mose lag: »Wirtschaftswissenschaftler wissen, dass

Sklaven im Gegensatz zur gängigen Auffassung nicht hart arbeiten. In einer Sklavenhalter-Gesellschaft bewegt sich alles nur langsam ... Nimm einem Menschen das Recht an seiner eigenen Person, und er wird träge und schlampig, er versteht meisterhaft, jeder Verantwortung aus dem Weg zu gehen, und wird zu nichts Energie aufbringen. Die Peitsche bietet keine Antwort auf dieses allgemein menschliche Problem. Es gibt überhaupt keine Antwort darauf. Ein Peitschenhieb bringt einen Sklaven, der aus Interesselosigkeit und Erschöpfung mit der Arbeit innehält, wieder dazu, in den gemächlichen Schritt der anderen Sklaven zurückzufallen. Mehr bewirkt er nicht. Der Sklave führt ein Hundeleben, er wird degradiert, aber nicht bis zur Erschöpfung getrieben, und – wenn sein Geist erst einmal gebrochen wurde – ist es nicht einmal ein unangenehmes Leben ...

Ein lebendiger Glaube wird in Israel noch lange auf sich warten lassen. Der große Gesetzgeber Mose hatte es mit einer Generation von Hebräern zu tun, die sich nach 400 Jahren Sklaverei auf den Weg machten. Kaum erinnerten sie sich noch an das Vertrauen, das ihr Vorfahre Abraham gelernt hatte.«

Wouk betont, dass die Israeliten die Lebenshaltung, die sie sich in Ägypten zu Eigen gemacht hatten, nicht einfach über Nacht veränderten.

Wouk schreibt: »Die Generation von Juden, die Mose in die Wüste führte, geriet in Krisensituationen jedes Mal in Panik und Verzweiflung. Die Sklaverei hatte ihren Geist gebrochen, und sie konnten sich von Sorglosigkeit, Feigheit und Götzendienst einfach nicht freimachen.«

Wenn sich das Wesen eines ganzen Volkes wirklich ändern kann, wenn das verborgene Leben Israels wieder aufblühen kann, dann in der Wüste unter den »trampelnden Stiefeln« ihrer Zeit. Ihre Feinde und die Schwierigkeiten, denen sie begegnen, werden die schlechtesten Seiten der Israeliten zum Vorschein bringen, alles, was sie in ihrem kollektiven Gedächtnis aufgespeichert haben. Schlechte Gewohnheiten und Bräuche, Vorlieben und Leidenschaften werden wieder hervorbrechen. Ihren Unglauben wird Gott manchmal sehr hart bestrafen. Und er wird ihren Glauben und ihr Vertrauen in den Bedrohungen herausfordern.

Sie begehrten gegen ihre Führer auf und rebellierten. Ihnen wurden die Knie weich, und sie rannten davon, wenn die Lage unübersichtlich wurde. Später saugten sie die Lebensart und die Überzeugungen der Nachbarvölker, mit denen sie zu tun hatten, wie ein Schwamm auf.

Gott aber sprach durch Mose zu Israel: »Mir gehört die ganze Erde, ihr aber sollt mir als ein Reich von Priestern und als ein heiliges Volk gehören« (2. Mose 19,5-6).

Angesichts der Treulosigkeit des Volkes scheint dieser Satz so absurd wie das Versprechen, das Abraham seinerzeit hörte, dass Gott ihn zum Vater eines großen Volkes machen würde. Wenn es schon Abraham schwer fiel zu glauben, wie schwer war es erst für Mose, wenn er an die Schwächen der Israeliten dachte? Die Bereitschaft der Israeliten, Gott nachzufolgen, und ihr Durchhaltevermögen waren nur von kurzer Dauer.

Den meisten von uns geht es nicht anders. Darum finde ich die Geschichten von den Hebräern in der Wüste so wichtig. Sie führen mir vor Augen, wie arm das Leben ist, wenn man keinen tief gegründeten Glauben hat. Diese Geschichten machen mich demütig, denn beim Lesen muss ich immer auch an mich denken. Wie das Volk Israel bin ich noch auf dem Weg, und ich habe es genauso nötig, an mir zu arbeiten und Gott um Vergebung zu bitten.

Ein Freund von mir, ebenfalls Pastor, sagte seiner Gemeinde eines Sonntagmorgens: »Wenn Sie alles über mich wüssten, was Gott über mich weiß, dann würden Sie diese Kirche niemals betreten. Aber wenn ich alles über Sie wüsste, was Gott über Sie weiß, dann würde ich Sie niemals in diese Kirche hereinlassen.« Als das Gelächter verebbte, dachten wir, dass in dieser Bemerkung viel Wahrheit steckte – und das war ziemlich ernüchternd.

Aber wir sind nicht allein. Auch die Israeliten waren nicht allein. Die Stimme, die Abraham berief, spricht nun zu Mose. Auf die Frage: Wie ist dein Name?, antwortet Gott: »Ich bin, der ich bin« (2. Mose 3,13-14; Elberfelder Bibel).

Mose erfuhr diesen Namen, als Gott zu ihm aus dem brennenden Dornbusch sprach. Was bedeutet er? Der Name kann auf dreifache Weise ausgelegt werden: Gott ist der Schöpfer aller Dinge; er ist der Sich-gleich-Bleibende, so groß, dass kein Mensch ihn jemals erfassen kann; er verspricht, dass er immer bei seinem Volk sein will (»ich bin für euch da«). Alle drei Erklärungsmöglichkeiten zeigen uns einen Gott, der über allen anderen Göttern steht – den allmächtigen Gott, den Allerhöchsten, den Vater Abrahams, Isaaks und Jakobs.

Als Israel aus der Sklaverei in Ägypten befreit wurde, lernte das Volk, Gott nachzufolgen. Dass sie sich entschieden, ihm zu folgen, prägte ihr Wesen als Volk Gottes: »Der Herr zog vor ihnen her, bei Tag in einer Wolkensäule, um ihnen den Weg zu zeigen, bei Nacht in einer Feuersäule, um ihnen zu leuchten. So konnten sie Tag und Nacht unterwegs sein« (2. Mose 13,21).

Willkommen in der Wüste

Mose und die Hebräer hatten von Ägypten Abschied genommen. Der Augenblick der Befreiung lag hinter ihnen, und jetzt war es an der Zeit, sich auf den Weg in das verheißene Land zu machen. Moses Gott hat seine Macht gezeigt, die, so sollte man glauben, weder Freund noch Feind jemals vergessen würde.

Vielleicht schwammen sie einige Zeit auf einer Welle der Euphorie, aber bald stellte sich heraus, dass diese allein nicht trug. Kaum hatten sie das eigentliche Ägypten verlassen, erreichten sie das Ufer des Schilfmeers, das sie nicht ohne weiteres durchqueren konnten. Irgendjemand drehte sich um und sah, dass das ägyptische Heer sie verfolgte. Der Pharao hatte offenbar seine Meinung geändert und wollte sie zurückhaben. Unter diesen Umständen rutschte allen begreiflicherweise sofort das Herz in die Hose. Gleich nachdem sie glücklich der Sklaverei entkommen waren, wurde ihr Glaube auf eine neue, unerhörte Probe gestellt:

»Als der Pharao sich näherte, blickten die Israeliten auf und sahen plötzlich die Ägypter von hinten anrücken. Da erschraken die Israeliten sehr und schrien zum Herrn. Zu Mose sagten sie: Gab es denn keine Gräber in Ägypten, dass du uns zum Sterben in die Wüste holst? Was hast du uns da angetan? Warum hast du uns aus Ägypten herausgeführt? Haben wir dir in Ägypten nicht gleich gesagt: Lass uns in Ruhe! Wir wollen Sklaven der Ägypter bleiben; denn es ist für uns immer noch besser, Sklaven der Ägypter zu sein, als in der Wüste zu sterben.« (2. Mose 14,10-12)

Mose bewahrte in dieser brenzligen Situation die Ruhe. Sein Glaube war schon viele Jahre lang in der Wüste geformt worden, und er wusste sich von Gott getragen: »Mose aber sagte zum Volk: Fürchtet euch nicht! Bleibt stehen und schaut zu, wie der Herr euch heute rettet. Wie ihr die Ägypter heute seht, so seht ihr sie niemals wieder. Der Herr kämpft für euch, ihr aber könnt ruhig abwarten.« (2. Mose 14,13-14)

Genau so geschah es. Die Israeliten zogen durch das geteilte Meer, und die Ägypter ertranken alle bei der Verfolgung. Es war ein umwerfender Augenblick (jedenfalls wenn man ein Hebräer war), und sie unterbrachen ihre Reise, um Gott zu danken. Die Lieder von Mose und Mirjam (2. Mose 15) drücken die Freude und Dankbarkeit aus, die Israel an diesem Tag für Gott empfand. Eben noch total entmutigt, singen sie jetzt eines der großartigsten Loblieder der ganzen Bibel.

Ich habe nichts auch nur annähernd so Dramatisches erlebt. Einige Augenblicke aber waren für mich dramatisch genug. Augenblicke, in denen ich mit dem Rücken zur Wand stand und keinen Ausweg mehr sah; wenn ich vor einer Entscheidung stand und absolut nicht wusste, was ich zu tun hatte, oder absolut keine Kraft hatte, um ein Projekt durchzuziehen, oder wenn ich miterleben musste, dass jemand, den ich liebte, Schlimmes durchmachte.

Dann macht man das, was einem ein ganzes Leben lang beigebracht wurde: Man geht auf die Knie (wenn es sein muss, die ganze Nacht). Man betet voller Hingabe und schüttet Gott sein Herz aus. Man macht Versprechungen. Und dann erlebt man ein Wunder – anders kann man es nicht nennen. Irgendetwas geschieht und man erkennt, dass Gott tatsächlich gehandelt hat. Es ist ein unglaublicher Augenblick. So muss es für Israel gewesen sein. Ich kann ihre Freude verstehen.

Allerdings kann ich nicht verstehen (weder bei ihnen noch bei mir), dass sie dieses Lied aus 2. Mose 15 so schnell vergessen: Wie schnell die Mutlosigkeit sie wieder einholt! Kurz nach ihrem Durchzug durch das Schilfmeer wandern die Israeliten durch die Wüste, und ein neues Problem taucht auf: Wo sollen sie Nahrung hernehmen?

In der Wüste jammern sie Mose und Aaron die Ohren voll: »Wären wir doch in Ägypten durch die Hand des Herrn gestorben, als wir an den Fleischtöpfen saßen und Brot genug zu essen hatten. Ihr habt uns nur deshalb in diese Wüste geführt, um alle, die hier versammelt sind, an Hunger sterben zu lassen.« (2. Mose 16,3)

Diese entmutigten Menschen schreiben die Geschichte um. Sie können sich nicht mehr richtig erinnern, die großen Taten Gottes von gestern sind vergessen. Niemand denkt mehr an das Leben als Sklave, aus ihrem Mund klingt es jetzt so, als sei das Leben in Ägypten eine einzige Party gewesen. Dass Gott sie beim Schilfmeer gerettet hat, übersieht man geflissentlich. Auf einmal schiebt man Mose den schwarzen Peter zu, und der ägyptische Pharao wirkt im Rückblick mit jedem Tag freundlicher. Schon damals betrachtete man die Vergangenheit gern durch die rosa Brille! Man bezweifelte, dass Gott alles im Griff hat. Das war nicht nur in uralten Zeiten üblich, auch heute begegnet uns diese Denkweise auf Schritt und Tritt. Wir heutigen Menschen geraten doch jedes Mal in Panik, wenn wir uns einem »Schilfmeer« oder einer »Wüste« gegenübersehen.

Der römische Dichter und Philosoph Lukrez schrieb: »Schau dir einen Menschen an, wenn ihn Zweifel und Gefahr bedrohen. In der Stunde der Prüfung wirst du sehen, wer er wirklich ist. Dann sagt er die Wahrheit, die er vorher in seiner Brust verborgen hielt. Die Maske wird ihm vom Gesicht gerissen; die Wirklichkeit bleibt.«

Warum war das kollektive Gedächtnis der Israeliten so schlecht? Konnte ein Gott, der den Pharao unterwarf, das Meer teilte und eine ganze Armee besiegte, nicht ein vergleichsweise kleines Problem wie die Nahrungsbeschaffung lösen? Die Israeliten waren so kurzsichtig.

Jetzt sollten die Israeliten etwas lernen. Um ihren Glauben zu formen, sagte Gott: »Ich will euch Brot vom Himmel regnen lassen. Das Volk soll hinausgehen, um seinen täglichen Bedarf zu sammeln. Ich will es prüfen, ob es nach meiner Weisung lebt oder nicht.« (2. Mose 16,4)

Und Israel lernte diese Lektion. So wie Abraham lernen musste, darauf zu vertrauen, dass Gott ihm einen Sohn schenken würde, mussten die Israeliten lernen zu vertrauen, dass Gott ihnen ihr tägliches Brot schenken würde. Dass sie am Sabbat ausruhen sollten. Dass sie keine Reichtümer sammeln und horten und von dem, was

Gott ihnen schenkte, nichts für alle Fälle abzweigen durften. »Und Mose sprach zu Aaron: Nimm ein Gefäß und tu Manna hinein, den zehnten Teil eines Scheffels, und stelle es hin vor den Herrn, dass es aufbewahrt werde für eure Nachkommen« (2. Mose 16,33; Lutherübers.). Wer seinen Glauben, sein verborgenes Leben entwickeln will, braucht Gedächtnisstützen. Es wäre schön gewesen, wenn Israel damit alles Nötige gelernt hätte. Aber natürlich war das nicht so.

Am Fuß des Berges

»Ich merke überhaupt nicht, dass Gott in meiner Welt da ist.«

»Wenn ich bete, habe ich immer das Gefühl, ich spreche mit einem Stein.«

»Es geht mir auf die Nerven, wenn jemand sagt: ›Der Herr hat zu mir gesprochen ...‹«

All das habe ich schon gehört und vor einiger Zeit vielleicht selbst gesagt. Ich glaube, dass die Hebräer auch solche Dinge sagten, als sie voller Ungeduld am Fuß des Berges auf Mose warteten. Nach den Schwierigkeiten am Beginn ihrer Reise waren sie weit nach Süden in die Wüste Sinai vorgestoßen, bis sie an einem großen Berg ankamen. Mose war schon einmal auf den Berg gestiegen, um mit Gott zu reden, und auch wieder zurückgekommen.

Dieses Mal aber blieb er länger auf dem Gipfel, als die Israeliten es für gut hielten. Sie bekamen Angst, und das bisschen Glauben, das in ihnen steckte, machte sich schnell davon. Sie fühlten sich allein gelassen und verwundbar.

Schließlich kamen sie zu der Überzeugung, dass ihr Führer wohl nicht mehr vom Berg herunterkommen würde. Und innerhalb von kurzer Zeit zerbrach alles, was sie gelernt und begriffen hatten.

Ihre Lösung? Sie berieten sich mit Aaron, Moses Bruder, der eigentlich für das geistliche Leben der Gemeinschaft verantwortlich war: »Auf, mach uns einen Gott, der vor uns hergehe! Denn wir wissen nicht, was diesem Mann Mose widerfahren ist, der uns aus Ägyptenland geführt hat« (2. Mose 32,1; Lutherübers.). Ich bin jedes Mal wieder erstaunt, dass Aaron sich auf diesen Vorschlag einließ.

Was war schief gegangen? Sie wollten zu »irgendetwas« beten, das sie auch sehen konnten. Vierhundert Jahre lang hatten sie in Ägypten unter Götzenanbetern gelebt.

Wenn Mose bei ihnen war, konnten sie sich auch auf Moses Gott verlassen. Wenn aber Mose zu lang von der Bildfläche verschwand, dann wanderte ihr Glaube ab. Ganz schnell vergaßen sie die Wunder, die Gott beim Auszug aus Ägypten getan hatte, und wandten sich wieder ihrem alten Lebensstil zu. Sie waren orientierungslos und machten sich ein Standbild, das sie anbeten konnten. Damit stellten sie Gott auf eine Stufe mit den Fruchtbarkeitsgöttern ihrer Nachbarn.

Dann kam Mose vom Berg zurück (2. Mose 32,15-35). Als er mit Josua nahe genug herangekommen war, sah er mit eigenen Augen, wie die *Kinder Gottes* um das Goldene Kalb herumtanzten. Mose hätte nicht zorniger sein können.

Als er Aaron wegen des Goldenen Kalbes zur Rede stellte, scheint Aaron nur mit den Schultern gezuckt zu haben: »Sie haben mir das Gold übergeben, ich habe es ins Feuer geworfen, und herausgekommen ist dieses Kalb« (2. Mose 32,24).

Ich kenne diese Geschichte schon fast so lange, wie ich lebe. Über die Ungeduld und die Dummheit des Volkes am Fuß des Berges habe ich zuerst gelacht. Ich habe mich darüber gewundert, wie wenig Führungskraft Aaron besaß und wie er nachher jede Verantwortung abstritt. Und ich war zornig wie Mose, als er vom Berg herabstieg und dieses Spektakel sehen musste.

Als ich älter wurde und begriff, dass Menschen dumme Dinge denken und sagen können, wenn die Verbindung zu Gott unterbrochen ist, habe ich diese Geschichte etwas besser verstanden.

In meinem Regal habe ich ein altes Buch von C. H. Macintosh gefunden. Er schreibt: »Jeder Mensch macht im Lauf seines Lebens eine Krise durch, in der es sich herausstellt, auf welchem Grund er gebaut hat, welche Motive ihn in Bewegung setzen und auf welche Ziele er hinarbeitet.«

An dem Tag, an dem Mose vom Berg herunterstieg, konnte man eine ganze Menge über die Israeliten erfahren. Die Menschen spürten, dass die Verbindung abgebrochen war, und versuchten sich irgendein Bild für Gott zu bauen, das ihnen ihre Angst nehmen konnte. Wenn ein Mensch spürt, dass er nicht in Gott gegründet ist, dann bleibt es nicht aus, dass er sich ein Goldenes Kalb zurechtbastelt.

Unserer Zeit kommt es lächerlich vor, um ein Goldenes Kalb herumzutanzen. Aber ich glaube, dass *unsere* goldenen Kälber einfach anders aussehen: vielleicht schnellere Autos, als wir eigentlich brauchen, größere Häuser, als wir eigentlich brauchen, mehr Geld, als wir eigentlich brauchen. Manchmal glaube ich, mir irgendeine Sache unbedingt kaufen zu müssen, die ich eigentlich gar nicht brauche. Aber ich spüre das Verlangen, etwas zu erwerben, etwas zu *haben*, damit ich mich danach eine Weile gut fühle. Einen schnelleren Computer (obwohl ich damit leider auch nicht schneller schreiben kann), einen besseren CD-Player. Ich muss gar nicht viel Geld dafür ausgeben, ich brauche einfach das Gefühl, etwas Neues zu besitzen.

Dieser Impuls weist oft in dieselbe Richtung wie das, was am Fuß des Sinai vor sich ging, auf diese ungeistliche Sehnsucht nach etwas Neuem, weil man die Verbindung zu Gott verloren hat. Man braucht irgendetwas, um das man herumtanzen kann.

Fehlstart

Nachdem die Israeliten das Gesetz Gottes am Berg Sinai empfangen hatten, zogen sie weiter durch die Wüste. Hier und da wurden sie in Kämpfe verwickelt, die sie meistens gewannen, weil ihnen Gott beistand. Kapitel für Kapitel berichtet uns die Bibel von der Treue Gottes, und eigentlich sollte man glauben, dass das Volk die großen Taten Gottes in Erinnerung behielt und immer mehr lernte, ihm zu vertrauen. Früher oder später würden sie es begreifen, so wie Abraham es begriffen hatte: Jahwe ist ein Gott, auf den man sich verlassen kann; ihm nachzufolgen bedeutet, Früchte des Glaubens hervorzubringen.

Dann aber erreichen sie einen Ort namens Kadesch-Barnea, das Tor zum verheißenen Land. Zwölf Kundschafter werden nach Kanaan ausgesandt. Sie sollen alles über die Bewohner, die befestigten Städte, Bodenbeschaffenheit und Landwirtschaft herausfinden.

Zehn Kundschafter kommen zurück mit der Ansicht, dass es viel zu gefährlich sei, in Kanaan einzudringen. Die beiden anderen, Josua und Kaleb, geben ein Minderheitenvotum ab. Nichts kann sie von ihrem Optimismus abbringen, und sie schlagen vor, auf der Stelle eine Invasion zu planen.

Die Zehn sagen: »Wir können nichts gegen dieses Volk ausrichten; es ist stärker als wir. Und sie verbreiteten über das Land, das sie erkundet hatten, bei den Israeliten falsche Gerüchte und sagten: Das Land, das wir durchwandert und erkundet haben, ist ein Land, das seine Bewohner auffrisst, alle Leute, die wir dort gesehen haben, sind hoch gewachsen. Sogar die Riesen haben wir dort gesehen ... Wir kamen uns selbst klein wie Heuschrecken vor, und auch ihnen erschienen wir so.« (4. Mose 13,31-33)

Und wie reagiert das Volk? »Da fuhr die ganze Gemeinde auf und schrie, und das Volk weinte die ganze Nacht« (4. Mose 14,1; Lutherübers.). Die Mehrheitsmeinung setzt sich durch. Das Volk Israel hat entschieden, dass der Gott, der sie aus Ägypten geführt, in der Wüste mit Essen und Trinken versorgt und ihnen im Kampf Kraft gegeben hat, hier schlicht und einfach versagt hat. Er hat sie in die Irre geführt, und sie haben Angst.

Furcht und Zweifel sind nahe Verwandte. Kinder fürchten sich, Erwachsene zweifeln. Im Grunde sind sie gleich: Beide höhlen den Glauben aus, beide führen zu dieser Lauheit, von der die Bibel an anderer Stelle spricht, und münden schließlich in Enttäuschung. Es ist aber gefährlich für die Gemeinde, wenn sie über die großen Taten Gottes in der Vergangenheit redet, aber leugnet, dass er auch heute in das Leben der Menschen eingreift. Dieser Unglaube entzieht dem lebensbejahenden Optimismus den Boden.

Ich kann die Geschichte der Israeliten, die an der Grenze zum verheißenen Land stehen, nicht lesen, ohne mich zu fragen, wie ich wohl reagiert hätte, wenn ich damals eine Entscheidung hätte treffen müssen. Ich hätte mich wohl gern bei Josua und Kaleb eingereiht, und ich hätte Angst gehabt, die anderen zehn könnten das Volk mit ihren Argumenten überzeugen.

Schließlich folgen die Israeliten ihrem Gott, aber nicht ganz freiwillig. Fast schleift er sie hinter sich her. Trotzdem: Sie sind auf dem Weg ins verheißene Land und haben noch viel zu lernen.

Wenn ich dieses Kapitel aus der Geschichte Israels lese, muss ich an einen Tag meiner eigenen geistlichen Reise denken, als ich von Zweifeln überwältigt wurde. Ich war absolut überzeugt davon, Gottes Pläne für mein Leben zu kennen. Aber alles, was um mich herum vorging, schien in die entgegengesetzte Richtung zu weisen. Das machte die Situation für mich unerträglich.

Ich glaubte, Gott hätte mich zum Narren gehalten – und ich konnte nicht einmal gegen diesen Gedanken ankämpfen. Er hatte mich zu meinem persönlichen Kadesch-Barnea geführt, und ich hatte das Gefühl, er würde mich dort einfach zappeln lassen. An diesem Tag verstand ich, wie sich die Israeliten gefühlt haben mussten. Verraten und verkauft! Mehr als einmal begann ich mein Gebet mit den folgenden Worten: »Gott, ich verstehe deine Sprache nicht mehr.«

Wie bei den Israeliten geriet mein Glaube ins Wanken. Ich brauchte einige Zeit, um mich von dieser Erfahrung zu erholen. Heute, viele Jahre später, zweifle ich nicht mehr daran, dass Gott genau wusste, was er tat: Seine Pläne waren mir verborgen, und ich musste lernen, ihm zu vertrauen.

13. Unrühmliche Ereignisse

Vierzig Jahre lang wanderten die Kinder Abrahams in der Wüste umher, immer wieder dem verheißenen Land ganz nah. Aber nur langsam wuchsen ihr Glaube und ihr Vertrauen auf Gott.

Wenn ich mir diese uralte Erzählung von der Wüstenwanderung ins Gedächtnis rufe, ist das für mich beunruhigend, denn diese Ereignisse stellen auch mich in Frage. Natürlich kenne ich diese Geschichten schon lange, ich kann mich daran erinnern, dass sie mir als Kind immer wieder erzählt wurden.

Damals waren sie für mich nur Abenteuergeschichten. Nun ja, Kinder sind zwar gute Beobachter, aber sie können sich nicht immer einen Reim darauf machen, was sie sehen. Erst als Erwachsener, als ich den »Tritt der trampelnden Stiefel« am eigenen Leib verspürt hatte, konnte ich diese Geschichten in einem neuen Licht sehen.

Und auf einmal bemerkte ich, dass Israel auch in mir steckte! Diese Geschichten sind so wertvoll, weil sie eine Art Reiseführer für unsere geistliche Reise darstellen. Sie zeigen uns, wo wir Gott nicht vertrauen. Und sie zeigen uns den Weg zum Bekennen unserer Schuld vor Gott. Wenn wir im Gebet lediglich ein paar kleinere Verfehlungen, die sich im Lauf des Tages angesammelt haben und die wir Sünden nennen, vor Gott bringen (ich will die Bedeutung eines solchen Bekenntnisses keineswegs herunterspielen), dann haben wir die unglaubliche Kraft der reinigenden Gnade noch nicht kennen gelernt. Seine überwältigende Gnade bietet Gott uns an, wenn wir umkehren, unseren Weg wirklich korrigieren.

Die Israeliten helfen mir, die gefährlichen Unterströmungen der bösen Absichten und Pläne zu verstehen, die jeden Tag ihren Schmutz in mein Leben spülen, wenn sie nicht erkannt und durch eine neue Persönlichkeit im Glauben ersetzt werden, so wie Gott sie Abraham geschenkt hatte.

Eine gesunde Distanz wahren

Die Geschichte, wie die Israeliten in Moab, dem Land der Moabiter, eintreffen, ist keine erbauliche Lektüre. Sie steuert sehr langsam auf ihren Höhepunkt zu. Der alles andere als erfreuliche Schluss kommt plötzlich und überraschend. Aber die Lektion, die uns diese ganze Geschichte lehren will, verdient Beachtung.

Wer waren die Moabiter? In der Geschichte von Abraham und Lot lesen wir, dass Lots Töchter ihren Vater verführten, als er betrunken war. Die ältere Tochter empfing ein Kind, das später zum »Vater der Moabiter« wurde. Jahrhunderte später erfahren wir den Rest der Geschichte.

In dieser Region spielte Balak, der Sohn Zippors und König von Moab, eine Schlüsselrolle. Er wusste sehr genau, dass es immer Ärger für die Einheimischen bedeutete, wenn die Hebräer irgendwo auftauchten. Für ihn war es nur eine Frage der Zeit bis zum Ausbruch eines bewaffneten Konflikts.

Darum verständigte er seine Nachbarn, die Midianiter, und nahm Verbindung mit einem bekannten Seher auf, Bileam, dem Sohn Beors (ich hoffe, Sie können die ganzen Namen im Gedächtnis behalten!). Weil Bileam die Gabe hatte, mit Vollmacht zu segnen und zu verfluchen, wollte Balak sich in der unvermeidlichen Auseinandersetzung mit den Israeliten Bileams Hilfe versichern. Balaks Gesandte teilten dem Seher mit, dass ihr Chef bereit sei, eine große Summe springen zu lassen, wenn er mit einem wirkungsvollen Fluch Mose und sein Volk neutralisieren könnte. Balak musste einräumen: Das Volk »ist mir zu mächtig; vielleicht kann ich's dann schlagen und aus dem Lande vertreiben; denn ich weiß: wen du segnest, der

ist gesegnet, und wen du verfluchst, der ist verflucht«
(4. Mose 22,6; Lutherübers.).

Bileam schlief eine Nacht darüber und sagte dann ab.
Er hatte die Stimme Gottes gehört, die ihm befahl, sich
aus dieser Sache herauszuhalten. Also machten sich Balaks Leute wieder auf den Rückweg. Aber schon bald
kamen sie wieder und machten ein neues Angebot, dem
Bileam wohl nicht widerstehen konnte. Also machte er
sich mit ihnen auf den Weg, um seinen Fluch abzuliefern
und das Honorar zu kassieren.

Auf dieser Reise hören wir auch von dem Zwischenfall
mit Bileam und seiner sprechenden Eselin. Wenn Sie die
Geschichte kennen, erinnern Sie sich vielleicht daran, dass
ein Engel des Herrn die Straße versperrte, aber nur die
Eselin ihn sehen konnte. Als sie in ein Feld ausweichen
wollte, schlug Bileam sie. Beim zweiten Versuch, dem
Engel auszuweichen, drängte sich die Eselin an die Mau-
er, und Bileam verletzte sich am Fuß. Beim dritten Mal
legte sie sich einfach hin, und Bileam verlor die Beherr-
schung. »Da tat der Herr der Eselin den Mund auf«, heißt
es nun (4. Mose 22,28; Lutherübers.).

»Was hab ich dir getan, dass du mich nun dreimal
geschlagen hast?«, beklagte sie sich bei Bileam. »War es je
meine Art, es so mit dir zu treiben?« Und Bileam antwortete darauf tatsächlich mit Nein.

Eine großartige Geschichte! »Da öffnete der Herr dem
Bileam die Augen, dass er den Engel des Herrn auf dem
Wege stehen sah, mit einem bloßen Schwert in seiner
Hand, und er neigte sich und fiel nieder auf sein Ange-
sicht.« Bileam ließ sich vom Engel überzeugen. Statt eines
Fluches sprach er eine Segensverheißung über Israel aus:

»Jahwe, sein Gott, ist bei ihm, seinem König jubelt Israel zu. Gott, der sie aus Ägypten geführt hat, ist für sie wie
das Horn des Wildstiers« (4. Mose 23,21-22; Einheits-
übers./Luther).

Das sagt eigentlich alles. Wie man erwarten konnte, wurde Bileam ohne Honorar nach Hause geschickt. »Da brach Bileam auf und kehrte in seine Heimat zurück, und auch Balak zog seines Weges« (4. Mose 24,25).

Damit ist die Geschichte aber noch nicht zu Ende. Das war nur ein Vorspiel für die Lektion, die Israel jetzt lernen soll. – Die nächsten Abschnitte sind eine unerfreuliche Lektüre. Ich kann verstehen, wenn viele Menschen sie heute sogar abstoßend finden. Aber wir müssen dabei immer einen Gedanken im Hinterkopf behalten: *Welche zeitlose Botschaft will uns der Schreiber vermitteln?*

Die nächste Szene zeigt uns Israel in einer äußerst verhängnisvollen Situation: »Und Israel lagerte in Schittim. Da fing das Volk an zu huren mit den Töchtern der Moabiter; die luden das Volk zu den Opfern ihrer Götter. Und das Volk aß und betete ihre Götter an. Und Israel hängte sich an den Baal-Peor. Da entbrannte des Herrn Zorn über Israel.« (4. Mose 25,1-3)

Die Israeliten hatten die Moabiter nicht vertrieben, weil Gott es ihnen verboten hatte. Er wollte die Treue seines Volkes prüfen. Er hatte alles für einen großen Sieg vorbereitet und den Plan König Balaks vereitelt. *Israel musste nichts weiter tun, als im Einklang mit Gott zu leben, der dem Volk Sicherheit schenkte.*

Israel wurde nicht von einer starken Militärmacht aufgehalten. Was Balaks Armeen niemals erreicht hätten, schafften die moabitischen Frauen mit links. Sie luden die Männer ein, an ihren Opferfesten teilzunehmen. Der heidnische Kult war verlockend, und viele israelitische Männer konnten nicht nein sagen. Sie aßen auch vom Opferfleisch und ließen sich sexuell mit den Frauen ein, was bei vielen Kulten sozusagen dazugehörte. Schließlich verrieten sie ihren Gott auch noch, indem sie sich vor den fremden Göttern niederwarfen.

Dass sich die Israeliten mit ihren Feinden verbrüderten, wurde hart bestraft. Gott gab Mose den Befehl, die Anführer hinzurichten, die für diese Untreue verantwortlich waren. Unwillkürlich zucken wir zusammen, wenn wir diesen grausamen Befehl hören. Aber wir sollten auf die Botschaft achten, die dahinter liegt. Gott lässt seine Ehre nicht ungestraft verletzen. Und er kämpft um die Treue seines Volkes. Wenn seine Leute aus der geistlichen Reise aussteigen, geht er ihnen hinterher und ruft sie zurück.

Nachfolge bedeutet, sich mit seinem ganzen Wesen von Gott reinigen zu lassen. So etwas geschieht nicht ein für alle Mal bei der Bekehrung. Schlechte Gewohnheiten und falsche Denkweisen hatten sich seit Generationen unter den Israeliten ausgebreitet. Sie hatten in einer Welt gelebt, in der man ihnen alle Entscheidungen abnahm, in der sie kaum einüben konnten, eine selbstständige und vernünftige Wahl zu treffen. Vielleicht waren sie militärisch stark genug, um eine Schlacht zu gewinnen, aber ihr Glaubensleben war in einem Besorgnis erregenden Zustand. Man musste sie nur verführen, und schon wurden sie zu einer leichten Beute.

Das verborgene Leben eines ganzen Volkes aufzubauen, war keine einfache Aufgabe. Im Lauf einer Generation eine Nation aus ihnen zu machen, das war denkbar. Aber ihnen eine Art Kultur zu geben, in der sie dem Gott nachfolgten, der einst zu Abraham gesprochen hatte? Das würde einige Zeit dauern.

Es kommt noch schlimmer. Der Schreiber berichtet nun von einem einzelnen Hebräer und seiner midianitischen Freundin. Der Mann hatte die Frechheit, vor aller Augen die Frau zum Ehebruch ins Lager der Israeliten zu führen. Unglücklicherweise trafen sie auf dem Weg einige aus Moses Führungsmannschaft. Diese waren unterwegs zu einem Treffen, auf dem sie über genau das Problem diskutieren wollten. Schlechtes Timing!

Pinhas, einer von Moses Männern, sah die beiden. Voller Zorn folgte er ihnen zum Haus und brachte sie dort auf der Stelle um. Auch wenn die Gewalttat nicht in unsere Zeit passt, wird deutlich: Es war eine Folge von Gottes Zorn. Warum?

Aus Eifer für Gott handelt er treu und entschlossen und stoppt damit »die Plage«. Von da an halten sich die Israeliten zurück. Pinhas hat ein Gespür für die Heiligkeit Gottes. Für ihn war der Moment gekommen, in dem er schlechte Gewohnheiten und Taten, die die Seele vergiften, mit der Wurzel ausrotten wollte. Pinhas folgte Gott nach.

Am liebsten würde ich diese Geschichte hier vollkommen aussparen. Religiöse Eiferer und Frömmler könnten sie ja auch zum Vorwand nehmen, um Hass und Gewalt gegen alles, was ihnen »unrein« erscheint, zu rechtfertigen.

Vom Neuen Testament her bleibt Pinhas' Hingabe auch für uns beispielhaft, auch wenn wir andere Mittel einsetzen müssen als er. Ich wünschte mir aber seinen Glauben und sein Herz. Die eigentliche Botschaft lautet, dass man die Sünde hassen muss und dass jeder Einzelne darunter leidet, wenn man Sünde in einer Gemeinschaft oder auch nur in einem einzelnen Menschen toleriert. Israel musste lernen: Was in Moab geschah, trieb sie von Gott weg.

Unter den Teppich gekehrt

Der Kampf um Israels Herz ging noch weiter. Wie in Abrahams Leben gab es Lichtblicke, aber auch viele dunkle Flecken. Um ein oder zwei Lektionen auszuwählen, springe ich einige Jahre nach vorn, in die Zeit, als die Israeliten unter Josuas Führung den Jordan überquerten und das Heilige Land betraten.

Jericho lag an der Grenze. Wenn die Israeliten noch weiter in das Land eindringen wollten, mussten sie die Stadt einnehmen.

Als Kinder hat uns diese Geschichte immer wieder gefesselt. Wir hörten, dass die Stadtmauern stark und kaum einzunehmen waren. Wir hörten, dass das Volk Israel mutlos wurde, obwohl es schon viele große Taten Gottes gesehen und erlebt hatte.

Der Herr befahl den Israeliten nicht zu kämpfen, sondern einfach um die Stadtmauer herumzugehen. Sechs Tage marschierten sie jeweils einmal schweigend um die Stadt herum. Am siebten Tag legten sie diesen Weg siebenmal zurück. Auf ein vereinbartes Signal hin begannen sie zu schreien, die Priester bliesen ihre Hörner und die Mauern der Stadt erzitterten. Die stolze Stadt, die auf die Stärke ihrer Mauern vertraut hatte, wurde von den Hebräern eingenommen.

Hier beginnt die nächste Lektion in Sachen Prägung einer geistlichen Persönlichkeit. Josua befahl dem Volk: »Hütet euch aber davor, von dem, was dem Untergang geweiht ist, etwas zu begehren und wegzunehmen; sonst weiht ihr das Lager Israels dem Untergang und stürzt es ins Unglück. Alles Gold und Silber und die Geräte aus Bronze und Eisen sollen dem Herrn geweiht sein und in den Schatz des Herrn kommen.« (Josua 6,18-19)

Josua verkündete, dass man die Stadt nicht plündern dürfe. Alle Schätze, die man in ihr fand, waren Gott geweiht.

Nach der Schlacht um Jericho wurden die Israeliten gewarnt. In Moab sollten die Männer die moabitischen Frauen nicht anrühren. Sie taten es doch. In Jericho sollten sie die Finger von Gold, Silber und Bronze lassen. Würden sie sich daran halten?

Soweit wir wissen, hielten sich alle Israeliten daran – bis auf einen. Achan aus dem Stamm Juda hatte offenbar ganz andere Vorstellungen im Kopf. Einige der geweihten Gegenstände verbarg er unter dem Fußboden seines Zeltes. Und zunächst sprach alles dafür, dass er damit davonkommen könnte.

Achan glaubte wie die meisten Menschen seiner Zeit, dass die Götter nur eine sehr begrenzte Macht hätten. Man musste nur etwas vergraben (wie Achan), davonlaufen (wie

Jona) oder die Wogen ein bisschen glätten, und dann kam nichts ans Tageslicht. Das war schlechte Theologie.

Auch diese Geschichte haben wir alle Dutzende Male als Kinder gehört. Sie hat uns beigebracht, dass wir Gott nicht hinters Licht führen können. Und doch haben wir alle genau das versucht und versuchen es immer noch. Damit lagen (und liegen) wir falsch. Eine geistliche Persönlichkeit, wie sie die Bibel versteht, basiert auf der gelebten Überzeugung, dass man vor Gott nichts verbergen kann.

In diesem Fall bekamen die Israeliten unerwartet militärische Probleme. Eine kleine Einheit von zu selbstsicheren Soldaten erlebte in einem Scharmützel bei dem kleinen Dorf Ai eine vernichtende Niederlage. Josua verstand das als Alarmsignal, dass irgendetwas nicht stimmte. Die Bibel schildert die Ängste und Qualen, die er auszustehen hatte:

»Josua zerriss seine Kleider und warf sich zusammen mit den Ältesten vor der Lade des Herrn mit dem Gesicht zu Boden und blieb dort bis zum Abend liegen. Sie streuten sich Asche auf das Haupt, und Josua sagte: Ach Herr, mein Gott! Warum hast du dieses Volk über den Jordan ziehen lassen? Um uns den Amoritern auszuliefern, damit sie uns vernichten? Hätten wir uns doch dazu entschlossen, jenseits des Jordan zu bleiben! Ach Herr, was soll ich sagen, nachdem Israel seinen Feinden den Rücken gezeigt hat? Das werden die Kanaaniter und alle Bewohner des Landes hören, und sie werden uns umzingeln und unseren Namen im ganzen Land ausrotten. Was willst du dann für deinen großen Namen tun?« (Josua 7,6-9)

Gottes Antwort an Josua war unzweideutig. Israel hatte gesündigt: »Deshalb können die Israeliten dem Angriff ihrer Feinde nicht mehr standhalten ... Ich werde nicht mehr mit euch sein, wenn ihr bei euch nicht alles, was dem Untergang geweiht ist, vernichtet ... Du kannst dem Angriff deiner Feinde nicht standhalten, solange ihr nicht alles, was dem Untergang geweiht ist, aus eurer Mitte entfernt habt.« (Josua 7,12-13)

Als ich diese Geschichte mit sechzig Jahren las und darüber nachdachte, war ich wieder einmal darüber erstaunt, wie anders ich sie als Sechsjähriger aufgefasst hatte. Damals war es für mich eine Abenteuergeschichte. Heute erinnert sie mich daran, wie man zu einer geistlichen Persönlichkeit wird, denn diese Geschichte sagt mir, dass ein Mensch nur so fest steht, wie die Dinge, die er in seinem tiefsten Inneren versteckt hält, es zulassen.

Ich wuchs in einer Gemeinde und einer Familie auf, in der man nur dann überleben konnte, wenn man seine Geheimnisse für sich behielt, wie ich dachte. Erzähl deinen Eltern nur ja nicht, wo du warst und wie du dich wirklich fühlst. Behalte deine Gedanken für dich, denn wenn du deine Zweifel, deine Ängste und Versuchungen in der Gemeinde äußerst, wird man dich kritisieren und über dich klatschen. Man wird dich weder lieben noch schätzen.

Ich finde jeden Fehler der Israeliten in meinem eigenen Leben wieder, Achans Verfehlung eingeschlossen. Ich weiß nur zu gut, wie sich jemand fühlt, der einen Teil seines Lebens unter den Teppich kehrt und hofft, dass niemand, nicht einmal Gott, davon etwas bemerken wird.

Es fällt uns schwer zu verstehen, dass Achan mit seiner ganzen Familie aus der Gemeinschaft ausgelöscht werden musste. Früher hätte man verstanden, dass andere in der Gemeinschaft möglicherweise seinem Beispiel folgen könnten. Wenn im Volk geistliche Persönlichkeiten eine Chance bekommen sollten zu wachsen, dann musste die Haltung dieser Familie, die Geheimniskrämerei, ausgerottet werden.

Der tiefe Glaube der Wenigen

Auch in der Folgezeit entwickelte sich der Glaube der Israeliten nicht zum Besseren. Wie schön wäre es, wenn man wenigstens von der nächsten Generation sagen könnte: Hier gibt es eine Gemeinschaft von Menschen, in deren Persönlichkeit sich tatsächlich Gott widerspiegelt! So kam es aber nicht.

Warum sollte Gott zu so einem Volk halten? Antwort: Er liebte es und hatte seinem Vater Abraham ein Versprechen gegeben. Gott bricht seine Versprechen nicht. Er ist heilig.

Aber er bestrafte die Israeliten, manchmal sogar streng.

Trotzdem: Von dem Augenblick an, als sie sich von Josua unbeachtet glaubten, gab es wieder schlechte Neuigkeiten.

»Als Josua das Volk ziehen ließ, machten sich die Israeliten auf den Weg, um das Land in Besitz zu nehmen; jeder (ging) zu seinem Erbbesitz. Und das Volk diente dem Herrn, solange Josua lebte und solange die Ältesten am Leben waren, die Josua überlebten und all die großen Taten des Herrn gesehen hatten, die er für Israel getan hatte. Josua, der Sohn Nuns, der Knecht des Herrn, starb im Alter von hundertzehn Jahren, man begrub ihn ...

Auch seine ganze Generation wurde mit ihren Vätern vereint, und nach ihnen kam eine andere Generation, die den Herrn und die Taten, die er für Israel vollbracht hatte, nicht mehr kannte. Die Israeliten taten, was dem Herrn missfiel, und dienten den Baalen. Sie verließen den Herrn, den Gott ihrer Väter, der sie aus Ägypten herausgeführt hatte, und liefen anderen Göttern nach, den Göttern der Völker, die rings um sie her wohnten. Sie warfen sich vor ihnen nieder und erzürnten dadurch den Herrn. Als sie den Herrn verließen und dem Baal und den Astarten dienten, entbrannte der Zorn des Herrn gegen Israel. Er gab sie in die Gewalt von Räubern, die sie ausplünderten, und lieferte sie der Gewalt ihrer Feinde ringsum aus, so dass sie ihren Feinden keinen Widerstand mehr leisten konnten.« (Richter 2,6-16)

Der Schreiber des Richterbuchs bewertet diese Epoche der israelitischen Geschichte so: »In jenen Tagen gab es in

Israel noch keinen König; jeder tat, was ihm gefiel« (Richter 17,6). Dass sie unter dem »Tritt der trampelnden Stiefel« gelitten hatten, machte sie nicht zu besseren Menschen; im Gegenteil, es brachte nur an den Tag, wie schlimm es um sie bestellt war.

Wenn wir die Entwicklung der Israeliten betrachten, sehen wir Entmutigung, Enttäuschung und jetzt offene Ablehnung. Ohne Führungspersönlichkeiten wie Mose oder Josua war Israel ein Nichts. Wie Lot ohne Abraham ein Nichts war. Der Glaube und die Persönlichkeit dieser beiden großen Männer hatten das Volk lange Jahre zusammengehalten. Nach ihrem Tod wandte es sich von Gott ab.

In den tausend Jahren bis zur Geburt Jesu änderte sich daran nichts Entscheidendes. Hin und wieder trat ein Mensch nach dem Herzen Gottes auf, dem verzweifelten Volk auf sein Flehen hin vom Herrn geschickt. Gott sandte Menschen wie Gideon und Debora, die jeweils einige Jahre lang die Führung übernahmen. Wenn ein Prophet auf der Bildfläche erschien, ging es mit den Israeliten aufwärts, aber meistens nur für kurze Zeit. Einige Könige wie David und Josia wagten es, dem Glauben konsequent Geltung zu verschaffen. Im Grunde aber blieben die Israeliten wie ein Blatt im Wind, und nur einige Menschen, der treu gebliebene »Rest«, bewahrte durch seinen Glauben das Volk vor dem Untergang.

Die Israeliten weigerten sich einfach, Gott konsequent nachzufolgen. Wenn sie es getan hätten, dann hätte der Gott, der Abraham geführt hatte, auch das Volk Israel seinen überwältigenden Segen sehen lassen.

Die Israeliten haben alle Tiefen kennen gelernt, die uns auch in unserem Leben heute zu Umkehr und Demut anhalten. Wir finden uns in ihrer Geschichte wieder.

Glücklicherweise gibt es für Israel im Messias eine bessere Zukunft. Und wer ihm folgt, wird in seiner geistlichen Persönlichkeit wachsen.

14. Hoffnungsgeschichten

Henri Nouwen hat noch kurz vor seinem Tod die Oper *Carmen* gesehen und in seinem Tagebuch darüber nachgedacht. Es bewegt ihn, wie Carmen, die launische, temperamentvolle Zigeunerin, es geschafft hatte, die Liebe Don Josés zu gewinnen, eines typischen spanischen Soldaten, der seinem Offizier gehorcht und ein Leben streng nach Vorschrift führt. Als die Verführerin und der Verführte beide tot sind, bemerkt Nouwen: »Ich weiß nicht, was passieren würde, wenn eine Carmen in mein Leben träte und mir der Boden unter den Füßen weggezogen würde.« Obwohl er sein ganzes Leben Gott gesucht hatte, wusste er auch um die Unruhe tief in seinem Inneren, den Widerspruchsgeist, der wie ein Raubtier in ihm lauerte.

Gott sehnte sich danach, dass die Israeliten als Volk und als Einzelne intuitiv bei ihm Orientierung suchten und ihr Leben nach seinem Willen gestalteten. Aber die Israeliten verstanden das nicht, und jeder »Carmen«, die ihnen über den Weg lief, fielen sie zum Opfer. Sie waren nicht bereit, Gott auf längere Sicht zu vertrauen und an seine verborgenen Pläne zu glauben, die er ihrem Vater Abraham zuerst offenbart hatte.

Unser ganzes Leben lang wollen wir Gott wirklich den ersten Platz in unserem Leben einräumen und ihm nahe sein. Aber wenn wir jung sind, glauben wir, dass wir viel zu viel damit zu tun haben, unsere Identität zu finden und unseren Platz in der Hackordnung der Gesellschaft zu erobern. Wir haben keine Zeit für Gott. Wenn wir älter werden, glauben wir, dass es zu spät ist, unser Leben noch zu ändern.

Ist es eine zu große Herausforderung, unser inneres Leben auf den Kopf zu stellen? Ist Israel ein Beweis dafür, dass das niemals funktionieren kann?

Meine Antwort würde sehr pessimistisch ausfallen, wenn es nicht noch eine zweite Gruppe von Geschichten gäbe. Als Gott sah, dass die Israeliten es nicht schafften, mit ihm in einer engen Gemeinschaft zu leben, kam er selbst in seinem Sohn. Von den Nachfahren ließen sich viele auf seinen Ruf ein. Ihre Gruppe schaffte es, Nachfolge ernst zu nehmen. Sie hatte es nicht leicht und erlitt auch Rückschläge. Aber sie zeigt uns, was passieren kann, *wenn* ein Mensch ganz auf die Kraft des gekreuzigten und auferstandenen Jesus setzt.

Viele Jahrhunderte nachdem die Israeliten in der Wüste umhergeirrt waren, schrieb der Apostel Paulus von einem alternativen Lebensstil: »Wir alle spiegeln mit enthülltem Angesicht die Herrlichkeit des Herrn wider und werden so in sein eigenes Bild verwandelt, von Herrlichkeit zu Herrlichkeit, durch den Geist des Herrn« (2. Korinther 3,18). Mit dem lebensbejahenden Optimismus, der von seiner Begegnung mit dem Auferstandenen herrührte, sah Paulus diese wunderbare Möglichkeit, sein Leben zu verändern, das Leben durch die Kraft des Kreuzes umgestalten zu lassen.

Ich will meine These sehr zugespitzt formulieren: Wir heutigen Christen lassen diesen Punkt außer Acht, nicht absichtlich, sondern weil wir zu viele andere Dinge im Kopf haben. Wir wollen die Welt bekehren, bevor wir selbst umgekehrt sind. Nicht dass wir erst auf das eine warten müssten, bevor wir das andere tun könnten. Aber es wäre doch denkbar, dass wir mit etwas mehr Demut und etwas mehr Wirkung evangelisierten, wenn wir unserer eigenen Umkehr mehr Beachtung schenkten. »Müht euch mit Furcht und Zittern um euer Heil«, schreibt der Apostel Paulus, als er eine Gruppe von Nachfolgern ermahnt, ihr geistliches Leben ernst zu nehmen (Philipper 2,12).

In einem gewissen Sinn erzählt das Alte Testament eine traurige Geschichte. Wir sehen, dass sich ein Volk geradezu systematisch gegen die Liebe Gottes wehrt.

Dann geschieht etwas Umwerfendes. Gott redet noch einmal wie zu Abrahams Zeit. Seine Stimme ist das Fleisch gewordene Wort. »Und das Wort ist Fleisch geworden und hat unter uns gewohnt«, verkündet Johannes, »und wir haben seine Herrlichkeit gesehen, die Herrlichkeit des einzigen Sohnes vom Vater, voller Gnade und Wahrheit.«

Und warum ist er gekommen? Er will zeigen, wie vollkommener Glaube aussieht. Er will Menschen berufen, eine Persönlichkeit nach biblischem Vorbild zu werden. Er will Menschen in Bewegung setzen, die diese biblische Haltung auch in die Zukunft weitertragen. Sein Befehl: Folge mir nach! Der Befehl, der an Abraham erging, hieß: *Lass alles hinter dir!* In einer anderen Zeit befiehlt die Stimme Abrahams Volk: »*Folge mir nach!*« Und wer ihm folgt, verändert sich!

15. Die Puppe in der Puppe

Vor einiger Zeit hatte wir Gäste aus Moldawien, die uns eine russische Puppe als Gastgeschenk mitbrachten. Sie ist knapp 30 Zentimeter groß und aus bunt bemaltem Holz. Wenn man den Kopf dieser Puppe abnimmt, kommt eine weitere Puppe zum Vorschein, eine genaue Nachbildung der ersten, nur etwas kleiner. Darin eine dritte, die wiederum eine vierte enthält, und so weiter, bis man schließlich sieben Puppen in der Hand hält, die kleinste von ihnen gerade einmal fünf Zentimeter groß.

Eine ganze Weile stand diese Puppe auf meinem Schreibtisch, um mich an diesen sehr vergnüglichen Besuch zu erinnern. Eines Tages begann ich dann in einer nachdenklichen Stunde alle sieben Puppen nacheinander auszupacken und vor mir wie eine Familie aufzustellen.

Diese Puppen sind ein Sinnbild eines komplexen menschlichen Systems namens Gordon, überlegte ich. Vielleicht sind sie ein Gordon in sieben Teilen oder vielleicht auch sieben Gordons in einem. Man könnte sagen, dass es einen Gordon in einem Gordon in einem Gordon in einem Gordon gibt, sieben Ichs. Ich frage mich, ob der erste und größte Gordon den fünften Gordon überhaupt kennt?

Ich trage Gordons in mir, die niemals das Tageslicht erblicken, aber hin und wieder verlangen sie Gehör. Sie bringen Gedanken ins Rollen und schlagen Verhaltensweisen vor, die die anderen Teile von mir schockieren.

Es mag Gordons in mir geben, die die anderen Gordons in der Gruppe nicht einmal mögen und mit ihnen nie einer Meinung sind. Vielleicht gibt es einen Gordon, der nach Meinung der anderen ein echter Aufrührer und Rebell ist. Vielleicht finden sich in dieser bunten Mischung ein oder zwei Gordons, die sich nicht nach den Plänen Gottes ausrichten oder sich sogar dagegen wehren? Alle diese Gordons wohnen als Nachbarn in meinem verborgenen Leben zusammen.

Ich habe diese russische Puppe zu einer Reihe von Treffen mitgebracht, bei denen ich sprechen sollte. Jedes Mal habe ich meinen Gedanken von den sieben Gordons erklärt. Während ich sprach, holte ich eine Puppe aus der anderen heraus und stellte sie auf einen Tisch, unordentlich, getrennt und isoliert voneinander, und sagte, dass diese Aufstellung vielleicht der Natur der Dinge am nächsten komme. Manchmal schlug ich mit einer Puppe die anderen nieder, um damit zu symbolisieren, wie wir manchmal im Streit mit uns selbst liegen. Wenn die Zuhörer die vielen gleich aussehenden Puppen anschauen, bekommt die Disharmonie in unserm Innern für viele von ihnen sozusagen ein Gesicht.

Ich habe die Zuhörer auch gebeten, sich eine zweite Puppe mit sechs anderen Ichs vorzustellen. Diese zweite Puppe könnte der Ehepartner, Vater oder Mutter, ein Kind oder ein Arbeitskollege sein. Jetzt haben wir sieben Ichs, die mit sechs anderen Ichs Kontakt aufnehmen wollen. Wer weiß schon, zu welchen Schwierigkeiten das führen kann? Kein Wunder, dass Kommunikation so schwierig ist!

Als das Böse den Menschen eroberte, wurde damit nicht nur die Verbindung der Menschen untereinander zerstört, sondern auch das Innere der Menschen selbst. Einfach gesagt, zerfiel unser Ich in viele kleine Ichs, die nicht mehr miteinander einig waren. Seit dieser Zeit ist jeder von uns nicht nur einer, sondern viele, mit Standpunkten, Motiven und Zielen, die sich selten miteinander vereinbaren lassen. Das ist unser Problem: Wir glauben zwar, dass wir unsere Ichs unter Kontrolle haben, aber das ist nicht unbedingt der Fall. Gerade dann, wenn ich glaube, dass ich in meiner unmittelbaren Umgebung als zuverlässiger Mensch gelte, der mit sich im Reinen ist, entdecke ich, dass es in mir einen Teil gibt, der unabhängig von mir funktioniert, wie ein kleines Kind, das sich immer wieder von seiner Mutter losreißt.

Ich habe Menschen kennen gelernt, die in ihrem Inneren so etwas wie einen Bürgerkrieg erleben. »Jeder Mensch besitzt sein eigenes Theater, in dem er Intendant, Schauspieler, Souffleur, Schriftsteller, Kulissenschieber, Eintrittskartenverkäufer und Platzanweiser in einem ist, und darüber hinaus noch das Publikum« (J. u. A. Hare).

Ich beginne zu verstehen, was Paulus sagen wollte, als er schrieb: »Denn ich begreife mein Handeln nicht: Ich tue nicht das, was ich will, sondern das, was ich hasse« (Römer 7,15). Die russische Puppe hätte ihm helfen können, diesen Punkt zu illustrieren.

Ich war einmal bei einem umwerfend gut aussehenden Mann Anfang sechzig zu Besuch, der viele Jahre lang in Fernsehsoaps mitgespielt hat. Er hat mehrere gescheiterte Ehen hinter sich, hat seinen Alkoholkonsum nicht mehr unter Kontrolle, ist unfähig (so sagt er selbst), ethisch einwandfreie Entscheidungen zu treffen, und voller innerer Unruhe und Ängste.

»Erzählen Sie mir in zwei Minuten, wer Sie eigentlich sind.«

»Das könnte ich nicht einmal in einer Stunde«, entgegnete er. »Ich habe in meinem Leben so viele Rollen im Unterhaltungsgeschäft gespielt, dass ich nicht mehr weiß, wer ich eigentlich bin. Mein wirkliches Ich ist im Lauf der Zeit verloren gegangen.«

Noch während er spricht, schießt mir der Gedanke durch den Kopf, dass ich Ähnliches bei einigen Frauen und Männern erlebt habe, die ich in der Schauspielwelt kennen gelernt habe. Eine Rolle nach der anderen haben sie verkörpert und irgendwann vergessen, wer sie eigentlich sind. Deshalb können sie in ihrem eigenen Leben leicht in eine Rolle schlüpfen, die gerade zur Situation passt.

Die Verbindung zu sich selbst zu verlieren, stellt einen

Menschen natürlich vor ein Problem. Wer bin ich überhaupt? Kann ich das erfahren? Wer hält wirklich die Fäden in der Hand, wenn in mir eine Mafia regiert, die sich von nichts und niemandem aufhalten lässt? Wer bin ich, wenn ich einen Vortrag über geistliche Gemeinschaft, Liebe und die Bedeutung des gegenseitigen Dienens halte? Bin ich der Mann, der an bedingungslose, von der Gnade getragene Beziehungen glaubt, oder einer, der Groll im Herzen trägt? Bin ich vielleicht gleichzeitig noch jemand anderes?

Versöhnt

Vielleicht noch wichtiger als die Frage »Wer bin ich?« ist die Frage: »Wer soll ich nach der Ansicht meines Schöpfers sein?« Erst wenn wir so geworden sind, wie unser Schöpfer uns angelegt hat, können unsere vielen Ichs im Einklang miteinander leben.

Gerade haben wir über die Israeliten auf der Wüstenwanderung nachgedacht. Unter Druck stürzt ihr Leben wie ein schlecht konstruiertes Haus bei einem Wirbelsturm oder einem Erdbeben zusammen.

In *Widerstand und Ergebung* schreibt Dietrich Bonhoeffer, dass unter der Nazi-Diktatur viele ihre Persönlichkeit verändert hätten. Er fragt sich, ob er selbst und andere noch ihre Kraft aus dem verborgenen Leben des Glaubens schöpfen können:

»Wir sind stumme Zeugen böser Tage gewesen, wir sind mit vielen Wassern gewaschen, wir haben die Künste der Verstellung und der mehrdeutigen Rede gelernt, wir sind durch Erfahrung misstrauisch gegen die Menschen geworden und mussten ihnen die Wahrheit und das freie Wort oft schuldig bleiben, wir sind durch unerträgliche Konflikte mürbe oder vielleicht sogar zynisch geworden – sind wir noch brauchbar? Nicht Genies, nicht Zyniker, nicht Menschenverächter, nicht raffinierte Taktiker, *sondern schlichte, einfache, gerade Menschen* werden wir brauchen. Wird unsere innere Widerstandskraft gegen das Aufgezwungene stark genug und unsere Aufrichtigkeit gegen uns selbst schonungslos geblieben sein, dass wir den Weg zur Schlichtheit und Geradheit wieder finden?« (Hervorhebung G.M.)

Es geht nicht darum, nette, freundliche Leute hervorzubringen, die nicht auffallen und niemals Ärger machen. Wir reden hier von Menschen, die sich von Jesus Christus prägen lassen. Ihr ganzes Wesen besitzt eine geheimnisvolle Ausstrahlung. Wer mit ihnen zusammen war, spürt, dass er Jesus besser kennen gelernt hat.

Jesus kam auch deswegen als Mensch auf die Welt, damit wir uns umgestalten lassen zu der Person, als die uns Gott gemeint hat. Notwendige Voraussetzung dafür war die Versöhnung zwischen uns und Gott. Das macht dann auch die Versöhnung unserer vielen Ichs (Puppen) möglich. Und es gibt uns den Anstoß und die Kraft zur zwischenmenschlichen Versöhnung und zum Aufbau einer geistlichen Gemeinschaft.

Was ist die Voraussetzung dafür, dass all dies geschehen kann? *Nachfolge.*

Jesus sagte: »Ich bin der Weg und die Wahrheit und das Leben« (Johannes 14,6). Seine Botschaft ließ sich in ein paar einfache Worte fassen: Kehr um (lass alles hinter dir zurück), folge mir nach, und ich werde einen neuen Menschen aus dir machen. Im Gespräch mit Nikodemus benutzte er Ausdrücke wie *von neuem geboren werden.*

Wenn wir nach Menschen Ausschau halten, deren Wesen spürbar von Gott umgestaltet wurde, dann fällt uns Simon Petrus ein. Über ihn wissen wir wohl – im Guten wie im Schlechten – mehr als über die anderen Menschen, die um Jesus herum waren.

Wir kennen Levi; er kam aus einem Milieu, das für Geldgier und Korruption berüchtigt war. Simon der Zelot hätte wahrscheinlich vor seiner Begegnung mit Jesus einen Mann wie Matthäus ohne weiteres in eine dunkle Seitengasse gelockt und ihm das Messer in den Bauch gestoßen. Er ist ein weiteres Beispiel für einen Mann, der sich von Grund auf geändert hat.

Eine der Frauen um Jesus, Maria Magdalena, hatte eine dunkle Vergangenheit hinter sich. Sie alle, Männer und Frauen, sind zu neuen, umgestalteten Menschen geworden. Sie haben sich nach und nach mit ihrer ganzen Persönlichkeit auf Jesus Christus ausgerichtet. *Und bevor sie sterben, hat sich in der Welt etwas verändert.* Wie geschah das?

Genau wie bei Abraham. Wir wissen nicht, was in jedem Einzelfall passierte, aber wir können ziemlich sicher sein, dass jeder und jede von ihnen die Einladung Jesu hörte: Folge mir nach! Lebe mit mir, geh hinter mir her!

»Nachfolge« hatte etwas mit der Richtung zu tun, in die man ging. Zwei Möglichkeiten waren denkbar. Entweder ging man auf Jesus zu (ganz egal, wie weit man noch von ihm entfernt war), oder man ging von ihm weg.

Anthropologen haben darauf hingewiesen, dass in vielen Kulturen die Zugehörigkeit zu einer Gruppe auf zwei verschiedene Arten definiert wird:

Stellen Sie sich einen Kreis vor. Man kann sich entweder im Kreis oder außerhalb befinden. Und die sich im Kreis aufhalten, werden denen, die außerhalb stehen, vorschreiben, was sie zu tun haben, um hereingelassen zu werden. – Da unterscheiden wir uns nicht wirklich mit unseren Vorstellungen, die wir in den letzten Jahrhunderten entwickelt haben, ob im geschäftlichen oder im religiösen Bereich. Wir wollen die Grenzlinie wissen und was man tun muss, um hineinzukommen.

Bei der zweiten Möglichkeit, jemanden als dazugehörig anzuerkennen, kommt es gar nicht darauf an, wie weit die Kreislinie gezogen ist, sondern auf die Richtung, in die jemand geht: *Bewegst du dich zum Mittelpunkt hin oder von ihm weg?*

Die Aufforderung unseres Herrn, ihm nachzufolgen, ergibt nur dann einen Sinn, wenn wir verstehen, dass Jesus *Beziehung* als Bewegung, also im zweiten Sinn, auffasste.

Als die Jünger sich darüber aufregten, dass ein Mann im Namen Jesu Dämonen austrieb, meinten sie: »Wir haben versucht, ihn daran zu hindern, weil er nicht zu uns gehört« (Kreis). Aber Jesus entgegnete ihnen: »Lass(t) ihn doch. Wer nicht gegen uns ist, ist für uns« (Mittelpunkt) (Markus 9,38-40; freie Übers.).

Sich auf den Mittelpunkt Jesus Christus hinzubewegen ist der erste Schritt einer neuen, geistlichen Persönlichkeit. Ein Kreis zwingt die Menschen kaum oder gar nicht, an ihrer Persönlichkeit zu arbeiten. Wenn man einmal die Linie überschritten hat und drin ist – warum sollte man sich dann noch mit dem verborgenen Leben des Glaubens abgeben?

Wenn aber Jesus der Mittelpunkt ist und will, dass wir immer näher zu ihm kommen, dann motiviert uns das, unsere Persönlichkeit von ihm umgestalten zu lassen. Je weiter wir uns dem Mittelpunkt nähern, desto mehr lassen wir uns von ihm prägen.

Ich glaube, dass wir es hier mit einem fundamentalen Missverständnis zu tun haben. Wir wissen gar nicht, was eine Persönlichkeit nach biblischem Verständnis eigentlich ist. Für viele bedeutet das, die eine oder andere Verhaltensweise zu ändern, gewisse Wörter nicht mehr zu gebrauchen oder einige Prioritäten anders zu setzen. Wenn so etwas geschieht, jubeln wir oft zu früh, denn in unserem verborgenen Leben geht es um viel mehr. Wenn das Herz nicht berührt wird – und das war oft das Problem nicht nur der Israeliten –, dann ist es kaum noch möglich, den Kurs wirklich zu korrigieren.

Ein kurzer, aber interessanter Abschnitt der Apostelgeschichte erzählt von einem Mann namens Simon, der sich unter Philippus »bekehrt« hatte. Er war ein stadtbekannter und sehr populärer Zauberer, man sagte von ihm: »Das ist die Kraft Gottes, die man die Große nennt« (Apostelge-schichte 8,10).

Als er Philippus zum ersten Mal begegnete, merkte der Zauberer sehr schnell, dass Philippus eine viel größere Kraft besaß als er. Deshalb wurde auch Simon »gläubig, ließ sich taufen und schloss sich dem Philippus an; als er die großen Zeichen und Wunder sah, geriet er außer sich vor Staunen« (Apostelgeschichte 8,13).

Alles weist darauf hin, dass Simon sich wirklich verän-dert hatte. Er wurde wohl auch in der Gemeinschaft der Gläubigen willkommen geheißen. Erst als zwei Apostel, Petrus und Johannes, zu Besuch kamen, wurde sichtbar, wes' Geistes Kind er tatsächlich immer noch war.

Er war von den Fähigkeiten dieser beiden Apostel so beeindruckt, dass er ihnen Geld anbot, wenn sie *ihm* den Gebrauch dieser Kräfte »leihweise überlassen« würden. Petrus ging daraufhin an die Decke:

»Dein Silber fahre mit dir ins Verderben, wenn du meinst, die Gabe Gottes lasse sich für Geld kaufen. Du hast weder einen Anteil daran noch ein Recht darauf, denn dein Herz ist nicht aufrichtig vor Gott. Wende dich von deiner Bosheit ab und bitte den Herrn; vielleicht wird dir dein Ansinnen vergeben. Denn ich sehe dich voll bit-terer Galle und Bosheit.« (Apostelgeschichte 8,20-23)

Man kann darüber spekulieren, ob Simon sich wirklich bekehrt hatte. Das Urteil darüber überlasse ich anderen. Der springende Punkt ist aber, dass Petrus in Simons ver-borgenes Leben hineinsehen konnte und bemerkte, dass in ihm verschiedene »Puppen« miteinander im Streit la-gen. Dieser Mann hatte noch einen weiten Weg vor sich, bevor sich sein Wesen wirklich verändern konnte.

Wie aber gestaltet man sein verborgenes Leben um? Chrysostomos drückte es recht treffend aus: »Um ein anderer zu werden, der ich bin, muss ich den hinter mir lassen, der ich bin.«

16. Wie Nachfolge aussieht

Ich habe im Lauf meines Lebens viele außergewöhnliche Persönlichkeiten kennen lernen dürfen, Männer wie Frauen. Ein Mann aber sticht besonders heraus. Er hieß Marvin Goldberg. Vor kurzer Zeit ist er gestorben. Ich begegnete ihm, als ich mit fünfzehn Colorado verließ, um auf eine Schule im Staat New York zu gehen. Bald nachdem ich angekommen war, begann er an meiner Persönlichkeit zu arbeiten.

Ich erinnere mich, dass ich klein war, unreif und von meinen schulischen Leistungen her äußerst mittelmäßig. Ich träumte davon, ein Footballspieler zu werden. Leider zerplatzte dieser Traum in der ersten Trainingswoche im Herbst wie eine Seifenblase. Es stellte sich eindeutig heraus, dass ich weder genug Nerven noch Kraft besaß, um den Football durch die gegnerischen Linien zu manövrieren. Aber ich war schnell.

Goldberg trainierte die Leichtathletik-Mannschaft unserer Schule. Als wir zum ersten Mal miteinander sprachen, sagte er: »Wenn du morgen kommst und mit ein paar von meinen Sportlern trainierst, dann könnten wir aus dir einen Läufer machen.«

Am nächsten Tag erschien ich in Shorts und Sportschuhen und führte Goldberg ein paar Sprints vor. Er war ganz zufrieden mit mir und schlug vor, dass ich am nächsten Tag wiederkommen sollte. Das tat ich, und ich kam überhaupt immer wieder. Marvin Goldberg hatte irgendetwas an sich, dass man immer in seiner Nähe sein wollte. Man wusste sofort, dass er das Beste aus einem herausholen wollte, dass er sich um einen kümmerte und sich dieses Kümmern nicht nur auf die 400-Meter-Bahn beschränkte. Irgendetwas tief in meinem Innern sagte mir: »Halt dich an diesen Mann, und du wirst wachsen.«

Nach einigen Wochen hielt mich Goldberg für qualifiziert genug, um an einem Staffellauf teilzunehmen, der jedes Jahr in Philadelphia ausgetragen wurde. Stundenlang zeigte er mir, wie man am schnellsten aus dem Startblock herauskommt, wie man seinen Körper richtig aus der Start- in die Laufposition aufrichtet. Ich lernte, wie ich meine Arme bewegen sollte, wie ich lange Schritte machte und meine Hals- und Gesichtsmuskeln so entspannte, dass ich genug Luft bekam. Alle Teammitglieder lernten, wie man das Staffelholz im vorgeschriebenen Bereich übergibt, ohne den Lauf zu verlangsamen. Goldberg war in diesen Dingen ein Perfektionist und zeigte uns Filmaufnahmen von Teams, die einen Staffellauf verloren hatten, weil es mit der Übergabe nicht gut geklappt hatte.

Jeden Tag mussten wir ein individuelles Trainings- und Konditionsprogramm bewältigen. Der Engländer Roger Bannister war gerade als Erster die Meile unter vier Minuten gelaufen und hatte in Läuferkreisen für viel Aufregung gesorgt, denn mit seiner Leistung bewies er, dass Leichtathleten sich noch viel weiter entwickeln konnten, als irgendjemand bis dahin geglaubt hatte. Goldberg stimmte völlig damit überein und trainierte mit uns noch viel härter als mit allen Leichtathleten seiner Gruppe vor uns. »Das Training in der Woche wird manchmal hart und schmerzhaft sein«, meinte er, »aber ihr werdet lernen, dass das Rennen am Samstag dann die reine Freude ist.«

Auch wenn ich mehr oder weniger als Sprinter zur Staffel stieß, ließ mich Goldberg bald auch zusammen mit den Geländeläufern fünf Meilen trainieren. »Das tut deiner Ausdauer gut«, sagte er, »und außerdem wird es dir bei der Schlacht helfen, die in deinem Kopf abgeht.« Der Trainer wusste genau, dass ein großer Teil des Wettkampfs von der psychischen Verfassung entschieden wird.

Jeden Nachmittag kamen wir zum Sportplatz und schauten am Schwarzen Brett nach unserem individuellen

Trainingsplan. Die meisten von uns fürchteten diesen Augenblick, in dem wir uns über die nächsten »Quälereien« informierten. Wir protestierten stumm, wenn wir das Trainingspensum in Goldbergs unverwechselbarer Handschrift lasen: »Das schaffen wir niemals!« Und dann gingen wir hinaus und machten es für ihn! Er war ein harter Trainer, aber wir vertrauten darauf, dass wir es schaffen konnten, wenn er uns das sagte.

Goldberg wollte uns nicht nur zu guten Sportlern, sondern zu Männern machen – daraus machte er kein Geheimnis. Aus seiner Sicht hing jede sportliche Erfahrung auch mit irgendeinem Aspekt der Persönlichkeitsentwicklung zusammen. Er glaubte, dass man sie bewusst pflegen könne. Und er sorgte dafür, dass das im Zusammenhang mit unserem Sport geschah.

Bei meinem ersten Wettkampf trat ich im 200-Meter-Lauf an. Wir gingen zu sechst an den Start. Nur einer, das hatte ich gehört, konnte mir ernsthaft gefährlich werden, ein Läufer namens Alvarez von einer benachbarten Schule. Er war groß, hatte offenbar etwas Übergewicht und wirkte unbeholfen. Als ich meinen Startblock einstellte, wagte ich es doch tatsächlich, meinem Trainer gegenüber zu bemerken: »Den stecke ich doch in die Tasche.«

Dann war es Zeit, an den Start zu gehen. Der Starter brüllte das Kommando: »Auf die Plätze ...«, und die Startpistole knallte. Alles sechs Läufer schossen aus den Startblöcken heraus, und 22 Sekunden später hatte Alvarez haushoch gewonnen.

Als ich niedergeschlagen zum Start zurückging, lief ich Goldberg in die Arme. »Gordie (so hieß ich damals), ich muss dir etwas sagen. Als du gemeint hast, du könntest Alvarez einfach so schlagen, wusste ich, dass du das Rennen schon verloren hattest. Und ich habe mich entschlossen, dich verlieren zu lassen, auch wenn es für die Mannschaftswertung schlecht ist.

Gordie, du darfst einen Konkurrenten nie danach einschätzen, wie er aussieht oder was du von ihm gehört hast. Du hast ihn nach seinem Körper, nicht nach seinem Herzen eingeschätzt. Erst wenn du weißt, was in einem Mann steckt, weißt du auch, wer der Mann wirklich ist.

Zweitens darfst du dich *niemals* an einem Konkurrenten messen, sondern nur an dir selbst – merk dir das, das ist was fürs Leben! Wenn du nur darauf schaust, was deine Konkurrenten leisten könnten, und nicht darauf, wie du dein Bestes geben kannst, dann wirst du ein Rennen nach dem anderen verlieren.«

Nie wieder habe ich einen Konkurrenten auf der Rennbahn unterschätzt. So schwierig es auch war, ich lernte von Marvin Goldberg, mich in meinem Leben als Erwachsener nie mit jemandem zu vergleichen – geistig, beruflich oder geistlich. Mein Trainer brachte mich auf den richtigen Weg, und eines Tages begriff ich wirklich, dass ich mein Leben für den einen Gott laufe, der zuschaut, und ich mich nicht mit anderen messen muss.

Training fürs Leben

Einige Zeit später, als ich im 400-Meter-Lauf antrat, war wieder einmal Goldberg dabei. Der Läufer, den es zu schlagen galt, hieß Carlin. »Also, Gordie, ich will, dass du ganz entspannt aus dem Startblock kommst. Lauf direkt hinter Carlie und bleib da! Versuch nicht, ihn zu überholen, bis ihr an die letzte Kurve kommt. Dann trittst du zum Endspurt an. Carlin ist schneller als du, aber du hast die bessere Kondition. Dein Rennen – und ich will, dass es dein Rennen wird – liegt im Endspurt. Du kannst dein Bestes geben, wenn du an deine Kondition denkst. Auf den letzten vierzig Metern wirst du stärker sein, weil wir dich so trainiert haben. Also warte bis zum Schluss und tritt dann zum Endspurt an. Versuch bloß nicht, dich auf den ersten Dreivierteln mit Carlin anzulegen. Denk dran, warte auf die letzte Kurve! Und jetzt gib dein Bestes.«

Das Rennen begann, und ich hielt mich hinter Carlin, wie mein Trainer es mir gesagt hatte. Aber als wir in die erste Kurve einbogen, entschloss ich mich, vom Plan abzuweichen. Carlin lief gar nicht so schnell, wie ich gedacht hatte. Es wäre doch schön, dachte ich mir, das ganze Rennen anzuführen. Ich glaube, ich dachte auch an meine Freundin, die am Rand stand und extra gekommen war, um mich zu sehen. Ich wollte sie natürlich beeindrucken. Also zog ich an Carlin vorbei.

Das war ein schlimmer Fehler. Sobald ich ihn überholt hatte, explodierte er förmlich und zog an mir vorbei. Ich konnte ihn nicht mehr einholen, und er gewann mit fast zehn Metern Vorsprung.

»Gordie, ich glaube, wir müssen darüber reden, was gerade passiert ist«, meinte Goldberg ein paar Minuten später. »Hast du meine Anweisungen nicht gehört oder hast du sie ganz bewusst ignoriert, als du an den Start gegangen bist?«

»Sir, ich wollte das leider auf meine Weise erledigen.« In unserer Schule redete man Ältere immer mit »Sir« oder »Ma'am« an.

»Dass du das Rennen verloren hast, macht mir nicht halb so viel aus wie die Tatsache, dass sich in dir schlechte Gewohnheiten entwickeln. Du hörst nicht gut zu. Und mit diesem Problem wirst du dein ganzes Leben lang zu kämpfen haben, wenn du dich nicht änderst. Es scheint mir, dass du alle wichtigen Lektionen im Leben lieber auf die schwierige Art lernst, statt auf die zu hören, die dir den Weg zeigen könnten. Ich frage mich, wie viele Fehler du noch machen musst, bis du das begriffen hast.«

Das saß, und es war noch schmerzhafter als sein Training. Ich hatte ihn furchtbar enttäuscht. Wie lange, fragte ich mich, würde er es noch mit einem dummen Leichtathleten aushalten, der die ganze Woche im Training seine wertvolle Zeit verschwendete und dann im Rennen versagte? Als ich an diesem Tag den Sportplatz verließ, schwor ich mir, dass ich meine Lektionen, wenn möglich, nicht mehr auf die schwierige Weise lernen wollte. Seitdem arbeite ich daran. Marvin Goldberg war der Erste, der mich auf diesen Fehler so aufmerksam machte, dass ich es verstand.

In einem anderen Buch habe ich die Geschichte erzählt, wie ich einmal als erster Läufer in diesem Staffellauf von Philadelphia an den Start ging. Unsere Mannschaft lief auf Bahn zwei. Auf der ersten Bahn lief eine Mannschaft einer Schule in Brooklyn. Ihr erster Läufer war ein bekannter Sprinter, der den Veranstaltungsrekord über 100 Meter Sprint hielt.

Bevor wir zum Start gingen, schüttelten wir uns die Hand. »Möge der Beste gewinnen«, sagte er. »Und ich werde an der Ziellinie auf euch warten.«

Mit dem Staffelholz in der Hand legten wir auf den Schuss der Startpistole los. Als wir fünfundzwanzig Meter zurückgelegt hatten, war der bekannte Läufer der anderen Schule schon um die erste Kurve verschwunden. In Gedanken gab ich mich bereits mit dem zweiten Platz zufrieden. Und dann, nach knapp dreihundert Metern, sah ich ihn direkt vor mir! Er schlich fast nur noch. Wir sausten wie der Blitz an ihm vorbei. Wenn ich diese Geschichte erzähle, schließe ich gerne mit einem Augenzwinkern: »Aus Freundlichkeit warteten wir auf der Ziellinie auf diesen Mann.«

Damit ist die Geschichte aber noch nicht zu Ende. Auch Goldberg wartete an der Ziellinie. Er wollte mit mir reden, sobald das Rennen vorüber war. Als unser vierter Läufer etwa drei Minuten später die Ziellinie überquert hatte, spazierten wir beide, der Trainer und der Läufer, auf

der Grasnarbe in der Mitte herum. Dutzende von Sportlern wärmten sich unter den Augen von 40 000 lärmenden Zuschauern für ihren Wettkampf auf. Für Marvin
Goldberg existierten sie gar nicht.

»Gordie, ich habe gehört, was er vor dem Rennen
gesagt hat. Und ich will, dass du dich dein ganzes Leben
daran erinnerst, was hier passiert ist. Über 200 Meter hätte er dich oder jeden anderen hier schlagen können. Aber
das Rennen ging über 400 Meter, und auf diese Distanz
hatte er sich nicht vorbereitet. Du schon. Er war schneller,
aber du hattest Kondition.

Und das ist etwas fürs Leben. Du musst zwischen
Geschwindigkeit und Kondition unterscheiden lernen. Du
darfst die beiden niemals durcheinander bringen. Was
nützt es dir, wenn du schnell bist, aber nicht am Ziel
ankommst? Lauf immer, um auch am Ziel anzukommen,
Gordie, und ein gutes Rennen hinzulegen.« Goldberg legte mir die Hand auf die Schulter und sah mir gerade in die
Augen. Im Rückblick glaube ich, dass er merkte, wo meine Persönlichkeit die größten Schwächen hatte. Und er
benutzte das Bild eines Rennens, um aus mir einen besseren Mann zu machen.

Die Mühe lohnt sich

Eine letzte Goldberg-Geschichte. Im ersten Jahr, in dem
ich Wettkämpfe bestritt, lud mich mein Trainer zu sich
nach Hause ein. Seine Frau hatte ein wunderbares Essen
gekocht, aß mit uns, räumte den Tisch ab und ließ uns
dann allein.

Marvin Goldberg griff nach einem Schulheft. Ich konnte sehen, dass er meinen Namen auf den Deckel geschrieben hatte. Hatte er etwas über mich in dieses Heft
geschrieben, und warum hatte er sich solche Mühe

gemacht? Er schlug es auf der letzten Seite auf und legte es vor mir auf den Tisch. Oben stand »Juni 1957«, ein Datum, das damals noch drei Jahre in der Zukunft lag.

»Gordie, schau dir diesen Plan einmal mit mir an.«

Ich sah die Daten einiger Wettkämpfe, die traditionell im Juni stattfanden, und unter jedem hatte er einige Disziplinen eingetragen, bei denen ich an den Start gehen könnte: 100 Meter, 400 Meter und vielleicht auch die 800 Meter. Für jedes Rennen hatte er eine Zeit angegeben: die Sekunden oder auch die Minuten, in denen ich den jeweiligen Lauf schaffen könnte. Mir schien es, als ob sie Lichtjahre unter der Zeiten lägen, die ich tatsächlich lief. Damit nicht genug, ich sah, dass ich mich mit jedem Wettkampf im Juni noch verbessern sollte. In den letzten Rennen dieses Monats waren die Zeiten so sensationell schnell, dass mir schwindelte.

»Ich glaube, dass du in den nächsten drei Jahren diese Zeiten schaffen könntest. Ich erwarte, dass du dich in den nächsten drei Jahren und drei Monaten so weit verbessern kannst.«

Die Leistungen lagen weit über denen unserer gesamten Schulgeschichte. Ganz eindeutig wollte er aus mir den besten Leichtathleten machen, den die Schule je gesehen hatte.

Dann blätterte mein Trainer das Heft von hinten nach vorne durch. Ich bemerkte, dass er für jeden Monat eine Seite angelegt hatte. Neununddreißig Seiten: neununddreißig Monate bis in die Gegenwart. Auf jeder Seite hatte er Wettkämpfe und Trainingspläne notiert, mit jedem Monat wurden die Zeiten schneller. Ich sah, dass er Stunden über diesem langfristigen Trainingsplan gebrütet hatte. Er wusste, wo ich *heute* stand, und er wusste, wo er mich in drei Jahren gerne hätte.

»Sir, glauben Sie wirklich ...?«

»Vertrau mir, das bist du in drei Jahren.« Und dann redete er weiter: »Gordie, du sollst wissen, dass es hier um viel mehr als nur um Zeiten geht. Es geht darum, ein Mann zu werden. Es gibt andere Ziele, die noch viel wichtiger sind als Zeiten in der Leichtathletik. Ich will versuchen, dich zu einer Führungspersönlichkeit zu machen. Dass du lernst, zu deinen Verpflichtungen zu stehen, diszipliniert zu lernen, jüngere Läufer zu motivieren, als Christ zu wachsen. Ich werde hart sein, und an manchen Tagen wirst du mich nicht ausstehen können. Aber wenn du bei mir bleibst, wird genau das aus dir werden.«

Ich blieb bei ihm und hielt mich an seinen Plan. Ich *folgte nach*. Nicht immer ganz treu, aber ich folgte.

Manchmal tauchten Schwierigkeiten auf. Nach zwei Jahren wollte ich alles hinwerfen. Ich hatte genug Medaillen gewonnen; ich hatte keine Lust mehr zu trainieren. Ich hatte es satt, jedes Wochenende für Wettkämpfe zu opfern und diszipliniert zu leben.

In den Sommerferien schrieb ich ihm von zu Hause, dass ich mich im nächsten Schuljahr lieber etwas amüsieren wolle. »Es ist mein letztes Jahr, und ich hätte sehr gern ein bisschen Spaß.« Kurzstrecke? Ja, vielleicht würde ich im Frühling wieder trainieren. Aber Geländelauf und das Trainingsprogramm für die Langstrecke? Dieses Mal nicht.

Ich hielt mich nicht mehr an den Ausbildungsplan. Im Grunde aber trat einer meiner schlechten Wesenszüge wieder hervor: Nicht durchzuhalten.

Seltsamerweise kam es mir überhaupt nicht in den Sinn, dass Marvin Goldberg auch eine bestimmte Meinung zu meinen Plänen haben könnte. »Wenn du bei mir bleibst ...«, hatte er doch gesagt.

Er antwortete mit einem sechsseitigen Brief. Im Wesentlichen schrieb er: »Deine Entscheidung aufzuhören ist vielleicht eine der wichtigsten Entscheidungen deines Lebens. Denn wenn du dich jetzt entschließt, die Mannschaft zu verlassen, weil du die harte Arbeit scheust und dich amüsieren willst, dann wirst du dir langsam angewöhnen, immer dann aufzuhören, wenn es dir zu schwierig wird. Es wird dir leicht fallen, Versprechen nicht einzuhalten. Du wirst dich immer fragen, was passiert wäre, wenn du dein Bestes gegeben hättest. Ich möchte, dass du dir noch einmal überlegst, zur Mannschaft zurückzukehren, selbst wenn du den Schmerz und die Disziplin nicht magst. Das eine verspreche ich dir: Wenn du das tust, wirst du dein ganzes Leben lang hundertmal darauf zurückblicken und dankbar dafür sein.«

Ich kehrte zum Team zurück. Ich mochte das harte Training manchmal nicht, auch wenn ich die Siege liebte. Im Lauf des Jahres erreichte ich die meisten Ziele, die mir Goldberg in dem kleinen Schulheft drei Jahre vorher gesteckt hatte. Und heute, über vierzig Jahre später, sage ich mir bei jeder Herausforderung immer wieder: »Ich habe es damals geschafft, ich kann es heute wieder schaffen.« Die Erfahrung ist für mich zu einem wichtigen Gleichnis dafür geworden, dass es lohnt, den Preis für die Nachfolge zu bezahlen und zu gehen, wohin uns Jesus führt.

17. Die Stimme hören

Vor vielen Jahren begegnete ich einem bemerkenswerten christlichen Philosophen, Emile Cailliet. Sein Buch *Reise ins Licht* (»Journey into the Night«) ist eines meiner Lieblingsbücher, denn darin schildert er die große Kurskorrektur seines Lebens: seine Bekehrung zu Jesus Christus. Er wählte den Buchtitel in bewusstem Gegensatz zu Eugene O'Neills *Eines langen Tages Reise in die Nacht,* denn er fand zu einem lebensbejahenden Optimismus.

Cailliet war in Frankreich aufgewachsen, ohne jemals irgendetwas von der Bibel oder vom christlichen Glauben zu hören. Er hatte sogar beschlossen, sein ganzes Leben im Widerstand gegen Religion, Christentum und Bibel zu führen. Als er heiratete, sagte er seiner jungen Frau, dass es in ihrem Heim keinen Glauben und keine religiöse Literatur geben sollte.

Im Zweiten Weltkrieg hatte er in einigen Schlachten gekämpft und war verwundet worden. Er schrieb: »In den langen Wachen in unserem Ausguck sehnte ich mich auf seltsame Weise – ich muss das so ausdrücken, so merkwürdig das auch klingt – *nach einem Buch, das mich verstehen würde,* aber so ein Buch war mir nicht bekannt.« (Hervorhebung G.M.)

Und so machte Cailliet sich daran, ein Buch zu schreiben, »das mich verstehen würde«. Er begann an einer Anthologie zu arbeiten, die »mich von Furcht und Angst zu Befreiung und höchster Freude führen würde«. In anderen Worten: Cailliet wollte sich eine private Bibel zusammenstellen. Eines Tages war es so weit:

»Ich legte letzte Hand an das ›Buch, das mich verstehen würde‹, das in meine Situation hineinsprechen und mir helfen würde, mein Leben zu bewältigen. Es war ein schöner, sonniger Tag. Ich ging hinaus, setzte mich unter einen

Baum und schlug meine kostbare Anthologie auf. Als ich zu lesen begann, erlebte ich allerdings eine große Enttäuschung. Das Buch sprach keineswegs in meine Situation hinein. Jeder einzelne Abschnitt erinnerte mich an die Umstände und Schwierigkeiten, unter denen ich ihn ausgesucht hatte. Da *wusste* ich, dass mein ganzes Vorhaben niemals funktionieren konnte, einfach deshalb, weil ich es selbst zusammengestellt hatte. Dieses Buch hatte keine Überzeugungskraft. Niedergeschlagen steckte ich das kleine Buch wieder in meine Tasche.«

Genau an diesem Tag kam seine Frau, die gerade verreist war, in den Besitz einer französischen Bibel und brachte sie mit nach Hause. Weil sie wusste, dass ihr Mann eigentlich dagegen war, erzählte sie ihm nur zögernd, wie sie sie bekommen hatte.

»Aber ich hörte schon gar nicht mehr zu«, berichtet Cailliet. »›Eine Bibel, sagst du? Wo ist sie? Zeig sie mir. Ich habe noch nie eine gesehen!‹ Ich riss ihr das Buch förmlich aus der Hand und rannte in mein Studierzimmer. Dort schlug ich es auf und landete ›zufällig‹ bei den Seligpreisungen! Ich las und las und las – ich sprach die Worte laut vor mich hin, und eine unbeschreibliche Wärme durchflutete meinen Körper ... Ich fand keine Worte, um meine Ehrfurcht und mein Staunen auszudrücken. Und auf einmal merkte ich: Das war das Buch, das mich verstand. Ich hatte es so sehr nötig, und trotzdem hatte ich versucht, mein eigenes zu schreiben – vergeblich.

Ich las weiter bis tief in die Nacht, in der Hauptsache in den Evangelien. Und was geschah? Als ich las, da wurde der Eine, von dem sie sprachen, der Eine, der sprach und handelte, für mich lebendig.

Die Umstände, unter denen mich dieses Buch gefunden hatte, machten deutlich, dass es zwar absurd ist, von einem Buch zu sprechen, das den Menschen verstehen kann, dass aber genau das für die Bibel gilt, weil die Gegenwart des lebendigen Gottes und die Kraft seiner machtvollen Taten ihren Seiten Leben einhauchen. Zu diesem Gott betete ich in dieser Nacht, und der Gott, der mir antwortete, war *genau derselbe* Gott, von dem dieses Buch sprach.«

Cailliet nenne ich einen Suchenden, der sich in Bewegung setzte. Es war ihm todernst mit der Suche, und er wurde zu einem Nachfolger. Sein Leben änderte sich von Grund auf. Sein geistliches Leben wuchs und wuchs, und es war wunderbar zu beobachten, dass er in seiner Persönlichkeit immer mehr von Christus geprägt wurde. Die akademische Welt kannte Cailliet vor allem als Pascal-Experten. Wer ihn aber auf einer persönlichen Ebene kennen lernte, wusste, dass er gelernt hatte, mit Gott zu gehen.

Ich besitze ein ganzes Regal voller Bücher darüber, wie Jesus Menschen zum Dienen anleitet – viele von ihnen sind sehr nachdenkliche und gut geschriebene Bücher. Und ich glaube, dass es Jesus am allerwichtigsten war, das geistliche Leben eines Menschen aufzubauen, auf dem alles äußere Leben fußt.

Aber was zog die Menschen zu Jesus? Nirgendwo wird gesagt, dass die Männer, die Jesus als Erste berief, in besonderen Schwierigkeiten steckten. Natürlich hatten sie Beulen und Wunden von der rauen Welt, in der sie lebten. Aber die Bibel schweigt über eventuelle Pleiten, Krankheiten, zerbrochene Ehen oder Depressionen. Denn solche Probleme waren es wohl nicht, die die Menschen zu Jesus hinzogen.

Einige von ihnen waren ganz offenbar neugierig, was Jesus sagte und tat. Das ist bei Leuten, die ein ganz gewöhnliches Leben führten und wenig von der Hoffnung auf eine helle Zukunft wussten, nicht weiter überraschend.

Zunächst waren sie Zuschauer, dann Sucher. Man kann sich leicht vorstellen, dass sie sagten: »Ich habe einige Fragen, und wenn diese Fragen beantwortet werden, dann könnte ich mir vorstellen, diesem Mann zu folgen.«

Besonders interessant ist es, wie Jesus Simon Petrus und

Levi berief. Beide waren gerade bei der Arbeit, Petrus in seinem Fischerboot, Levi als Zöllner in seinem Büro. Bei Simon benutzte Jesus Ausdrücke aus der Fischersprache, die er leicht verstehen konnte.

Trotzdem war es für Simon Petrus nicht leicht, mit Jesus umzugehen. Er erkannte: In diesem Menschen war Gott da. Und er verglich sich damit. Sofort wusste er, dass er dem Herrn nicht das Wasser reichen konnte: »Herr, geh weg von mir; ich bin ein Sünder« (Lukas 5,8).

In der Bibel wird nie erwähnt, dass Abraham sich so oder ähnlich gegen die Stimme wehrte, aber man kann sich leicht vorstellen, dass er es tat. Vielleicht schwindelte ihm zuerst, als er hörte, was Gott mit ihm vorhatte. Ich muss daran denken, wie mein Trainer das Schulheft herausnahm und mir zeigte, was er mit mir vorhatte. »Sir, ich glaube, diese Zeit kann ich niemals laufen«, sagte ich entmutigt.

Die Schreiber der Evangelien waren sehr zurückhaltend in ihrer Beschreibung. Aber mir würde es einleuchten, wenn Simon mit der Einladung Jesu zu kämpfen gehabt hätte und zuerst sehr unsicher gewesen wäre, wie er darauf reagieren sollte.

Ich kann mir auch nicht vorstellen, dass für Simon Petrus und die anderen Jünger dieses erste Berufungswort so endgültig war, wie wir es heute im Rückblick sehen. Es hat uns immer beeindruckt, dass sie sofort ihre Fischerboote verließen und ihm nachfolgten. Vielleicht einen oder zwei Tage lang? Es gibt keinen einzigen Hinweis darauf, dass sie an diesem Tag eine Entscheidung für ihr ganzes Leben trafen, ihre Fischerboote für immer zurückließen und sich auf ein Leben als Apostel vorbereiteten. Es klingt mehr nach meinem Leichtathletik-Trainer: »Komm morgen zum Sportplatz und trainiere mit ein paar von unseren Läufern.«

Die Berufung erging an ganz gewöhnliche Menschen. Nicht an Männer, die für ihre Gelehrsamkeit oder ihren einwandfreien moralischen Ruf bekannt waren. Wir haben auch keinen Hinweis darauf, dass einer dieser Männer besonders schlecht war, auch wenn Levi und Simon der Zelot einen zweifelhaften Ruf genossen. Der eine war ein Zolleinnehmer im Dienst der Besatzungsmacht, der andere gehörte zu einer politischen Bewegung, die gegen Rom kämpfte und auch vor Gewalt nicht zurückschreckte. Denkbar, dass ein oder zwei Morde auf Simons Konto gingen.

Wenn man die Worte Jesu aus allen vier Evangelien zusammenträgt, stellt man fest, dass es zwischen diesen Männern und denen, die im Tempel lehrten und in religiösen Dingen einen untadeligen Ruf genossen, für Jesus keinen Unterschied gab. Aus seiner Sicht waren sie alle Sünder. Aber nur einige von ihnen waren auch bereit, das zuzugeben. Und das waren die Männer, die er auswählte, damit sie ihren Kurs korrigieren konnten.

Drei Jahre lang lebte Jesus mit diesen Männern in einer engen Gemeinschaft und prägte und lehrte sie. Es ist nicht so, dass mit der Berufung und ihrer Hinkehr zu Jesus schon alles gelaufen war. Drei Jahre arbeitete Jesus am Glauben und an der Persönlichkeit dieser Männer, an ihren Motiven, Standpunkten, Beziehungen und Prioritäten. Das ist auch für uns interessant, weil es uns einen Einblick in die Entwicklung unseres eigenen Lebens ermöglicht.

Die Arbeit am inneren Leben dieser Menschen hörte nie auf, nachdem sie einmal angefangen hatte. Und so sollte es auch bei jedem Menschen sein, der sich permanent um Kurskorrektur bemüht.

»Wann immer ein Mensch glaubt, er müsse nicht mehr an sich arbeiten, geht er sozusagen innerlich in Rente. Dann macht sich Traurigkeit breit. Noch merkt man nicht, dass er innerlich verwest, aber bald beginnt er starr und hart zu werden. Das lässt sich an seinen Standpunkten und Reaktionen auf Ereignisse in der Welt draußen ablesen. Der Tod, von dem die Bibel so oft spricht, beschreibt einen Zustand im Innern des Menschen.« (Elizabeth O'Connor)

18. Eine Persönlichkeit werden

Unsere Persönlichkeit formt sich in den ersten zehn Jahren unseres Lebens. In diesen Jahren entwickeln wir Gewohnheiten und Überzeugungen. Sie bestimmen zum größten Teil, wie wir die Wirklichkeit sehen und erleben. Wir lernen die »Politik« der Beziehungen: wie wir uns in Konfliktsituationen verhalten, wie wir kooperieren, kritische Situationen auflösen, wie wir arbeiten, was in unseren Augen gut und böse, richtig und falsch ist.

Aber es ist nicht so, dass wir es bei diesem einmal geformten Wesen belassen müssen. Unser ganzes weiteres Leben lang können wir an uns arbeiten.

Meine Frau lernte als Kind, alles, was sie angefangen hatte, auch zu beenden, und bis heute hat sich das nicht geändert. Aus Gründen, die ich nicht vollkommen verstehe, wurde dieser Drang bei mir nie geweckt. Ein Verwandter erzählte mir einmal, dass es in der Familie meiner Mutter viele Menschen gab, die eine Arbeit unfertig liegen ließen, und für mich war das ein hilfreicher Hinweis. Es bedeutet für mich: Ich muss jetzt an diesem Problem arbeiten. Ich muss mich zusammenreißen, um eine Arbeit auch fertig zu machen, und nur mit Selbstdisziplin kann ich die Ziellinie überqueren.

Jesus baute auf den Stärken der Menschen auf und baute ihre Schwächen um. Wie stellte er das an?

Jesus lehrte sie

Zunächst einmal *lehrte er sie*. Tag für Tag sprach er mit ihnen. Monate verbrachte Jesus allein mit einer kleinen Gruppe von Männern (und wohl auch Frauen) in der

Abgeschiedenheit und erklärte ihnen viele Aspekte der guten Nachricht, die er ihnen gebracht hatte.

»Euch ist es gegeben, die Geheimnisse des Reiches Gottes zu erkennen. Zu den anderen Menschen aber wird nur in Gleichnissen geredet«, sagte er (Lukas 8,10). Damit wies er sehr deutlich darauf hin, dass er den Jüngern Dinge mitteilte, die andere nicht zu hören bekamen.

Offensichtlich gingen seine Worte bei den Jüngern aber manchmal zum einen Ohr rein und zum anderen raus, und manchmal erreichten sie die Ohren nicht einmal. Als er von den Leiden sprach, die auf ihn warteten, schalteten sie einfach ab. An diesen Gedanken konnten sie sich nicht gewöhnen. Von ihrem Standpunkt aus ergaben die Pläne, die Gott mit seinem Sohn Jesus hatte, einfach keinen Sinn.

Unser Herr lehrte nicht in Klassenräumen oder Gemeindesälen, sondern in Privathäusern, auf der Straße, auf dem Marktplatz und an abgelegenen Orten, wo man sich stundenlang unterhalten konnte, ohne abgelenkt oder unterbrochen zu werden.

An diesen Orten ist es am wahrscheinlichsten, dass sich Menschen verändern; wenn nämlich das, was sie hören, an die Realität, die sie Stunde für Stunde erleben, gekoppelt ist.

Er gab ihnen ein Beispiel

Jesus lebte seinen Jünger beispielhaft vor, was Leben als Menschen Gottes bedeutet. Er *lebte* und *handelte* nach dem, was er lehrte. »Lernt von mir«, sagte er, und sie sahen, wie er mit den Schwachen, den Kranken und den Armen umging. Wie er Frauen, Kinder, Gegner und Möchtegern-Helden behandelte. Jesus führte den Jüngern dauernd vor Augen, was eine geistliche Persönlichkeit ausmacht. Er legte Geduld, Mitleid, Freundlichkeit, Wahrhaftigkeit und Reinheit an den Tag, und das war bei ihm nicht nur leeres Gerede.

Man brachte Kinder zu Jesus, um sie von ihm segnen zu lassen. Die Jünger waren der Meinung, dass man Jesus mit so etwas nicht belästigen sollte, und wollten sie loswerden. »Doch Jesus sagte: Lasst die Kinder zu mir kommen; hindert sie nicht daran! Denn Menschen wie ihnen gehört das Himmelreich« (Matthäus 19,14). Und sie beobachteten, wie er den schwächsten Mitgliedern der Gesellschaft seine Freundlichkeit erwies: »Dann legte er ihnen die Hände auf und zog weiter.«

Er wies sie zurecht

Unsere Persönlichkeit wächst auch durch Zurechtweisung, und Jesus zögerte nicht, mit dem Licht der Wahrheit in die Dunkelheit des menschlichen Herzens hineinzusprechen. Solch eine pointierte, knappe Zurechtweisung gleicht einem scharfen Messer.

Als die Jünger mit Jesus durch Samaria zogen und man ihnen in einem kleinen Dorf die Gastfreundschaft verweigerte, weil ihr eigentliches Reiseziel Jerusalem hieß, wollten einige Jünger gewaltsame Maßnahmen ergreifen. Zwischen den Samaritanern und den Juden herrschte Feindschaft, seit die Samaritaner den jüdischen Glauben mit heidnischen Elementen vermischt hatten und sie von jüdischen Königen stark benachteiligt worden waren.

»Herr, sollen wir befehlen, dass Feuer vom Himmel fällt und sie vernichtet?«, fragten Jakobus und Johannes, die damit ihren leicht erregbaren Charakter offenbarten, wenn ihnen etwas gegen den Strich ging. »Da wandte Jesus sich um und wies sie zurecht« (Lukas 9,54-55).

Zurechtweisung ist nichts für Leute mit schwachen Nerven. Wenn sie aber richtig formuliert wird, findet sie ihren

Weg in das Innere eines Menschen und gedeiht dort. Eine hilfreiche Zurechtweisung vergisst man nie, und immer wieder korrigiert sie Schwächen in unserem Wesen.

Wir wissen nicht, wie die Jünger in diesem speziellen Fall die Zurechtweisung aufnahmen. Ich finde es interessant, dass Johannes hier so total danebenlag, denn später sollte er viel über Liebe und Vergebung schreiben. Veränderte er sich vielleicht gerade an diesem Tag? Denkbar wäre das.

Vor einigen Jahren teilte ich mir in Thailand ein Hotelzimmer mit dem mittlerweile verstorbenen Dr. Christy Wilson. Er war ein durch und durch von Jesus geprägter Mann. In den Tagen, die ich mit ihm verbrachte, konnte ich das erfahren.

Wir nahmen an einer Konferenz über Weltevangelisation teil. Die Teilnehmer, Männer und Frauen aus der ganzen Welt, waren im selben Hotel untergebracht. Wir kamen spät in der Nacht an und gingen sofort ins Bett. Erst am Morgen konnten wir feststellen, welche Aussicht wir aus unserem Fenster hatten.

Das Hotel lag am Golf von Siam, und wenn das Zimmer zum Meer hin lag, genoss man einen wunderbaren Blick über das Wasser. Wenn das Zimmer auf der anderen Seite lag, sah man auf eine Müllkippe und einen Parkplatz.

Ich stand an diesem Morgen zuerst auf, und als ich die Vorhänge aufgezogen hatte, blickte ich auf die Müllkippe und den Parkplatz. Ohne weiter darüber nachzudenken, rief ich aus: »O nein, wir haben die scheußliche Aussicht abbekommen!«

Dr. Wilson, gerade erst aufgewacht, reagierte ebenso schnell: »Das ist ja wunderbar! Dann werden einige Brüder und Schwestern aus der Dritten Welt heute Morgen einen wundervollen Ausblick genießen.«

Das saß. So eine Zurechtweisung kann einen Teil des Wesens, das noch nicht unter der Herrschaft Gottes ist, dauerhaft und immer wieder korrigieren. So ging es mir. Fast immer, wenn ich wegen irgendetwas nörgeln möchte, weil es *meinen* Interessen zuwiderläuft, denke ich an Wilsons Entgegnung und seine Haltung, die dahinter stand.

Ich stelle mir vor, wie sich Jesus mit den beiden Brüdern Jakobus und Johannes hinsetzt, beide noch erregt, mit hochrotem Kopf und beleidigt. Ausgerechnet die Samaritaner haben Jesus mit Verachtung gestraft, also Leute, die sie religiös und kulturell auf einer niedrigeren Stufe ansiedelten.

Vor einiger Zeit setzte mich ein junger Geschäftsmann auf seine E-Mail-Verteilerliste und schickte mir wie seinen Freunden ein paar Witze. Als ich sie durchlas, konnte ich verstehen, dass manche Leute sie komisch finden würden. Aber die Pointen strotzten nur so von Anspielungen auf Sex, übermäßigen Alkoholgenuss und (so empfand ich es wenigstens) einer allgemeinen Respektlosigkeit gegenüber Frauen.

Ein paar Tage lang dachte ich darüber nach, was ich mit dieser E-Mail tun sollte. Der Absender war ein Mann, der sich schon lange Zeit gewünscht hatte, ein reifer Nachfolger Christi zu werden und Verantwortung für Menschen zu übernehmen, die aus der Bibel leben. Das Einfachste wäre es gewesen, diese E-Mail zu ignorieren und nicht darauf zu antworten. Oft genug habe ich es in anderen Fällen so gehalten.

Aber hier musste ich irgendetwas tun, weil ich befürchtete, dass er mein Schweigen als Zustimmung deuten könnte. Mehr noch, dieser Mann war mir nicht egal, und ich glaubte an seine Zukunft als geistlicher Leiter. Schließlich schrieb ich ihm zurück: »Ich muss dir sagen, dass ein Mensch, der im Einklang mit dem Heiligen Geist leben will, meiner Meinung nach seinen Freunden so etwas nicht schicken sollte.«

Wie würde er darauf reagieren? Innerhalb eines Tages erhielt ich die Antwort.

In seiner E-Mail stand unter anderem: »Es tut mir Leid ... Ich freue mich, dass du mich zurechtgewiesen hast.«

Wenn wir keine Kritik von Menschen, die aus der Bibel leben, annehmen können, dann können wir auch nicht darauf hoffen, dass wir in unserem geistlichen Leben jemals wachsen können. Unsere Persönlichkeit kann sich nur durch die Gabe der Zurechtweisung ändern.

Ich will damit nicht sagen, dass wir nun alles kritisieren sollen, was uns bei unseren Brüdern und Schwestern im Glauben nicht passt. Wir sollen uns auch nicht selbst so kritisieren, dass wir darunter zusammenbrechen. Aber ich bin davon überzeugt, dass wir uns öffnen und jeden Tag darum bitten sollten, dass uns der Heilige Geist hin und wieder zurechtweist und damit unser verborgenes Leben korrigiert.

19. Was einen geistlichen Leiter auszeichnet

In den Evangelien spielt es keine besondere Rolle, ob Jesus mit einem der Jünger allein war oder nicht. Selbst wenn er sich mit einem Einzelnen unterhielt, waren wohl meist andere Jünger in der Nähe.

Ich glaube, dass »Mentoring« oder seelsorgerliche Förderung, Zwiegespräche zwischen *einem* Seelsorger und *einem* Ratsuchenden, auch gefährliche Abhängigkeiten schaffen kann. Und ich glaube nicht, dass wir wirklich etwas über geistliche Persönlichkeit lernen können, wenn wir uns dabei nicht auch in einer größeren Gemeinschaft bewegen. Wir können dabei mit unserer Gemeinde am Ort beginnen, in der wir uns regelmäßig zum Gottesdienst und zu anderen Gelegenheiten einfinden. – Manchmal finden wir in der Gemeinde alles kleinkariert, die Gemeinde fordert zu viel von uns und verliert mitunter den Kontakt zur Wirklichkeit. Aber sie ist unsere Familie.

Geistliche Gemeinschaft kann etwas Tieferes als eine nette Zusammengehörigkeit sein. Das erleben wir vielleicht am deutlichsten in der kleinen Gruppe von Brüdern und Schwestern, die jeder von uns zum geistlichen Überleben braucht. Wir bauen eine geistliche »Familie« auf, mit der wir unsere Überzeugungen leben können. Wir versprechen, in enger Gemeinschaft miteinander zu leben, Gutes und Schlechtes, Freuden und Sorgen, Segen und Fluch des Lebens miteinander zu teilen.

Diese Familie kann quer durch verschiedene Kirchen gehen: »In dieser merkwürdigen, brodelnden, streitlustigen Masse von verschiedenen Kirchen mit ihrer bedrückenden Enge, ihrer Ignoranz und mangelnder Feinfühligkeit, ihrer Dummheit, ihrer Furcht vor Sinnlichkeit, vor Wahrheit, nehme ich eine andere Kirche wahr, in der Christus gegenwärtig ist und diese Welt verändert. In dieser Kirche kann man durch den Glauben Mitglied werden, und wer zu ihr gehört, weiß mehr von Geradlinigkeit, von Barmherzigkeit, von Verletzlichkeit, von Liebe, Freude und Frieden als wir anderen. Ihre Mitglieder haben gelernt, Mauern niederzureißen, und so die Isolation überwunden, die mich so quält. Sie richten nicht, schon gar nicht in moralischer Hinsicht; ihre Beziehungen untereinander ermöglichen es anderen Menschen zu wachsen. Es ist ihnen ganz egal, in welchem Umfeld sie leben, wo ihre körperlichen und geistigen Grenzen liegen. Sie sind wirklich freie Menschen, freigelassene Gefangene, die ihrerseits wieder andere freilassen können.« (Monica Furlong)

Als Jesus die Jünger berief, hatten sie noch viel zu lernen, bevor sie wirklich eine solche Gemeinschaft wurden: »freie Menschen, freigelassene Gefangene«. Aber der Herr arbeitete an ihnen und brachte sie so langsam auf den richtigen Weg. Und er sagte ganz eindeutig, was das bedeutete: »Daran (an dieser gegenseitigen Liebe und der Gemeinschaft) werden alle erkennen, dass ihr meine Jünger seid« (Johannes 13,35).

Ich machte einen großen Schritt vorwärts, als ich die Bedeutung von christlicher Gemeinschaft verstehen lernte. Als ich in meinem persönlichen Leben eine hässliche Niederlage erlitt, lernte ich den Wert einer Gemeinschaft schätzen, die über meine Persönlichkeit wachte und sie wachsen ließ.

Etwa ein Jahr bevor ich diese Zeilen schrieb, wurde ich mit zwei anderen Leuten gebeten, einen prominenten Politiker seelsorgerlich intensiv zu betreuen. Plötzlich tauchte mein Name überall im Fernsehen und in der Presse auf. Eine Zeit lang wurde heftig darüber diskutiert, ob ich richtig gehandelt hätte, von einigen wurde ich hart kritisiert, andere fanden meine Entscheidung gut.

Nach einigen Wochen kam ein Mitglied meiner Gemeinde auf mich zu und fragte: »Hat sich dein Ego in letzter Zeit aufgeblasen bei all dem, was da jetzt so abläuft?«

Einen Augenblick lang glaubte ich mich auf heiligem Boden. Ich hatte einen Freund, der sich so um mich kümmerte, dass er nach meinen Motiven und Einstellungen forschte, die mich geistlich vergiften könnten.

»Gut, dass du fragst«, entgegnete ich. »Ich habe darüber auch nachgedacht und ich kann dir versichern, dass da kein übermäßiges Geltungsbedürfnis mit im Spiel war, jedenfalls nicht bewusst. Aber bitte, frag immer wieder nach.«

In einer Gemeinschaft von Menschen, die so mit Jesus leben, brauchen wir keine Angst vor solchen Fragen zu haben. Sie werden uns helfen zu wachsen.

Sie lernten durch Fehler und Versagen

»Ich wusste, dass du schon verloren hattest«, sagte mir Marvin Goldberg, »und ich entschloss mich, dich verlieren zu lassen, selbst wenn es dem Team schadete.« Mein Trainer hatte durch Jesus erkannt, dass man aus Fehlern lernen kann, wenn man ein williger Schüler ist. Er wusste, dass ein Möchtegern-Zuhörer niemals aufnahmebereiter ist als in dem Augenblick, in dem er eine Demütigung hinnehmen muss.

Fast jeden großen Schritt, den ich in meiner Entwicklung machte, verdanke ich irgendeinem Fehler. Warum betrachten wir in der Gemeinde Niederlagen und Versagen nicht positiver? Die Bibel ist voll von Geschichten, in denen Gott zu Männern und Frauen sprach, als sie ganz unten waren. Wenn wir doch an die Gnade glauben, warum geben wir dann Menschen, die versagt haben, nicht eine neue Chance, damit sie an ihrem Leben arbeiten können?

Wie oft haben die Jünger durch Fehler gelernt? Lassen Sie mich einmal aufzählen: Mehr als einmal waren ihnen gerade die Menschen lästig, die Jesus zu sich rief und denen er dienen wollte. Sie verstanden nicht den Unterschied zwischen dem Gesetzesverständnis des Judentums und der Perspektive Jesu. Auf dem See Genezareth gerieten sie in Panik, als der Sturm losbrach, so dass Jesus sie fragte, wo denn ihr Glaube geblieben sei.

Sie stritten sich, wer von ihnen nun der Größte sei. Jakobus und Johannes wollten zur rechten und zur linken Seite ihres Herrn einen Ehrenplatz einnehmen. Die Nacht, als unser Herr starb, war für die Zwölf auch nicht gerade ein Ruhmesblatt. Gebrochene Versprechen, grenzenlose Furcht, Verrat und der lähmende Zweifel, der sie nach Jesu Tod alle ihre Träume und ihr Vertrauen auf Jesus aufgeben ließ, obwohl er ihnen gesagt hatte, was geschehen würde.

Nie werde ich vergessen, wie Jesus Petrus beim Letzten Abendmahl zusagte: »Ich aber habe für dich gebetet, dass dein Glaube nicht aufhöre. Und wenn du dereinst dich bekehrst, so stärke deine Brüder« (Lukas 22,32; Lutherübers.). Damit spielte er auch auf die Verleugnung an.

Das erinnert mich an den seltsamen Dialog zwischen Gott und Satan im Alten Testament, in dem der Teufel sagt: »Aber streck nur deine Hand gegen ihn aus und rühr an all das, was sein ist; wahrhaftig, er wird dir ins Angesicht fluchen« (Hiob 1,11).

Satan wollte Simon Petrus auf ähnliche Weise in den Griff bekommen. Wenn man nur genug Druck auf ihn ausübte, so dachte er, würde Petrus sich schon aufbäumen.

Warum wird Jesus Petrus nicht vor diesem Augenblick beschützen? Jesus blickte *durch* das Versagen hindurch, er blickte auf die Entwicklung des geistlichen Lebens, die daraus erwachsen würde. Ich höre meinen Trainer Goldberg sagen: »Ich wusste, dass du schon verloren hattest, und ich entschloss mich, dich verlieren zu lassen, selbst wenn es dem Team schadete.«

Die zwölf Männer, die Jesus auswählte, waren alles andere als perfekt. Sie waren leicht einzuschüchtern und nicht besser oder geistlicher als ihr Volk Israel im Laufe der Jahrhunderte vor ihnen. Aber innerhalb von drei Jahren baute Jesus ihren Glauben auf und prägte ihre Persönlichkeit.

Jesus motivierte sie zum Handeln

Einige Male lesen wir, dass Jesus die Jünger in den Dienst aussandte. Ganz eindeutig sollten die Jünger dabei etwas einüben, und ich glaube, dass es vor allem auf die Vertiefung ihres Glaubens ankam.

In dieser Zeit sollten die Jünger lernen, auf Gottes Kraft zu vertrauen, ihre persönlichen Grenzen zu kennen und vom Reich Gottes so zu ihren Zuhörern zu sprechen, dass sie es verstehen konnten.

Petrus und Johannes hätten den von Geburt an gelähmten Mann, dem sie auf dem Weg zum Tempel begegneten, nie geheilt, wenn sie unter der Anleitung Jesu nicht gelernt hätten, auf solche Menschen zu achten. Sie hätten weder Augen noch Ohren für ihn gehabt. Sie hatten in ihrer Kindheit gelernt, um solche Menschen einen großen Bogen zu machen. Jetzt lernten sie anzuhalten und Gottes Liebe und Heil weiterzugeben.

»Das Training in der Woche wird manchmal hart und schmerzhaft sein, aber ihr werdet lernen, dass das Rennen am Samstag dann die reine Freude ist«, hatte unser Trainer gesagt. Könnte es nicht sein, dass Jesus seine Jünger so ins »Trainingslager« schickte? »Gebt ihr ihnen zu essen«, wies Jesus seine erstaunten Jünger an, als sie vor mehreren Tausend Menschen standen. War das eine Unterrichtsstunde in Praktischer Theologie oder in persönlichem Glauben?

Ich neige zu Letzterem. Die Jünger können nur innerhalb ihres Horizonts etwas ausrichten. Und sie sehen nur eine kleine Mahlzeit, die für einen einzigen Jungen ausreichte. Die geistliche Sicht muss wachsen, damit sie lernen, mit Gottes Möglichkeiten zu rechnen. Männer, die nicht über ein Lunchpaket hinaussehen können, werden die Welt nicht verändern. An diesem Tag müssen sie ein für alle Mal begreifen, dass Menschen, die aus der Bibel leben, Zugang zu dem höchsten Gott haben, dem Abraham damals auf dem Berg vertrauen lernte.

Ein Mensch offenbart seinen Glauben darin, wie er auf Unmögliches reagiert. Ich stelle mir das so vor: Die Jünger zeigten ihren Glauben, als sie vor dieser einschüchternden Menschenmenge standen. Dass sich ihr Glaube vollkommen gewandelt hatte, wurde später sichtbar, als sie in den Straßen Jerusalems vor einer Menschenmenge Jesus verkündigten und die Menschen furchtlos zur Umkehr aufriefen. Vorher gingen sie nur zögerlich an die Sache heran, aber Jesus gab ihnen nach und nach immer schwierigere Aufgaben, so dass eines Tages die Verkündigung für sie die reine Freude war.

Er lehrte sie, mit Gott zu reden

Jesus ordnete das geistliche Leben dieser Männer auch noch in anderer Hinsicht neu. Er brachte ihnen bei, wie sie mit Gott in Verbindung treten konnten.

»Lehre uns beten«, baten sie ihn, und er ging auf diese Bitte ein. Er lehrte sie ein Gebet, dass alles Lob und alle Bitten zusammenfasst.

Und er betete selbst. Regelmäßig redete er mit seinem Vater. Sie sahen oft, wie er in die Felder oder auf einen Berg ging, um zu beten. Sie waren bei ihm, als er in seiner Todesangst seinem Vater in Gethsemane sein Herz ausschüttete.

Sie lernten dieses Vorwärtsgehen im Glauben durch ihre eigene Unzulänglichkeit. Ein Vater kam mit seinem Kind, das von unreinen Geistern besessen war, und bat sie, seinen Sohn zu befreien. Jesus war nicht da; er war auf einen Berg gestiegen, um mit seinem Vater allein zu sein, und so sprangen sie ein. Aber es funktionierte nicht. Wir können davon ausgehen, dass sie die richtigen Worte sprachen. Aber der Junge wurde von den unreinen Geistern weitergequält.

Dann kam Jesus hinzu: »Jesus aber drohte dem unreinen Geist, heilte den Jungen und gab ihn seinem Vater zurück« (Lukas 9,42).

Wenn es eine Situation gab, in der sich Jesus stöhnend abwandte, dann diese: Der Unglaube der Jünger und des Volkes, dieses Kind aus seinen Bindungen zu befreien, die Unempfänglichkeit ihres Herzens löst bei ihm den klagenden Ausruf aus: »O du ungläubige und unbelehrbare Generation! Wie lange muss ich noch bei euch sein und euch ertragen?« (Lukas 9,41)

Er wendet sich hier an seine Jünger. Und dann stellen sie eine Frage, die darauf hoffen lässt, dass sich unter ihrem dicken Fell tatsächlich etwas bewegt: »Warum konnten wir ihn (den bösen Geist) nicht austreiben?« (Matthäus 17,19)

Meiner Meinung nach zeigt diese Frage, dass die Jünger sich nach Wachstum sehnen. Sie möchten etwas bewirken können. Endlich stellen sie die richtigen Fragen: Wie sollen wir beten? Wie oft soll ich vergeben? Was bedeutet diese Geschichte? Wann werden diese Dinge geschehen? Wohin gehst du? Warum konnten wir die bösen Geister nicht austreiben?

Das sind große Fragen, die von diesen Lernenden gestellt werden, von Männer, die nicht mehr vorgeben müssen, dass sie ihr Leben vollkommen im Griff haben. Sie haben sich geöffnet, sie sehnen sich nach Unterweisung, nach Zurechtweisung, nach einem Beispiel, nach dem sie sich richten können, so dass sie sich mit ihrer ganzen Persönlichkeit auf ihren Meister ausrichten können.

Jesus antwortet ihnen auf ihre Frage, dass sie nicht genug Glauben haben. Wenn sie nur Glauben so groß wie ein Senfkorn hätten, könnten sie Berge versetzen, und das kann nur durch Gebet geschehen (Matthäus 17,20; Markus 9,29). Jesus fordert seine Jünger heraus, sich nicht mit zu wenig zufrieden zu geben.

»Gordie, du sollst wissen, dass es hier um viel mehr als nur um Zeiten geht. Es geht darum, ein Mann zu werden. Es gibt andere Ziele, die noch viel wichtiger sind als Zeiten in der Leichtathletik. Ich will versuchen, dich zu einer Führungspersönlichkeit zu machen. Dass du lernst, zu deinen Verpflichtungen zu stehen, diszipliniert zu lernen, jüngere Läufer zu motivieren, als Christ zu wachsen. Ich werde hart sein, und an manchen Tagen wirst du mich nicht ausstehen können. Aber wenn du bei mir bleibst, wird genau das aus dir werden.«

Die Jünger blieben fast die ganze Zeit bei Jesus. Wie in jenem Sommer, als ich mein Training hinwerfen wollte, machten auch sie schlechte Zeiten durch. Am schlimmsten war es, als sie sich im Garten Gethsemane aus dem Staub machten und Jesus seinen Peinigern überließen. Niemals wieder würden sie so etwas tun.

Aber auch danach kam ihr geistliches Wachstum nicht zum Stillstand. Sie wurden zu wirklichen Persönlichkeiten, in denen der Geist Gottes wohnte, und mit ihnen nahm die Veränderung unserer Welt ihren Anfang.

Ein neuer Kurs für mein Leben

Brüder, ich bilde mir nicht ein, dass ich es schon ergriffen hätte. Eines aber tue ich: Ich vergesse, was hinter mir liegt, und strecke mich nach dem aus, was vor mir ist. Das Ziel vor Augen, jage ich nach dem Siegespreis: der himmlischen Berufung, die Gott uns in Christus Jesus schenkt.

Philipper 3,13-14

Dafür sollst du sorgen, darin sollst du leben, damit allen deine Fortschritte offenbar werden. Achte auf dich selbst und auf die Lehre; halte daran fest! Wenn du das tust, rettest du dich und alle, die auf dich hören.

1. Timotheus 4,15-16

20. Mauern niederreißen

Jemand hat einmal eine Liste von Voraussagen der größten Vordenker und Führungspersönlichkeiten der Geschichte zusammengestellt, die beweist, dass man sich auch auf große Geister nicht immer verlassen kann:

»Der Aktienmarkt hat sich, wie es aussieht, auf einem dauerhaft hohen Niveau eingependelt.« (Irving Fisher, Yale, 1929)

»Flugzeuge sind ein interessantes Spielzeug, haben aber keinen militärischen Nutzen.« (Marschall Foch, 1851-1929, Professor für Strategische Studien an der französischen Militärakademie)

»Louis Pasteurs Theorie über Bakterien ist ein lächerliches Märchen.« (Charles Duell, Professor für Physiologie in Toulouse, 1872)

»Kein Mensch braucht mehr als 640 KB Hauptspeicher.« (Bill Gates, 1981)

»Ich freue mich einfach, dass Clark Gable damit auf die Nase fällt und nicht Gary Cooper.« (Gary Cooper zu seiner Entscheidung, in *Vom Winde verweht* nicht die Hauptrolle zu übernehmen, 1938)

»Wir mögen ihren Sound nicht, und außerdem wird Gitarrenmusik allmählich unmodern.« (Begründung der Decca Recording Co., warum sie die Beatles nicht produzieren wollten, 1962)

»Das Konzept ist interessant und gut ausgearbeitet, ich kann aber nur ein ›Befriedigend‹ geben, weil die Idee nicht machbar ist.« (Ein Yale-Professor für Wirtschaftswissenschaften zu Fred Smiths Hausarbeit, in der er ein

Konzept für Federal Express, einen weltweiten Kurierdienst, vorlegte.)

In meinen Tagebüchern habe ich über die Jahre verstreut einige Voraussagen gefunden, die es an Dummheit und Kurzsichtigkeit mit den Zitaten oben aufnehmen können. Ich hoffe, dass sie niemals jemand anderes lesen wird. Ich möchte mich dafür entschuldigen, dass ich einigen Menschen vorhersagt habe, sie würden ihren Traum niemals verwirklichen; dass ich bei manchen Menschen ihr Potential nicht erkannt habe, weil sie damals naiv und unbeholfen wirkten. Ich hätte ihnen ein ermutigendes Wort sagen können, habe es aber unterlassen, weil ich nicht über meine Zweifel hinwegsehen konnte. Ich entschuldige mich dafür, dass ich einigen Menschen nicht geglaubt habe, dass sie wirklich umgekehrt sind.

Heute können wir über die missglückten Prophezeiungen zu Beginn dieses Kapitels lächeln. Aber als sie geäußert wurden, hätten sie manchen Durchbruch verhindern können. Was wäre zum Beispiel geschehen, wenn Louis Pasteur auf Charles Duell gehört und sich gesagt hätte: »Er hat Recht, warum vergeude ich meine Zeit damit, nach Bakterien zu suchen?« Und jedes Mal, wenn uns ein wichtiges Dokument über Nacht aus irgendeinem Teil der Welt erreicht, können wir dankbar sein, dass Fred Smith nicht auf seinen Professor hörte.

Fast hätte ich den Gedanken, Bücher zu schreiben, aufgegeben, weil jemand, auf dessen Meinung ich als junger Mann sehr viel Wert legte, nur verächtlich lachte, als er einen von mir geschriebenen Text las. Ich hätte fast meine Verlobung mit Gail gelöst, weil ein Freund meinte, dass mir zu einem guten Ehemann fast alles fehle. Und wenn ich gebeten werde, vor versammelter Gemeinde ein Gebet zu sprechen, habe ich bis auf den heutigen Tag die Worte einer Studienkollegin im Ohr, die meinte, dass meine Gebete nur von meiner geistlichen Unreife zeugten.

Was uns lähmt

Wer weiß schon, wie viele Ideen und Hoffnungen, wie viele große Kunstwerke, wie viele Versuche, mit neuer Kraft eine Leitungsaufgabe zu übernehmen, scheiterten, weil im entscheidenden Augenblick irgendjemand Zweifel oder Entmutigung säte?

Die schlimmsten Grenzen legen wir uns allerdings selbst auf. Wir lassen es zu, dass Versagen, höhnische Bemerkungen, Alter oder Lebensumstände unsere Sicht der Zukunft bestimmen. Wir stecken unsere Träume in eine Schublade mit dem Etikett *Unmögliches*. Wir reden uns selber ein, dass wir uns nicht ändern können, dass wir bleiben müssen, wie wir sind.

Vor kurzem erstellte ich eine Liste mit allen Dingen, vor denen ich mich fürchte und die mich lähmen können. Zum Schluss hatte ich folgende Aufstellung vor mir liegen – und sie ist bei weitem noch nicht vollständig:

- Dass ich mit der jungen Generation nicht mithalten kann.
- Dass meine besten geistigen und beruflichen Leistungen bereits hinter mir liegen.
- Dass ich Gott nicht mehr so dienen kann wie früher.
- Dass ich in meinem Glauben nicht mehr weiter wachse; dass ich bin, was ich bin.
- Dass meine Ehe langweilig werden könnte, dass meine Frau und ich nur noch eine Wohnung teilen, statt uns so zu lieben wie heute.
- Dass ich körperlich oder geistig krank werden könnte und dann von anderen abhängig bin.
- Dass das Leben, das noch vor mir liegt, nach dem alten Muster verläuft.

Ich will nicht zulassen, dass mich solche Gedanken gefangen halten.

Vor vielen Jahren stieß ich auf die Geschichte des ungarischen Arztes Ignaz Philipp Semmelweis, der 1818 geboren wurde. Mit drei Jahren verlor Semmelweis seine Mutter. Sie starb bei der Geburt ihres fünften Kindes. Todesursache: Kindbettfieber.

Vielleicht war es der frühe Verlust der Mutter, der Semmelweis für die hohe Todesrate unter Müttern im Kindbett sensibilisierte. Andere fanden sich damit ab, dass in manchen Kliniken bis zu 80 Prozent der Mütter an Kindbettfieber starben, Semmelweis nicht.

Seine Forschungsarbeiten ergaben, was wir heute für selbstverständlich halten: dass die Ärzte bei den Geburten sehr wahrscheinlich selbst die Infektion mit ihren Händen übertrugen, wenn sie eine Patientin nach der anderen behandelten.

Semmelweis folgerte daraus, dass Desinfizieren der Hände durch gründliches Händewaschen mit einer Chlorkalklösung vor und nach der Behandlung die Ausbreitung der Krankheit verhindern würde. Diese Schlussfolgerung war korrekt, und innerhalb von kurzer Zeit fiel der Anteil der von ihm behandelten Wöchnerinnen, die am Kindbettfieber starben, auf ein Minimum.

Das eigentlich Schockierende an dieser Geschichte ist, dass seine Berufskollegen seine Forschungsergebnisse ablehnten. Obwohl sie sich nach außen wissenschaftlich und objektiv gaben, verschlossen sie sich allen Neuerungen. Sie fühlten sich in ihrem Stolz verletzt und wollten keine Veränderungen. »So haben wir es schon immer gemacht« – dieses Motto war damals so beliebt wie heute.

Je mehr Semmelweis darauf beharrte, dass Händewaschen der Schlüssel zum Sieg über diese Infektion sei, desto mehr wurde er ausgelacht und als Dummkopf abgestempelt. Schließlich musste er seine Stellung aufgeben. Als sein Nachfolger das Händewaschen wieder abschaffte, stieg der Anteil der Wöchnerinnen, die am Kindbettfieber starben, wieder sprunghaft an.

Semmelweis starb früh und verbittert, weil seine Berufskollegen ihn nicht ernst nahmen. Vierzig Jahre später sagte Joseph Lister, der in London lehrte und als Vater der Antisepsis gilt: »Ohne Semmelweis hätte ich nichts erreicht. Diesem großen Sohn Ungarns verdankt die Chirurgie unendlich viel.«

Semmelweis gehörte zu den Menschen, die glauben, dass es auf eine entscheidende Veränderung ankommt und dass diese Veränderung möglich ist.

Irgendwann hat jeder von uns den Wunsch, sein Verhalten zu verändern. Wir begegnen einem Menschen, der gelernt hat, diszipliniert zu denken, und wir bewundern ihn, wie er zu klaren Schlussfolgerungen kommt. Es beeindruckt uns, dass ein Mann, der von allen Seiten angegriffen wird, gelassen bleiben kann, und wir wünschen uns, wir besäßen seine Würde. Wir sehen, dass ein Ehepaar liebevoll und zärtlich miteinander umgeht, und wünschen uns, dass es in unserer Ehe genauso aussähe. Wir hören einem weisen und gottesfürchtigen Menschen zu, der uns ungewöhnlich tiefe Einsichten vermittelt, und wünschen uns, wir könnten uns davon eine Scheibe abschneiden.

Wir möchten gern mit alten Gewohnheiten brechen, manches in unserer Persönlichkeit verändern, unseren Jähzorn besiegen und unsere Reaktionen im Griff haben. Wir hassen uns dafür, dass wir so leicht neidisch und eifersüchtig werden, weil jemand anders etwas besitzt, was wir nicht haben. Wir respektieren uns selbst nicht mehr, weil wir sexuellen Versuchungen so leicht nachgeben. Wir beklagen uns darüber, dass wir nicht zur Ruhe kommen, aber unseren Terminkalender bekommen wir anscheinend nicht in den Griff.

Wir wollen lernen, die richtigen Prioritäten zu setzen

und auch einmal nein zu sagen. Wir würden Jesus gerne besser kennen lernen, müssen aber zugeben, dass für uns andere Dinge an erster Stelle stehen. ،

Was steht denn unserer Kurskorrektur im Weg, die uns auf den Weg zu Jesus bringen und aus uns den Menschen machen würde, der wir gerne sein würden?

Erstes Hindernis: *Was wir lieben*

Zunächst einmal ist es typisch für uns, dass wir an unserem augenblicklichen Zustand mehr hängen, als dass wir uns eine Veränderung wünschen. Obwohl wir beteuern, dass wir gerne abnehmen würden, flüstert uns eine Stimme in unserem Innern ein, dass es doch bequemer wäre, bei unseren alten Essgewohnheiten und dem Bewegungsmangel zu bleiben. Obwohl wir beteuern, dass wir unser Leben mit mehr Stille und Zeit zum Nachdenken gestalten wollen, flüstert uns eine Stimme ein, dass wir doch eigentlich Lärm und Geschäftigkeit genießen wollen.

Abraham verließ Ur erst, als ihm das Versprechen, dass er in einem fernen Land viele Nachfahren haben würde, wichtiger wurde als sein bisheriges angenehmes Leben in Mesopotamien. *Er musste eine Grenzlinie zwischen seiner ersten und seiner zweiten Liebe überschreiten*, er musste sein altes Leben hinter sich zurücklassen.

Die Frage, die ein junger Mann Jesus zum ewigen Leben stellte, mag durchaus aufrichtig gemeint gewesen sein. Jesus brachte ihn dazu zu begreifen, dass er seinen Besitz *mehr* liebte als das ewige Leben.

An diesem Punkt muss ein Mensch ansetzen, der in seinem Leben etwas verändern will, mit einer Inventur der Dinge nämlich, die er am meisten liebt. Unsere Freunde kommen oft eher auf die richtigen Antworten als wir selbst. Sie hören, worüber wir uns am häufigsten unterhalten, sie wissen, wie wir unser Geld ausgeben und was wir in unserer Freizeit am liebsten tun.

Wenn Sie sich einen Tag Zeit nehmen, in Ihrem Terminkalender und Tagebuch (wenn Sie eines führen) die Eintragungen der letzten sechs Monate durchzuforsten, dann wird Ihnen das möglicherweise verraten, was Sie am meisten lieben.

Abraham musste immer wieder Entscheidungen treffen: Liebst du mich mehr als das Leben in Ur? Liebst du mich mehr als deine Versuche, in Ägypten zu überleben? Liebst du mich mehr als die Geschäfte, die du mit Lot tätigst? Liebst du mich mehr als deine verzweifelten Anstrengungen, dir irgendwie einen Ersatzsohn zu beschaffen? Schließlich die große Frage: Abraham, liebst du mich mehr als Isaak?

Bob Buffords Buch *Halbzeit* (»Halftime«) hat vielen geholfen, die sich nach Veränderung sehnten. Seine Botschaft ist ganz eindeutig: Viele Menschen kommen irgendwann einmal an den Punkt, an dem sie sich entscheiden müssen, ob es ihnen persönlich wichtiger ist, anderen Menschen zu dienen, als immer noch mehr Geld anzuhäufen. Bufford spricht aus eigener Erfahrung. Eines Tages entschied er sich, dass es ihm wichtiger war, im Reich Gottes mitzuarbeiten, als an seiner Karriere zu basteln. An diesem Tag änderte er seinen Kurs radikal.

Zweites Hindernis: *Die Angst zu versagen*

Die eine Sache, die uns davon abhalten kann, unseren Kurs zu ändern, ist, dass wir etwas anderes zu sehr lieben. Eine zweite Sache ist unsere *Angst zu versagen*. Denn keiner von uns steht gerne als Dummkopf da. Wer den Schaden hat, braucht für den Spott nicht zu sorgen – das lernen wir schon als Kinder. Und ohne dass wir es merken, lassen wir zu, dass diese Botschaft in unser Inneres eindringt. Wir fühlen uns schnell herabgesetzt und unseren Aufgaben nicht gewachsen.

Wer weiß, was den Knecht im Gleichnis vom anvertrauten Geld dazu bewogen hat, das Kapital, das ihm sein Herr anvertraut hatte, einfach zu begraben (vgl. Lukas 19,11-27). Als er gefragt wurde, warum er mit dem Geld nicht gehandelt hatte, antwortete er, dass er Angst hatte, er könnte einen Fehler machen, und sich deshalb entschloss, einfach alles so zu lassen, wie es war.

Keiner weiß, wie die Geschichte weitergegangen wäre, wenn der Knecht seinem Herrn entgegnet hätte: »Ich habe die Börse sorgfältig beobachtet (hier sind meine Notizen) und einiges investiert. Aber der Markt brach plötzlich ein, und ich habe das ganze Geld verloren.« Ich kann mir vorstellen, dass der Herr ihm geantwortet hätte: »Du bekommst dieselbe Belohnung wie der Knecht, der einen großen Gewinn erwirtschaftet hat, denn du hast dein Bestes gegeben.«

Wenn wir uns wirklich verändern wollen, werden wir sehr wahrscheinlich auch Niederlagen erleiden. Bei meinem ersten Versuch, als Pastor zu arbeiten, erlitt ich eine Niederlage. Ich werde nie das Gefühl vergessen, als ich einen zerknüllten Zettel vom Fußboden des Gemeindesaals aufhob. Er entpuppte sich als ein Briefchen, das ein Gemeindemitglied während der Versammlung an ein anderes weitergereicht hatte: »Wenn MacDonald nicht bald kündigt, gibt es eine Katastrophe.«

Ich las mir diese Bemerkung ein paar Mal durch, ging in mein Büro und setzte mein Kündigungsschreiben auf. Innerhalb von zwei Wochen hatte ich die Gemeinde verlassen. Kurz darauf arbeitete ich im Hafen, verlud Kisten, tippte Frachtbriefe und fertigte Lastwagen ab. Für kurze Zeit glaubte ich, dass sich meine Berufung zum Pastor wohl erledigt hätte.

Das war nicht das letzte Mal, dass ich versagte. Ich habe manchmal in Beziehungen versagt. Ich bin den intellektuellen Maßstäben, die ich mir einmal gesetzt habe, nicht gerecht geworden. Und bis heute habe ich nicht die geistliche Reife erreicht, die ich meiner Meinung nach in meinem Alter haben sollte.

Aber ich werde nicht zulassen, dass diese Niederlagen mich davon abhalten, zu wachsen und die Grenzen zu überwinden, die mein Versagen aufgedeckt hat. Und ich werde nicht zulassen, dass solche Voraussagen und Vermutungen, dieses und jenes könnte nicht funktionieren, mein Leben bestimmen.

Die Israeliten hatten schreckliche Angst zu versagen, ebenso die Jünger. Aber es gibt einen entscheidenden Unterschied zwischen den beiden: Die Israeliten lernten nicht viel aus ihren Fehlern, die Jünger alles. Sie wurden zu Menschen, die andere Menschen erreichen wollten.

Das dritte Hindernis: *Widerstand gegen das Unbekannte*

Der dritte Punkt, der uns davon abhält, unseren Kurs zu korrigieren, ist unser *Widerstand gegen das Unbekannte*. Niemand, der sich daranmacht, sein Leben von Grund auf zu verändern, weiß genau, was ihn erwartet.

Abraham zog in ein Land, das auf seiner Landkarte gar nicht existierte. Die Jünger ließen sich darauf ein, ihr ganzes Leben umgestalten zu lassen, wie es vorher noch nie geschehen war. Wie wir im nächsten Kapitel sehen werden, ließ sich der Apostel Paulus berufen, an Orte zu reisen, von denen er nie geglaubt hätte, dass er sie jemals sehen würde.

Das *Unbekannte* kann uns einschüchtern. Wir müssen viel dazulernen, neue Verhaltensweisen, neue Einstellungen.

Die jüngere Generation findet es schwierig, sich in der

Ehe zu binden, weil das bedeutet, sich auf etwas Unbekanntes einzulassen und dabeizubleiben. Ein Mann fürchtet sich davor, seine Stelle zu kündigen, weil er nicht weiß, was er mit seinem Leben anfangen soll, wenn er auf Titel, die Routine seines Arbeitsalltags und seine Kollegen verzichtet. Trotzdem: Wir sollen und müssen das unbekannte Land erobern.

Meine Freunde Al und Marilyn Romaneski haben zwanzig Jahre damit verbracht, immer wieder ins Unbekannte aufzubrechen. Al war ein hoher Offizier der amerikanischen Streitkräfte. Als er pensioniert wurde, hätte es ihm niemand verdenken können, wenn er in seine Heimat nach Neuengland zurückgekehrt wäre und einen gut bezahlten Job bei einer ortsansässigen Firma angenommen hätte.

Stattdessen entschlossen sich die Romaneskis, für jüngere amerikanische Soldaten in ganz Europa da zu sein. Sie reisten von einem Land Europas ins andere, gründeten Gästehäuser, wo amerikanische Soldaten und ihre Familien weit weg von zu Hause die Liebe Christi erleben konnten, wie sie sich im Leben der Romaneskis widerspiegelte. Als ich mich fragte, wer von meinen Bekannten sich wirklich auf unbekanntes Terrain vorwagte, kamen mir sofort die Romaneskis in den Sinn.

Schließlich kann es uns auch von einer Kurskorrektur abhalten, *wenn wir der Stimme misstrauen, die uns beruft, unser Leben zu verändern.*

Als ich noch ein ganz junger Pastor war, gab es einen Mann in meiner Gemeinde, den ich sehr bewunderte. Er besaß bemerkenswerte Fähigkeiten, Geld zu verdienen. Schon lange bevor er vierzig wurde, hatte er genug Vermögen angesammelt, um sich aus dem Berufsleben zurückziehen zu können.

Fast jede Woche kam er in mein Büro und redete davon, dass er den Ruf verspürte, sich aus dem Geschäft zurückzuziehen und Christus zu dienen. Wenn ich so etwas höre, werde ich leicht misstrauisch, weil ich nicht immer ganz sicher bin, ob diese Leute wirklich einen Ruf gehört haben oder nur der rauen Geschäftswelt entkommen wollen.

In diesem Fall allerdings spürte ich sehr stark, dass der Mann ein wirkliches Berufungserlebnis gehabt hatte. Gott hatte ihn aufgefordert, sein altes Leben hinter sich zu lassen und den Schritt ins unbekannte Land zu wagen. Aber vor der endgültigen Entscheidung schreckte er zurück, es war ihm nahezu unmöglich, alles hinter sich zu lassen. Er liebte das Geldverdienen mehr, als er wusste. Und er hatte Angst, dass er nicht genug Geld gespart hatte, um den Rest seines Lebens davon zu leben.

»Ich weiß, dass Gott mich berufen hat«, sagte er. »Ich kann förmlich hören, wie er mir zuruft, dass genug da ist und dass er für mich sorgen wird.« Aber er traute dieser Stimme nicht so recht.

Eines Tages wurde ich ins Krankenhaus gerufen und sah ihn sterben. Der Herzinfarkt war ganz überraschend gekommen; wir waren davon ausgegangen, dass er noch Jahrzehnte zu leben hatte.

Ich glaube nicht, dass so ein Tod irgendetwas mit mangelndem Vertrauen zu tun hat. Aber ich werde meinen Freund immer als einen Mann im Gedächtnis behalten, der eine großartige Möglichkeit, im Reich Gottes mitzuarbeiten, ausschlug, weil er der Stimme nicht vertraute, die ihn in einen lebenslangen Dienst rief.

Wir sind dazu berufen, die Menschen zu erreichen, zu wachsen, Gott zu dienen und ihn besser kennen zu lernen.

Craig Barnes erzählte, wie Henri Nouwen einmal vor einer Gruppe von Theologiestudenten sprach:

»Ich sehe Nouwen noch vor mir, wie er sich über die Kanzel beugt und uns fragt: ›Liebt ihr Jesus? Liebt ihr Jesus?‹ Dann machte er eine lange Pause. *Ja, ja, natürlich,* dachte ich. *Darum bin ich hier.* Dann versprach er uns etwas: Wenn ihr ja sagt, wird das Sitzungen, Sitzungen und noch einmal Sitzungen bedeuten. Denn die Welt liebt Sitzungen. Es bedeutet Gemeindemitglieder, die nur eins von euch wollen, dass ihr nämlich keine Unruhe in die Gemeinde bringt ... Es bedeutet eine endlose Kette von Déjà-vu-Erlebnissen.

Das alles bedeutet es. Aber es bedeutet auch, dass ängstliche Herzen ein tröstendes Wort hören wollen, dass zitternde Hände getröstet werden wollen, dass gebrochene Menschen darauf warten, geheilt zu werden ... Euer Leben wird nicht einfach sein, und das sollte es auch nicht. Es sollte hart sein. Es sollte radikal sein, es sollte ruhelos sein, es sollte *euch an Orte führen, an die ihr lieber nicht gehen wollt.*« (Hervorhebung G.M.)

21. Ein mutiges Herz bekommen

Ein Kindermärchen handelt von einer kleinen, grauen Maus, die sich schrecklich vor einer alten Katze fürchtete. Die Maus wünschte sich sehnlich, selbst eine Katze zu werden. Eine gute Fee hörte diesen Wunsch und verzauberte sie in eine graue Katze.

Leider wurde sie nun als Katze von einem Hund gejagt. Wieder bekam sie Angst und wünschte, sie wäre ein Hund. Die Fee erfüllte auch diesen Wunsch, aber auch als Hund gab es Dinge, vor denen man Angst bekam.

»Mach mich doch zu einem starken Löwen«, bat der Hund nun die Fee. Und wieder ging die Fee auf seinen Wunsch ein und machte ihn zu einem Löwen. Leider war es gerade Jagdsaison, und ein Jäger versuchte, ihn zu erschießen. Noch einmal rannte er zur Fee.

»Was ist denn nun schon wieder?«, fragte sie.

»Liebe Fee, kannst du mich nicht in einen Menschen verwandeln?«, bat er. »Dann kann mir keiner mehr Angst einjagen.«

»Dich in einen Menschen verwandeln?«, rief die Fee. »Das werde ich nicht tun. Ein Mensch braucht ein tapferes Herz. Du hast nur das Herz einer Maus. Also wirst du wieder zu einer Maus werden und eine Maus bleiben.«

Sofort wurde aus dem Löwen wieder eine kleine Maus, und so schnell es ging, stolperte sie nach Hause in ihr Mauseloch.

Hier finden wir kurz gefasst das eigentliche Problem hinter einer Kurskorrektur. Um in der Geschichte zu bleiben: Wenn man sein Leben verändern will, aber das Herz einer Maus behält, dann ist dieser Kurswechsel nicht ernst zu nehmen. Eine Umgestaltung nach der Bibel beginnt immer im Herzen und wirkt von dort aus nach außen. Es gibt keinen anderen Weg.

Es beginnt mit dem *Verlassen*, das alte Leben hinter sich lassen und ein neues beginnen. Der geistliche Weg geht weiter im *Nachfolgen*, und das erfordert Mut.

Das dritte Wort heißt *Hinausgehen*. Das Hinausgehen bedeutet: Veränderung anstreben, sich berufen lassen, unbekanntes Land zu betreten und neue Aufgaben anzupacken.

Meiner Meinung nach war Paulus der Mensch in der Bibel, der diesen Weg am konsequentesten ging. Um seiner Berufung zu folgen, die ihm bekannte Welt zu evangelisieren, überwand er so viele Hindernisse. Dieser Mann gab einfach nicht auf.

»Zudem kam ich in Schwäche und in Furcht, zitternd und bebend zu euch«, schrieb er den Korinthern (1. Korinther 2,3). Paulus wusste, was körperliche Schwachheit bedeutet. Seine Liste von schmerzhaften Erlebnissen in 2. Korinther 11 lässt jeden Menschen aufhorchen: »Ich habe mehr gearbeitet ... ich bin öfter gefangen gewesen ... habe mehr Schläge erlitten ... bin oft in Todesgefahr gewesen ... von den Juden habe ich fünfmal erhalten vierzig Geißelhiebe weniger einen ... ich bin dreimal ausgepeitscht worden ... einmal gesteinigt worden ... dreimal habe ich Schiffbruch erlitten ... einen Tag und eine Nacht trieb ich auf hoher See ... ich bin oft gereist ... ich bin in Gefahr gewesen durch Flüsse, in Gefahr unter Räubern, in Gefahr unter Juden, in Gefahr unter Heiden, in Gefahr in Städten, in Gefahr in Wüsten, in Gefahr auf dem Meer, in Gefahr unter falschen Brüdern ... in Mühe und Arbeit, in viel Wachen, in Hunger und Durst, in viel Fasten, in Kälte und Blöße ... und außer alldem noch das, was täglich auf mich einstürmt, und die Sorge für alle Gemeinden.«

Ich glaube, noch niemand hat analysiert, was fünfundzwanzig Jahre solcher Belastungen für Körper und Seele bedeuten. Ich kann nur darüber spekulieren, dass jeder, der so etwas durchmacht, Narben zurückbehält, körperliche wie seelische.

Am meisten erschrecken mich die neununddreißig Geißelhiebe, die er fünfmal über sich ergehen lassen musste. Viele brachen unter diesen Geißelhieben auf den nackten Rücken tot zusammen.

Lesen Sie Paulus' Schilderung noch einmal sorgfältig durch. Stellen Sie sich vor, wie schwer schon jede einzelne Prüfung für sich allein genommen war. Die meisten von uns werden im Lauf ihres Leben nicht einmal mit einem dieser Hindernisse konfrontiert. Hätte ich an seiner Stelle weitergemacht oder sofort aufgegeben, so wie es mir im Blut liegt?

Der Abschnitt, in dem Paulus diese erschütternden Ereignisse schildert, zeigt uns, wie gründlich er seinen Kurs korrigiert hat und wie sehr ihn diese Kurskorrektur prägte. Als ehemaliger Christenverfolger erträgt er nun selbst Verfolgung.

An anderer Stelle spricht Paulus von einem so genannten Stachel im Fleisch, den Gott trotz seiner Gebete nicht entfernte. Jahrhundertelang hat man darüber spekuliert, was damit wohl gemeint sein könnte. Jedenfalls fühlte sich Paulus von diesem »Stachel« in seinem Dienst behindert.

Was auch immer der Stachel in seinem Fleisch genau war – für Paulus bedeutete er ein so großes Hindernis, dass er Gott dreimal darum bat, ihn davon zu befreien. Ich vermute, dass damit lange Fasten- und Gebetszeiten verknüpft waren. Aber Gott reagierte lediglich mit den Worten: »Lass dir an meiner Gnade genügen« (2. Korinther 12,9; Lutherübers.). Und Paulus gab sich wie Abraham mit dem Urteil Gottes zufrieden. Er vertraute den verborgenen Zielen Gottes und schloss: »Deswegen bejahe ich meine Ohnmacht, alle Misshandlungen und Nöte, Verfolgungen und Ängste, die ich für Christus ertrage; denn wenn ich schwach bin, dann bin ich stark.«

Ich frage mich, warum nicht öfter über diesen Text gepredigt wird. Aus ihm könnten wir heutigen Christen doch so viel lernen. Hier wird über das Gebet geredet, auf das Gott anders reagiert, als wir uns es ausgerechnet haben. Heute glaubt man, dass es für jedes Problem eine Lösung gibt, auf jede Frage eine Antwort, für jede Krankheit eine Medizin. Paulus kann aus Erfahrung sagen, dass das nicht so ist. Aber sein Glaube kommt deshalb nicht ins Wanken. Dass er von seinem »Stachel« nicht befreit wird, eröffnet ihm eine neue Perspektive. Er zweifelt nicht an Gott, er ärgert sich nicht an ihm, sondern er nimmt dieses Hindernis an und versucht ihm neue Möglichkeiten abzugewinnen. Meine Schwäche – seine Stärke. Wer so denkt, den kann man nicht besiegen!

Doch als ihm seine Feinde ans Leben wollten, muss Paulus schreckliche Angst ausgestanden haben: »Wir zweifelten am Leben«, schrieb er aus Ephesus, wo ihm eifernde Juden nach dem Leben trachteten (2. Korinther 1,8).

Ich hatte nur einmal wirklich Angst um mein Leben, als ich im Amazonasdschungel eine Woche lang in einem kleinen Flugzeug von einem Dorf zum anderen flog (von einem anderen Erlebnis aus dieser Zeit habe ich weiter vorne erzählt). Die Landebahnen waren so schmal, kurz und holperig, dass ich jedes Mal Todesängste ausstand, wenn der Pilot zur Landung ansetzte. Meine Männlichkeit ließ nicht zu, dass ich irgendjemandem von meiner Furcht erzählte, aber ich hatte jedes Mal Angst, dass ich dabei umkommen könnte. Wenn wir abends zu unserem Hauptquartier zurückkehrten, ging ich schnell auf mein Zimmer und schrieb Seite für Seite in mein Tagebuch. Für meine Frau und meine beiden kleinen Kinder schrieb ich alles auf, was mir in den Kopf kam, damit sie so viel wie möglich von mir lesen könnten, wenn sie von meinem Tod erfuhren. Ich hatte mit einer Art Depression zu kämpfen. Ich zählte die Stunden, bis ich diesen Ort verlassen und nach Hause zurückkehren konnte, wo relative Sicherheit herrschte. Nie habe ich vergessen, wie sehr ich mich vor diesen Flügen fürchtete. Jedes Mal, wenn ich von Paulus' schrecklichen Erlebnissen lese, denke ich an dieses kleine Cockpit zurück.

Und trotzdem schreibt Paulus: »Das geschah aber, damit wir unser Vertrauen nicht auf uns selbst setzten, sondern auf Gott, der die Toten auferweckt, der uns aus solcher Todesnot errettet hat und erretten wird. Auf ihn hoffen wir, er werde uns auch hinfort erretten« (2. Korinther 1,9-10; Lutherübers.).

Paulus wusste auch von anderen Schwächen. Er hatte bewusst Schwäche als Lebensstil *gewählt*. »Als Diener Christi soll man uns betrachten«, sagte er von der Kirche (1. Korinther 4,1). Dieser Mann, als Kind ein Musterschüler, der dazu erzogen wurde, unter den jüdischen Theologen eine führende Rolle einzunehmen, bezeichnet sich nun als Diener; an anderen Stellen auch als Gefangenen – die niedrigste soziale Schicht in der damaligen Welt. Einmal verglich er sich mit einem zerbrechlichen Gefäß, das einen Schatz – nämlich Christus – enthält (2. Korinther 4,7).

Das weist eindeutig darauf hin, dass er auf der Straße nach Damaskus einen wirklichen Kurswechsel vollzogen hatte. Als er noch Pharisäer war, hätte er niemals so etwas gesagt oder gedacht. So war er einfach nicht gebaut. Jesus, der Retter mit dem Herzen eines Dieners, hatte dem Pharisäer das Herz eines Dieners gegeben. Dass Paulus nun eins mit Christus war, machte den Unterschied aus. Jetzt wurde er ausgesandt, nicht um zu herrschen, sondern um zu dienen. So gab er seinem Leben eine vollkommen neue Richtung.

Von Franz von Assisi berichtet eine Legende, wie er von Kirche zu Kirche wanderte und dort predigte: »Er nahm immer einen Besen mit, um die Kirche zu kehren.« Das ist die gleiche Haltung.

Natürlich wusste Paulus auch von der menschlichen Schwachheit im Angesicht der Sünde. »Ich unglücklicher

Mensch! Wer wird mich aus diesem dem Tod verfallenen Leib erretten?«, heißt es in seinem Brief an die Römer (Römer 7,24). Ganz ehrlich beschreibt er, wie es in ihm aussieht. In die Finsternis seines Herzens strahlt aber die Herrlichkeit Christi. »Dank sei Gott durch Jesus Christus, unseren Herrn!« So beantwortet er seine eigene Frage nach der Rettung.

Gegen Ende seines Lebens war Paulus zeitweise an Händen und Füßen gefesselt, er konnte nicht mehr reisen, wohin er wollte, und durfte seine Zeit nicht mehr frei einteilen. Keine Entscheidung blieb ihm mehr selbst überlassen. Und trotzdem schrieb er: »Ich setze alles daran, das Ziel zu erreichen« (Philipper 3,12; Hoffnung für alle).

Wenn wir uns vorstellen, wir könnten das Gefängnis besuchen, in dem Paulus wahrscheinlich bis zu seinem Tod eingesperrt war, dann sehen wir einen Mann vor uns, der das Evangelium in die Länder der Heiden brachte und als Erster eine christliche Theologie entwarf. In seinen letzten Lebenstagen findet er sich als Gefangener wieder. Aber beobachten Sie ihn einmal genau. Dieser Mann ist alles andere als mutlos. Dreißig Jahre lang hatte er immer wieder seinen Kurs korrigiert – wie Abraham. Dieses Gefängnis ist sein »Berg«. Und immer will er Großes erreichen.

»Wir können die Kraft eines reinen und heiligen Lebens weder vorhersagen noch analysieren«, schreibt Francis Paget, »aber es gibt keinen Zweifel, dass ein solches Leben großartige Auswirkungen hat. Seiner Wirksamkeit in den verwickelten Angelegenheiten des menschlichen Daseins scheinen keine Grenzen gesetzt zu sein, es gibt keine Kraft, die ihm gleichkäme, wenn es sich mit dem geheimnisvollen, unbewussten, ruhigen und unaufdringlichen Einfluss eines Menschen, der *sich selbst gefunden hat,* stetig vorwärts arbeitet.« (Hervorhebung G.M.)

»Ein Mensch braucht ein tapferes Herz. Du hast nur das Herz einer Maus«, meinte die Fee zur Maus. Paulus hatte alles andere als ein Mäuseherz.

22. Sich nach Größerem ausstrecken

Im Film *Die Stunde des Siegers* gibt es eine Szene, die mich immer wieder sehr anspricht. Gerade ist der Schotte Eric Liddell an den Start gegangen, und alles sieht nach einem ganz normalen 400-Meter-Lauf aus. Aber in der ersten Kurve stolpert er und stürzt auf die Grasnarbe neben der Aschenbahn. Die Kamera fährt einen Augenblick lang auf Liddell zu, der nach einem kurzen Moment der Bewusstlosigkeit wieder aufwacht. In der Zeitlupen-Einstellung erfassen wir jede Nuance der Situation. Liddell schaut nach vorn und sieht, wie die Läufer die Kurve nehmen und in die Gerade einlaufen.

Lohnt es sich nach einem solchen Sturz überhaupt noch aufzustehen? Normalerweise würde man das verneinen. Niemand wird Liddell einen Vorwurf machen, denn er wurde gefoult. Der Wettkampf ist nicht einmal besonders wichtig. Das flüstert ihm die innere Stimme ein, die ihm vor allem seine Grenzen aufzeigen will.

Aber Liddell gibt nicht auf, er will etwas erreichen. Plötzlich springt er auf, sprintet den anderen Läufern hinterher, zieht an ihnen vorbei und gewinnt das Rennen. Sie verstehen, warum mich als ehemaligen Leichtathleten diese Episode immer wieder begeistert. Dieser Mann gab nicht auf und erreichte etwas.

Chancen suchen

Kein Abschnitt seiner Briefe, in dem Paulus sein Inneres offenbart, rührt mich mehr an als die ersten Verse des Philipperbriefs. Er ist sich im Klaren darüber, dass er nicht mehr lange zu leben hat; jeden Tag kann er hingerichtet werden. Aber er gibt nicht auf. Er schreibt davon, wie er sich weiter nach etwas Größerem ausstreckt.

»Ihr sollt wissen, Brüder, dass alles, was mir zugestoßen ist, die Verbreitung des Evangeliums gefördert hat« (Philipper 1,12). An dieser Stelle könnte Paulus seinen Lesern lang und breit berichten, wie schlecht es um ihn steht. Paulus hätte in Selbstmitleid versinken können. Wer hätte ihm deswegen einen Vorwurf gemacht? Das hatte er doch nicht verdient. Eigentlich hätte er sich in seinem Alter doch einen schönen Lebensabend irgendwo am Strand machen können. Nein, Paulus entschließt sich weiterzumachen:

»Ihr sollt wissen, Brüder, dass alles, was mir zugestoßen ist, die Verbreitung des Evangeliums gefördert hat. Denn im ganzen Prätorium und bei allen Übrigen ist offenbar geworden, dass ich um Christi willen im Gefängnis bin« (Philipper 1,12-13). Diese Worte deuten darauf hin, dass Paulus sich entschlossen hatte, das Gefängnis zu einem Seminar zu machen. Man muss lächeln, wenn man daran denkt, dass hier ein theologisches Seminar von genau den Leuten finanziert wurde, die dieser Botschaft eigentlich Einhalt gebieten wollten!

Auf jeden Fall akzeptierte Paulus die Tatsache, dass er nicht mehr viel herumreisen würde. Wenn er also die Städte nicht besuchen konnte, dann würde er vor denen predigen, die zu ihm kamen. Soldaten. Soldaten, denen man befohlen hatte, ihn zu bewachen. Welcher Prediger würde sich nicht solche Zuhörer wünschen?!

Als sowjetische Kommunisten die christliche Gemeinde in der UdSSR noch hart verfolgten, wurde einmal ein russischer Evangelist wegen »religiöser Aktivitäten« zu einer Gefängnisstrafe verurteilt. Er schrieb: »Man warf mich nach dem ersten Verhör in eine Zelle mit etwa hundert anderen.«

Und jetzt sehen Sie, wie dieser Mann auf ein Ziel hinarbeitete:

»Bevor ich zu Bett ging, betete ich: Herr, früher war es so schwierig für mich, Menschen um mich herum zu sammeln, denen ich das Evangelium verkündigen konnte. Hier muss ich sie gar nicht erst suchen. Sie sind schon da. Lass mich zu einem Segen für sie werden.

Der Herr erhörte mein Gebet. In dieser Zelle kamen und gingen die Häftlinge. Innerhalb von kurzer Zeit glaubten vierzig Menschen an Jesus. Ich brachte ihnen Lieder bei und lehrte sie zu beten.

Die Wachen ärgerten sich ganz offensichtlich darüber und bestanden darauf, dass ich damit aufhörte. Aber das tat ich nicht.

Schließlich fand die Gefängnisverwaltung heraus, was dort geschah, und verlegte mich in eine Zelle mit Schwerverbrechern.

Genau zu dieser Zeit erhielt ich von meiner Familie ein Paket mit Brot, Zucker und Kleidung. Als ich die neue Zelle betrat, musterten mich diese Kriminellen genau. Ich machte ein paar Schritte, stellte meine Tasche auf dem Boden ab und sah mich um.

›Männer, heute habe ich ein Paket erhalten. Vielleicht gibt es ein paar Bedürftige unter euch. Teilt es unter euch auf.‹

Ein großer, kräftiger Kerl, wohl der Anführer, kam auf mich zu, nahm sich, ohne ein Wort zu sagen, das Päckchen und teilte den Inhalt gerecht unter alle Häftlinge auf. ›Hier, das ist dein Anteil‹, sagte er, drückte mir etwas in die Hand und gab mir die leere Tasche zurück.

Als Neuankömmling musste ich mit dem schlechtesten Platz in der Zelle vorlieb nehmen, aber der Anführer sagte: ›Für gute Leute haben wir auch einen guten Platz. Erzähl uns, warum sie dich in diese Zelle verlegt haben.‹

›In Zelle 44 habe ich den Leuten beigebracht, zu Gott zu beten. Die Verwaltung war dagegen, also haben sie mich hierher gebracht.‹

Zum ersten Mal lächelte der Anführer. ›Sehr gut. Dann kannst du das jetzt uns beibringen.‹«

Vielleicht ist es wilde Spekulation, aber ich denke an all die Gefängniswärter, die in Paulus' Einflussbereich gerieten. Ich frage mich, wie viele von ihnen die Stimme hörten, die sie aufforderte, ihr altes, heidnisches Leben hinter sich zu lassen und Christus nachzufolgen. Ich frage mich, wie viele von ihnen sich von diesem älteren Mann inspirieren, sich von Gott ein Ziel setzen ließen und daran arbeiteten, es zu erreichen. Durch diese Wärter konnte Paulus weit über seinen unmittelbaren Einflussbereich hinaus wirken, denn sie wurden von Zeit zu Zeit in andere Regionen des Römischen Reiches versetzt. Und wo immer sie hingingen, nahmen sie das Evangelium mit, das Paulus sie gelehrt hatte.

Eine Sache der Einstellung

Der alte Apostel musste noch eine weitere Grenze kennen lernen. Sie hatte dieses Mal nichts mit dem Ort seiner Gefangenschaft zu tun, sondern mit Menschen. Die christliche Gemeinde in Rom nutzte seine Haft für ihre Zwecke aus.

»Die meisten der Brüder sind durch meine Gefangenschaft zuversichtlich geworden im Glauben an den Herrn und wagen umso kühner, das Wort furchtlos zu sagen« (Philipper 1,14). Das ist die gute Nachricht. Aber es gibt auch eine schlechte: »Einige verkündigen Christus zwar aus Neid und Streitsucht, andere aber in guter Absicht. Die einen predigen Christus aus Liebe ..., die anderen aus Ehrgeiz, nicht in redlicher Gesinnung; sie möchten die Last meiner Ketten noch schwerer machen.«

Wer sind diese Menschen, die so etwas tun? Und warum tun sie es? Wollen sie Paulus' Einfluss zurückdrängen, damit sie selbst größeren Einfluss gewinnen? Vertreten sie eine bestimmte theologische Richtung, gegen die Paulus nichts ausrichten kann, solange er im Gefängnis sitzt? Oder sind sie einfach eifersüchtig?

»Die Geschichte lehrt uns, dass Christen sich wie Leute ohne religiöse Prinzipien benehmen können, gerade um das Christentum zu fördern. Sie reden christlich und handeln unchristlich. Das Ergebnis ist eine totale Katastrophe.« (Malachi Martin)

Wie wird dieser alte Mann mit der Situation umgehen? Beklagt er sich bei den Philippern über die garstigen Christen in Rom? Stehen wir nicht alle hin und wieder in der Versuchung, uns auf die Menschen zu konzentrieren, die wir für kleinkariert und verachtenswert halten?

Das ist eine sehr subtile Falle für alle, die sich ein hohes Ziel setzen und darauf hinarbeiten. Es sieht so aus, als kämen wir schneller zum Ziel, wenn wir mit dem Finger auf diejenigen zeigen, die scheinbar unter uns stehen. Wir meinen schneller aufzusteigen, wenn wir uns mit denen messen, die unserem Tempo nicht gewachsen sind. Paulus hätte das tun können, denn hier bot sich ihm diese Chance.

Aber er tat es nicht. Dieser Mann will ein Ziel erreichen.

»Was tut's aber?«, schreibt er weiter und denkt darüber nach, was geschehen ist. »Wenn nur Christus verkündigt wird auf jede Weise, es geschehe zum Vorwand oder in Wahrheit, so freue ich mich darüber. Aber ich werde mich auch weiterhin freuen« (Philipper 1,18; Lutherübers.).

Ganz offensichtlich gerät er in Zorn, wenn man die Wahrheit des Glaubens anzweifelt oder andere Christen verwirrt und verunsichert. Dann sollte man sich lieber aus dem Staub machen. Wer ihn aber persönlich verletzen will, kann sich die Mühe sparen. Paulus durchschaut ihn, er sieht durch ihn die verborgenen Pläne Gottes. Mit Kleinigkeiten hält er sich nicht auf.

Gelassenheit

Ein weiteres großes Ziel, um im Glauben zu wachsen, finde ich im Philipperbrief: Paulus findet im Glauben zur Gelassenheit.

Der Apostel, vielleicht zwischen sechzig und siebzig Jahre alt und seit etwa dreißig Jahren ein Nachfolger des Herrn, musste, als er diesen Brief verfasste, jeden Tag mit seiner Hinrichtung rechnen. Er wusste, dass plötzlich ein römischer Beamter in der Zellentür stehen und die gefürchteten Worte »Gefangener Paulus, mitkommen« aussprechen konnte.

Wie bekommt man sein Leben unter diesen Bedingungen in den Griff? Wie war Paulus in Ephesus damit umgegangen, dass er ständig bedroht wurde und in Todesgefahr schwebte? Was kam ihm in den Sinn, wenn er sich an den Tag erinnerte, an dem man ihn, den vermeintlich Toten, unter einem Steinhaufen liegen gelassen hatte?

Dieser Mann lebte schon lange Zeit im Angesicht des Todes. Was könnte ihm das nun noch anhaben? »Ich weiß, dass mir dies zum Heil ausgehen wird durch euer Gebet und durch den Beistand des Geistes Jesu Christi« (Philipper 1,19; Lutherübers.). Das klingt recht alltäglich, bis wir verstehen, was Paulus eigentlich unter Heil versteht. Es bedeutet nicht, dass er auf seine Freilassung aus dem Gefängnis hofft, um wieder auf der Straße herumzulaufen. Es könnte bedeuten, dass er auf die Befreiung durch die Ankunft im Himmel hofft. Lesen Sie noch ein Stück weiter:

»Denn für mich ist Christus das Leben und Sterben Gewinn. Wenn ich aber weiterleben soll, bedeutet das für mich fruchtbare Arbeit. Was soll ich wählen? Ich weiß es nicht. Es zieht mich nach beiden Seiten: Ich sehne mich danach, aufzubrechen und bei Christus zu sein – um wie viel besser wäre das! Aber euretwegen ist es notwendig, dass ich am Leben bleibe.« (Philipper 1,21-24)

Ich möchte Paulus bitten: »Sag das noch einmal, damit

wir uns nicht missverstehen. Hast du gerade gesagt, dass es für dich kaum einen Unterschied macht, ob du lebst oder stirbst?«

Und Paulus antwortet: »Ja, genau das habe ich gesagt.«

»Es wäre hilfreich, wenn du das genauer erklären könntest.«

Und in meiner Phantasie antwortet Paulus: »Wenn ich weiterlebe, bedeutet das, dass ich Menschen wie den Philippern weiter dienen kann, ihnen helfen kann, im Glauben zu wachsen, und dass ich noch mehr Gemeinden gründen kann. Das ist einfach großartig.

Aber wenn ich sterbe, dann bin ich beim Herrn, für den ich all diese Jahre gelebt habe. Für einen alten Mann wie mich ist das die bessere Alternative. Was auch immer geschieht, ich kann eigentlich nur gewinnen.«

Daher nimmt Paulus seine Gelassenheit. Auf beiden Seiten der Linie zwischen Leben und Tod gibt es Dinge, die es wert sind, dass man auf sie hinarbeitet, und das Leben ist zu beiden Seiten lebenswert. Alles hängt von den verborgenen Plänen Gottes ab.

Der Missionar E. Stanley Jones schrieb einige Zeit nach seinem Schlaganfall:

»Ich hatte mich darauf gefreut, neunzig und vielleicht noch älter zu werden. In allem war ich dankbar für das, was Gott an mir getan hatte, denn ich habe eher zugesehen, wie er in meinem Leben gewirkt hat, statt es selbst zu tun. Ich hatte mich immer bemüht, ein treuer und demütiger Zeuge Christi zu sein. Und plötzlich die Katastrophe! Meine Zukunft lag anscheinend wie ein Scherbenhaufen vor mir. Jede Bewegungsmöglichkeit war mir genommen, ich konnte meine eigene Stimme auf dem Diktiergerät nicht mehr erkennen. Nur eins hielt in mir noch die Hoffnung wach, dass nämlich die Hirnregionen, die für die Intelligenz zuständig sind, nicht betroffen waren. Alles andere hatte sich von Grund auf geändert.

Aber ich sagte mir: Nichts hat sich geändert. Ich bin derselbe geblieben. Im Gebet rede ich immer noch mit derselben Person. Ich gehöre immer noch zum Reich Gottes und zu demselben unwandelbaren Gott. Nichts Wesentliches hat sich geändert, nur die Art, wie ich mich mit der Außenwelt verständige.

Das Beste war, dass mein Glaube nicht darunter zerbrach. Ich hielt ihn nicht fest, er hielt mich fest. Ich konnte immer noch drei Finger hochhalten und sagen: Jesus ist Herr! Alles war in Ordnung.

Ich kann ehrlich behaupten, dass ich nicht fragte: Warum, Gott? Ich konnte und kann mit ihm der Zukunft ins Auge sehen.«

Diese Gelassenheit ist in meinen Augen der absolute Gipfel einer geistlichen Reise. Er wird nicht von denen erreicht, die passiv leben, die Dinge geschehen lassen, sondern von denen, die sich die Zeit nehmen, ihr Herz immer wieder auf die Ewigkeit auszurichten.

1914 machte sich Sir Ernest Shackleton mit einem dreißigköpfigen Team zu einer Antarktis-Expedition auf. Doch bevor sie den Kontinent erreichten, blieb ihr Schiff im Packeis stecken und wurde von gewaltigen Eisschollen zusammengefaltet. Fast achtzehn Monate lang mussten Shackleton und seine Männer unter unvorstellbar harten Bedingungen auf Hilfe warten.

Schließlich brach Shackleton mit zwei seiner Männer zur Insel Südgeorgien auf, um dort Hilfe zu holen. 1 300 Kilometer legten sie in einem kleinen, offenen Boot auf dem Südatlantik zurück.

Als sie die Insel endlich erreicht hatten, mussten sie noch die Berge überwinden; das allein war schon eine unglaubliche Leistung. Nachdem Shackleton alle seine Männer in Sicherheit gebracht hatte, wurde er als einer der größten Helden des Jahrhunderts gefeiert. Über diese Zeit schrieb er:

»Wir brachten viele Erinnerungen mit zurück. Wir hatten die Fassade der Äußerlichkeiten durchstoßen. Wir hatten gelitten, gehungert und triumphiert, wir krochen am Boden und bekamen doch die wunderbaren Dinge zu fassen, die noch wunderbarer wurden, wenn wir die Größe des Gesamtbildes betrachteten. Wir hatten Gott in seiner ganzen Herrlichkeit gesehen, wir hatten die Geschichte gehört, die die Natur uns vorliest. Wir waren bis zur nackten Seele des Menschen vorgestoßen.«

Auch wenn Shackleton andere Ziele hatte – bei diesen Worten kommt mir Paulus in den Sinn. Er hatte wirklich eine Kurskorrektur erfahren und sich bis zu seinem Lebensende immer wieder korrigieren lassen. Als es hart auf hart kam, stieß er wirklich bis zur »nackten Seele« vor. Alles war er bereit auf dem Altar zu opfern, selbst sein Leben.

Er und Abraham hätten sich viel zu erzählen. Ich kann die beiden vor mir sehen, wie sie sich bei einer Tasse Kaffee, wenn ich das sagen darf, unterhalten. Ich höre sie darüber sprechen, was sie bereitmachte, ihren kostbarsten Besitz auf den Altar zu legen: Bei Abraham war es sein Sohn, bei Paulus sein Leben. Vielleicht erinnern sich die beiden Männer an den Augenblick, in dem sie die Stimme hörten. Abraham hörte: »Lass alles hinter dir.« Paulus hörte: »Ich will dir zeigen, welche Aufgaben du für mich erledigen sollst.«

Und die beiden ließen alles hinter sich: Abraham verließ seine Heimat, Paulus ließ seine gewohnte Lebensweise als Pharisäer hinter sich zurück. Alles, was ihnen Sicherheit schenkte und ihnen vertraut und wertvoll war. Von diesem Augenblick an waren sie immer in Bewegung. Das Leben hatte sich für sie von Grund auf geändert und sollte nie mehr das Alte sein.

Und Gott ließ beide nicht ohne Lohn

Etwa zur gleichen Zeit, als Paulus den Philipperbrief verfasste, schrieb er auch seinem Schüler Timotheus:

»Ich habe den guten Kampf gekämpft, den Lauf vollendet, die Treue gehalten. Schon jetzt liegt für mich der Kranz der Gerechtigkeit bereit, den mir der Herr, der gerechte Richter, an jenem Tag geben wird, aber nicht nur mir, sondern allen, die sehnsüchtig auf sein Erscheinen warten.« (2. Timotheus 4,7-8)

Vielleicht war Paulus ein Sportfan? Vielleicht war er im Stadion gewesen und hatte den Läufern beim Wettkampf zugesehen, hatte beobachtet, wie die Gewinner die Stufen zum Kampfrichter hinaufstiegen und den Lorbeerkranz des Gewinners in Empfang nahmen. Auf jeden Fall nahm er das an verschiedenen Stellen als Bild. Hier nimmt er den Siegeskranz aus dem sportlichen Wettkampf als Symbol für das erlöste Leben des Christen bei Gott in seiner Ewigkeit.

Er war gewiss, dass im Himmel auf ihn eine Belohnung wartete, eine verborgene Belohnung, die nur dort etwas zählt. In Paulus' Welt gab es wie in der unseren viele Belohnungen für einen Menschen, der sich auf dem Schlachtfeld hervortat, auf dem Marktplatz reich wurde oder Macht im Senat besaß. Diese Art Belohnung konnte man sehen, und sie war begehrt.

Paulus aber hatte den Wunsch nach sichtbaren Belohnungen gegen den nach unsichtbaren eingetauscht. Unsichtbar jedenfalls in den Augen der Welt, nicht aber in denen des Himmels. Denn die Engel und die Heiligen – »die Wolke von Zeugen« – sehen zu, wenn die Belohnungen ausgeteilt werden: ein »Gut gemacht!« unseres Vaters und den Kranz der Gerechtigkeit, deren Schönheit wir erst im Himmel richtig zu schätzen lernen.

Nachwort

Schon vor einigen Jahren kam mir der Gedanke, ein Buch zu schreiben, in dem es um Kurskorrektur ging. Am Anfang stand eine Frage, die mich schon seit langem bewegt: Wie kann ein Mensch wirklich eine grundlegende Veränderung erfahren?

Diese Frage ist mir deshalb so wichtig, weil ich viel Zeit mit Menschen verbringe, die nach Veränderung suchen. Sie haben lange genug gelebt, um bestimmte Muster in ihrem Leben aufzuspüren, die sich nicht mit dem decken, was sie eigentlich sein wollen oder was Gott ihrer Meinung nach von ihnen erwartet. Und sie entdecken Gefühle tief in ihrem Inneren, die auf Momente der Erniedrigung, des Versagens oder der Beleidigung zurückgehen.

Jeder von uns nimmt früher oder später Wünsche und Ziele bei sich wahr, die an sich nicht schlecht sind, aber unseren persönlichen Horizont so beherrschen, dass die größeren Wünsche und Ziele, die Kennzeichen unserer geistlichen Reife sind, dahinter zurückstehen.

So stellt sich die Frage: *Können wir uns ändern?* Ein ganz anderer, dynamischerer Mensch werden?

Ich bin ein Evangelikaler und stamme damit aus einer Tradition, die diese Frage zumindest auf dem Papier beantwortet hat. Die Schlüsselbegriffe unseres Wortschatzes weisen darauf hin, dass wir an Veränderung glauben: *Rettung, Erlösung, Heilung, Hoffnung.* Wir kennen großartige Geschichten, die von Veränderung erzählen: über Saulus von Tarsus, Augustin, Franz von Assisi, Newton, der vorher Sklavenhändler gewesen war, C. S. Lewis und viele andere, nicht so berühmte Menschen. Wir lieben die Geschichten von Sportlern, Fernsehstars und Geschäftsleuten, die zum Glauben gekommen sind. In unseren

Kreisen machen Geschichten von Prominenten die Runde, die dem Hörensagen nach »zu Christus gefunden haben«. Wir mögen diese Geschichten vielleicht auch deshalb, weil wir darin die Bestätigung finden, dass die Entscheidung, die wir einmal getroffen haben, auch von »wichtigen« Leuten geteilt wird. Ich hoffe allerdings, dass wir auch noch bessere Gründe dafür haben.

In unseren Kreisen sind wir also mit Bekehrungen vertraut. Aber wie viel wissen wir von der *dauernden Veränderung*, der geistlichen Reise, die uns vom Kreuz auf den Berg und in Paulus' Gefängniszelle führt, wo sich deutlich zeigt, ob sich jemand wirklich verändert hat und standhält?

Der große englische Prediger A. J. Gossip schrieb einmal: »Ich bin jetzt zu alt, als dass in meinem Leben noch irgendetwas geschehen könnte. Die Zweige sind zu spröde, um sich noch biegen zu können. Wenn man an ihnen zieht, geben sie etwas nach, aber sie springen sofort in ihre alte Position zurück. Ich bin auf meine Art festgelegt; mein Wesen kann sich nicht mehr ändern; die Kanäle sind schon seit langem ausgehoben, in denen mein Leben bis zum Ende fließen wird.«

Ich habe großen Respekt vor Gossip und seinem Lebenswerk, aber was er hier sagt, glaube ich einfach nicht. Die Macht Gottes, einen Menschen zu verändern, darf man nicht durch solch einen Standpunkt verkleinern oder einschränken. An jedem neuen Tag darf ich darauf hoffen, dass ich mich verändere.

Ich führe oft Gespräche mit Christen, die im Stillen mit ihren Erfahrungen unzufrieden sind. Für sie funktioniert es einfach nicht. Der Glaube, für den sie sich entschieden haben, ruft sie zu allerlei Aktivitäten, Sitzungen, Konferenzen und Projekten. Dauernd hören sie, dass sie die Welt verändern sollen, aber sie wissen genau, dass sie noch nicht einmal damit angefangen haben, sich selbst von Grund auf zu verändern.

Es ist noch nicht lange her, dass es in der amerikanischen Marine innerhalb kurzer Zeit in den militärischen Anlagen und bei den Schiffen selbst zu auffallend vielen Unfällen und Havarien kam. Der oberste Befehlshaber der Marine rief dazu auf, zwei Tage lang die normale Arbeit ruhen zu lassen. Stattdessen sollten die Offiziere und Soldaten überall die Sicherheitsroutine überprüfen. Eine ganze Waffengattung hörte auf, das zu tun, was sie normalerweise tat, und nahm sich selbst unter die Lupe. Im Übrigen bewegte sich nichts.

Ich weiß, dass ich nicht unbedingt auf Zustimmung stoßen werde, wenn ich behaupte, dass es eine gute Idee wäre, wenn die gesamte Christenheit einmal dasselbe täte. Was würde wohl geschehen, wenn unsere Leute einmal Radio und Fernsehen ausschalteten, alle Presseerzeugnisse links liegen ließen und ihre Post nicht läsen? Wenn wir aufhörten, Geld zu sammeln, politische und wirtschaftliche Strukturen nicht mehr kritisierten und alle Evangelisationen abbliesen? Was wäre, wenn wir einfach aufhörten zu reden und stattdessen einmal zuhörten?

Was wäre, wenn wir nur Gott anbeteten, nachdächten und meditierten, umkehrten und von neuem zu verstehen versuchten, wozu das Evangelium Menschen wirklich beruft? Um ehrlich zu sein: Ich glaube nicht, dass man uns sehr vermissen würde, wenn wir eine Zeit lang nichts von uns hören ließen. Und wir und die Welt um uns herum würden nachher vielleicht besser aussehen.

Wenn wir uns so zurückziehen, könnten wir wie Abraham entdecken, dass Gott uns aufruft, noch viel mehr hinter uns zu lassen, als wir uns vorgestellt haben. »Zieh weg aus deinem Land, von deiner Verwandtschaft und aus deinem Vaterhaus«, sagte Gott zum Vater aller Glaubenden. Wer sich wirklich verändern will, muss an diesem Wort kauen.

Viele von uns sind von ihren Glaubenserfahrungen enttäuscht, weil sie nicht alles hinter sich gelassen haben. Wir müssen die Vergangenheit bewältigen, indem wir unsere Schuld bekennen und vergeben, wo jemand an uns schuldig geworden ist. Sonst bleibt uns die Zukunft verschlossen. Dieses Prinzip wird mir jedes Mal wieder besonders bewusst, wenn ich in Nordirland zu Besuch bin, wo Christen für eine bessere Zukunft kämpfen, aber das Misstrauen bisher nur schwer aus dem Weg geräumt werden kann. Ihr Kampf hat mir geholfen, die Ketten zu entdecken, die mich selbst an meine Vergangenheit fesseln. Sie sind nicht so leicht aufzuspüren, aber sie existieren trotzdem.

Wir sollten von Zeit zu Zeit für eine Weile zur Ruhe kommen. Das kann uns auch helfen, uns klar darüber zu werden, wie gut wir *nachfolgen*. Und wenn wir schon dabei sind: *wem* wir eigentlich nachfolgen. Denn in der Nachfolge wird unser Leben immer wieder neu geprägt und verändert. Übrigens rief auch Jesus die Jünger immer wieder dazu auf, alles stehen und liegen zu lassen und zur Ruhe zu kommen. Dann brachte er ihnen Dinge bei, die ihnen eines Tages in ihrem Dienst auf der Straße zugute kommen würden.

Wir verstehen uns als Menschen des Gebets mit einer Vision für diese Welt. Aber die Außenwelt kennt uns oft nicht so. Vielmehr erlebt man uns als arrogant und selbstgerecht. Vielleicht sollten wir neu um Demut bitten.

Zu guter Letzt verändern wir uns auch dann, wenn wir auf ein Ziel hinarbeiten und unser Leben darauf ausrichten. Wenn ich Vorträge halte und meinen Zuhörern von der Zeit in meinem Leben erzähle, in der ich auf einmal merkte, dass ich keine Visionen mehr hatte, wird es im Saal ganz still. Immer wieder habe ich das Gefühl, dass ich zu Menschen rede, die ebenfalls ihre Vision verloren haben, die vergessen haben, wie man von einer Zukunft träumt, die von Wachstum, Arbeit im Reich Gottes und der Freude, Jesus zu begegnen, geprägt wird.

Ich male meinem Publikum unglaublich gerne aus, wie Paulus in seiner Zelle die Dinge, die hinter ihm lagen, vergaß und auf sein Ziel hinarbeitete. Er jammerte nicht über seine Lage, seine Gegner und seine Furcht vor dem Tod.

Dieser Mann, der einmal das vorgezeichnete Leben eines Pharisäers gelebt hatte, stellte sich der Wirklichkeit und versuchte, ihr jede mögliche Chance abzugewinnen. Das erinnert mich an die Bemerkung eines Marineoffiziers in Korea: »Wir sind von allen Seiten umzingelt; der Feind steht genau da, wo wir ihn haben möchten.«

Paulus weiß, was Veränderung, Kurskorrektur bedeutet, die dann stattfindet, wenn

- ein Mensch lernt, alles hinter sich zu lassen und sich im Vertrauen auf die verborgenen Ziele Gottes auf den Weg zu machen;
- ein Mensch die Nachfolge lernt und seine Persönlichkeit von Christus prägen lässt;
- ein Mensch lernt, über seine augenblickliche Lage hinauszublicken, über Schwierigkeiten und Tod auf den verborgenen Lohn zu blicken, der diejenigen erwartet, die zu Ihm in die Herrlichkeit eingehen.

Wer so lebt, wird eine tief greifende Veränderung erfahren. Und Gott wird uns nicht enttäuschen.